辉煌历程

庆祝新中国成立60周年重点书系

外国人眼中的新中国

张首映 戴莉莉 编

人民出版社

责任编辑:夏　青
封面设计:肖　辉
版式设计:曹　春
责任校对:周　昕

图书在版编目(CIP)数据

外国人眼中的新中国/张首映　戴莉莉　编. -北京:人民出版社,2009.9
(辉煌历程——庆祝新中国成立60周年重点书系)
ISBN 978-7-01-008182-3

Ⅰ. 外…　Ⅱ. ①张…②戴…　Ⅲ. 社会主义建设-中国-文集
Ⅳ. D619-53

中国版本图书馆 CIP 数据核字(2009)第 157434 号

外国人眼中的新中国

WAIGUO REN YAN ZHONG DE XIN ZHONGGUO

张首映　戴莉莉　编

人民出版社 出版发行
(100706　北京朝阳门内大街166号)

北京集惠印刷有限责任公司印刷　新华书店经销

2009 年 9 月第 1 版　2009 年 9 月北京第 1 次印刷
开本:710 毫米×1000 毫米 1/16　印张:25.5
字数:366 千字　印数:0,001-3,000 册

ISBN 978-7-01-008182-3　定价:50.00 元

邮购地址 100706　北京朝阳门内大街 166 号
人民东方图书销售中心　电话 (010)65250042　65289539

在新的历史起点上再创辉煌

——《辉煌历程——庆祝新中国成立 60 周年重点书系》总序

柳斌杰

1949 年 10 月 1 日，中华人民共和国诞生了！中国人民从此站起来了，中华民族以崭新的姿态自立于世界民族之林！新中国成立以来的 60 年，是中国社会发生翻天覆地变化的 60 年，是中国共产党带领全国各族人民同心同德、奋勇向前、不断从胜利走向胜利的 60 年，是中华民族自强不息、顽强奋进、从贫穷落后走向繁荣富强的 60 年，是举国上下自力更生、艰苦奋斗，开创社会主义大业的 60 年。60 年峥嵘岁月，60 年沧桑巨变。当我们回顾 60 年奋斗业绩时，感到格外自豪：一个充满生机和活力的社会主义新中国正巍然屹立于世界的东方。

在新中国成立 60 周年之际，系统回顾和记录 60 年的辉煌历史，总结和升华 60 年的宝贵经验，对于我们进一步深刻领会和科学把握社会主义制度的优越性、党的领导的重要性，进一步增强民族自豪感，大力唱响共产党好、社会主义好、改革开放好、伟大祖国好、各族人民好的时代主旋律，高举中国特色社会主义伟大旗帜，坚定走中国特色社会主义道路的决心和信心，在新的历史起点继续坚持改革开放，深入推动科学发展，夺取全面建设小康社会新胜利、开创中国特色社会主义事业新局面，都有十分重要的意义。

一

中国走社会主义道路，是历史的选择，人民的选择，时代的选择。在相当长的历史时期内，中国是世界上一个强大的封建帝国。1840 年鸦片战争以后，由于帝国主义列强的侵入，中国由一个独立的封建国家变为半殖民地半封建的国家，中华民族沦落到苦难深重和任人宰割的境地。此时的中华民族面对着两大历史任务：一个是争取民族独立和人民解放，一个是实现国家繁荣富强和人民富裕；需要解决两大矛盾：一个是帝国主义和中华民族的矛盾，一个是封建主义和人民大众的矛盾。近代中国社会的主要矛盾和我们民族面对的历史任务，决定了近代中国必须进行反帝反封建的彻底的民主主义革命，只有这样才能赢得民族独立和人民解放，也才能开启国家富强和人民富裕之路。历史告诉我们，一方面，旧式的农民战争，封建统治阶级的"自强""求富"，不触动封建根基的维新变法，民族资产阶级领导的民主革命，以及照搬西方资本主义的其他种种方案，都不能完成救亡图存挽救民族危亡和反帝反封建的历史任务，都不能改变中国人民的悲惨命运，中国人民依然生活在贫穷、落后、分裂、动荡、混乱的苦难深渊中；另一方面，"帝国主义列强侵入中国的目的，决不是要把封建的中国变成资本主义的中国"，而是要把中国变成他们的殖民地。因此，中国必须选择一条适合中国国情的道路。"十月革命一声炮响，给我们送来了马克思列宁主义。十月革命帮助了全世界的也帮助了中国的先进分子，用无产阶级的宇宙观作为观察国家命运的工具，重新考虑自己的问题。走俄国人的路——这就是结论。"中国的工人阶级及其先锋队——中国共产党登上历史舞台后，中国革命的面貌才焕然一新。在新民主主义革命中，以毛泽东同志为代表的中国共产党人带领全党全国人民，经过长期奋斗，创造性地开辟了一条农村包围城市、武装夺取政权的革命道路，实现了马克思主义与中国实际相结合的第一次历史性飞跃，最终建立了伟大的中华人民共和国。从此，中国历史开始了新的纪元！

新中国成立初期，西方国家采取经济封锁、政治孤立、军事包围等手段打压中国，妄图把新中国扼杀在摇篮中。以毛泽东同志为核心的党的第一代中央领导集体，领导全国各族人民紧紧抓住恢复和发展生产这一中心环节，在继续完成民主革命遗留任务的同时，有步骤地实现从新民主主义到社会主义的转变，迅速恢复了在旧中国遭到严重破坏的国民经济并开展了有计划的经济建设。从1953年到1956年，中国共产党领导全国各族人民有计划有步骤地完成了对农业、手工业和资本主义工商业的社会主义改造，实现了中国社会由新民主主义到社会主义的过渡和转变，在中国建立了社会主义基本制度。邓小平同志在《坚持四项基本原则》一文中，对中国为什么必须走社会主义道路作了明确的说明："只有社会主义才能救中国，这是中国人民从五四运动到现在六十年来的切身体验中得出的不可动摇的历史结论。中国离开社会主义就必然退回到半封建半殖民地。中国绝大多数人决不允许历史倒退。"

但是，探索社会主义道路是一个艰辛的过程。社会主义制度是人类历史上一种崭新的社会制度，代表着人类历史前进的方向。建设社会主义是前无古人的崭新事业，没有任何现成的经验可资借鉴，只能在实践中不断探索适合中国国情的社会主义发展道路。毛泽东同志很早就指出："我们对于社会主义时期的革命和建设，还有一个很大的盲目性，还有一个很大的未被认识的必然王国。"正是由于中国共产党人有这种认识，所以这种探索贯穿在社会主义建设的全过程。

在新中国成立之初，以毛泽东同志为主要代表的中国共产党人在深刻分析当时国内外形势和中国国情的基础上，开始了从"走俄国人的路"到"走自己的道路"的历史性探索。这表明中国共产党力图在中国自己的建设社会主义道路中打开一个新的局面，反映了曾长期遭受帝国主义列强欺凌的中国人民站立起来之后求强求富的强烈渴望。探索者的道路从来不是平坦的。到了 50 年代后期，党的指导思想开始出现"左"的偏差。特别是 60 年代中期，由于对国际和国内形势判断严重失误，"左"倾错误发展到极端，造成了延续十年之久的"文化大革命"。"文化大革命"的十年内乱，给我们党和国家带来了极其严重的创伤，国民经济濒临崩溃的边缘，人民生活十分困难。1976 年我们党依靠自身的力量，粉碎了"四人帮"，结束了十年内乱，从危难中挽救了党，挽救了革命，使社会主义中国进入了新的历史发展时期。在邓小平同志领导下和其他老一辈革命家支持下，党的十一届三中全会开始全面纠正"文化大革命"及其以前的"左"倾错误，冲破个人崇拜和"两个凡是"的束缚，重新确立了解放思想、实事求是的思想路线，果断停止了"以阶级斗争为纲"的错误方针，把党和国家的工作中心转移到经济建设上来，做出了实行改革开放的历史性决策。改革开放是党在新的时代条件下带领人民进行的新的伟大革命。从此以后，社会主义中国的历史掀开了新的一页。经济改革从农村到城市、从国有企业到其他各个行业势不可挡地展开，对外开放的大门从沿海到沿江沿边、从东部到中西部毅然决然地打开了，社会主义中国又重新焕发出了蓬勃的生机和活力。以党的十一届三中全会为标志进行了30多年的改革开放，巩固和完善了社会主义制度，为当代中国探索出了一条真正实现国家繁荣富强、人民共同富裕的正确道路。

二

新民主主义革命的胜利，社会主义基本制度的建立，实现了中国几千年来最伟大最广泛最深刻的社会变革，创造和奠定了新中国一切进步和发展的基础。中国是有着五千年历史的文明古国，但人民当家作主人，真正结束被压迫、被统治的命运，成为国家、社会和自己命运的主人，只是在中华人民共和国成立后才成为现实。在中国共产党的领导下，中国人民推翻了"三座大山"，夺取了新民主主义革命的胜利，真正实现了民族独立和人民解放；彻底结束了旧中国一盘散沙的局面，实现了国家的高度统一和各民族的空前团结；创造性地实现了从新民主主义到社会主义的转变，全面确立了社会主义的基本制度，使占世界人口四分之一的东方大国迈入了社会主义社会；

建立了人民民主专政的国家政权，中国人民掌握了自己的命运，中国实现了从延续几千年的封建专制政治向人民民主政治的伟大跨越；建立了独立的、比较完整的国民经济体系，经济实力、综合国力显著增强，国际地位大幅度提高。社会主义给中国带来了翻天覆地的变化。

那么，面对与时俱进的世界，中国的社会主义建设如何在坚持中发展呢？这就要进行新的探索，新的实践。胡锦涛同志在党的十七大报告中强调，"我们党正在带领全国各族人民进行的改革开放和社会主义现代化建设，是新中国成立以后我国社会主义建设伟大事业的继承和发展，是近代以来中国人民争取民族独立、实现国家富强伟大事业的继承和发展"。正是在改革开放的伟大实践中，中国共产党人开辟了中国特色社会主义道路。这是一条能够使民族振兴、国家富强、人民幸福、社会和谐的康庄大道，是当代中国发展进步和实现中华民族伟大复兴的唯一正确的道路。在当代中国，坚持中国特色社会主义道路，就是真正坚持社会主义。

"中国特色社会主义道路，就是在中国共产党的领导下，立足基本国情，以经济建设为中心，坚持四项基本原则，坚持改革开放，解放和发展社会生产力，巩固和完善社会主义制度，建设社会主义市场经济、社会主义民主政治、社会主义先进文化、社会主义和谐社会，建设富强民主文明和谐的社会主义现代化国家。"改革开放是中国的第二次革命，给我国带来了历史性的三大变化：一是中国人民的面貌发生了巨大变化，许多曾经长期窒息人们思想的旧的观念、陈腐的教条受到了巨大冲击，人们的思想得到了前所未有的大解放，解放思想、实事求是、与时俱进、开拓创新开始成为人们精神状态的主流。二是中国社会面貌发生了巨大变化，社会主义中国实现了从"以阶级斗争为纲"到以经济建设为中心、从封闭半封闭到改革开放、从高度集中的计划经济体制到充满活力的社会主义市场经济体制的伟大转折。我国获得了自近代以来从未有过的长期快速稳定发展，社会生产力大解放，社会财富快速增长，人民的生活水平实现了从温饱不足到总体小康的历史性跨越。满目疮痍、饱受欺凌、贫穷落后的中国已经变成政治稳定、经济发展、文化繁荣、社会和谐的社会主义中国。三是中国共产党的面貌发生了巨大变化，中国共产党重新确立了马克思主义的思想路线、政治路线和组织路线，在开辟中国特色社会主义伟大道路的过程中，在领导中国特色社会主义现代化进程中，始终把保持和发展党的先进性、提高党的执政能力、转变党的执政方式、巩固党的执政基础作为党的建设的重点，实现了从革命党向执政党的彻底转变，成为始终走在时代前列的中国特色社会主义事业的坚强领导核心。

新中国成立 60 年来，特别是改革开放 30 多年来的伟大成就生动展现了我们党和国家的伟大力量，展现了 13 亿中国人民的力量，展现了中国特色社会主义事业的伟大力量。"中国特色社会主义道路之所以完全正确、之所以能够引领中国发展进步，关键在于我们既坚持了科学社会主义的基本原则，又根据我国实际和时代特征赋予其鲜明的中国特色。"胡锦涛同志在纪念党的十一届三中全会召开 30 周年大会上的重要讲话中强调："我们要始终坚持党的基本路线不动摇，做到思想上坚信不疑、行动上坚定不移，决不走封闭僵化的老路，也决不走改旗易帜的邪路，而是坚定不移地走中国特色社会主义道路。"

坚定不移地走中国特色社会主义道路，就必须牢牢把握和坚持中国共产党的领导这个根本，这也是我们走上成功之路的实践经验。中国共产党是中国工人阶级的先锋队，同时是中国人民和中华民族的先锋队，是中国特色社会主义事业的领导核心。自诞生之日起，中国共产党就自觉肩负起中华民族伟大复兴的庄严使命，带领中国人民经过艰苦卓绝的奋斗，取得了革命、建设和改革的一个又一个重大胜利。中国特色社会主义道路是中国共产党领导全国各族人民长期探索、不懈奋斗开拓的道路，党的领导是坚持走这条道路的根本政治保证和客观的内在要求。没有共产党，就没有新中国，就没有中国的繁荣富强和全国各族人民的幸福生活。

坚定不移地走中国特色社会主义道路，就必须牢牢把握和坚持解放思想、实事求是的思想路线，充分认识我国处于并将长期处于社会主义初级阶段的基本国情，深刻认识社会主义事业的长期性、艰巨性和复杂性。过去的一切失误，在很大程度上就是因为没有正确地认识中国的国情，离开或偏离了发展的实际。我们要牢记教训，一切从实际出发，一切要求真务实。

坚定不移地走中国特色社会主义道路，就必须牢牢把握和坚持"一个中心，两个基本点"的基本路线。以经济建设为中心是兴国之要，是我们党和国家兴旺发达和长治久安的根本要求。四项基本原则是立国之本，是我们国家生存发展的政治基石。改革开放是决定当代中国命运的关键抉择，是发展中国特色社会主义、实现中华民族伟大复兴的必由之路。我们必须坚持改革开放不动摇，决不能走回头路。

中国特色社会主义事业是一项前无古人的创造性事业，是一项极其伟大、光荣而艰巨的事业。我们必须清醒地认识到，"我们的事业是面向未来的事业"，"实现全面建设小康社会的目标还需要继续奋斗十几年，基本实现现代化还需要继续奋斗几十年，巩固和发展社会主义制度则需要几代人、十几代人甚至几十代人坚持不懈地努力奋斗"。在新的国际国内形势和新的历史起点上，只要我们不动摇、不懈怠、不折腾，坚定不移地坚持中国特色社会主义道路，坚定不移地坚持党的基本理论、基本路线、基本纲领、基本经验，勇于变革、勇于创新，永不僵化、永不停滞，不为任何风险所惧，不被任何干扰所惑，就一定能凝聚力量，战胜一切艰难险阻，不断开创中国特色社会主义事业新局面。

三

把马克思主义基本原理同中国实际相结合，坚持科学理论的指导，坚定不移地走自己的路，这是马克思主义的本质要求，是中国共产党人在深刻把握马克思主义理论品质、清醒认识中国国情的基础上得出来的科学结论。毛泽东同志指出："认清中国社会的性质，就是说，认清中国的国情，乃是认清一切革命问题的基本的根据。"邓小平同志指出："马克思列宁主义的普遍真理与本国的具体实际相结合，这句话本身就是普遍真理。它包含两个方面，一方面叫普遍真理，另一方面叫结合本国实际。我们历来认为丢开任何一面都不行。"中国共产党之所以成功地领导了革命、建设和改革，就是因为以科学态度对待马克思主义，正确地贯彻马克思主义基本原理与中国具体实际相结合的原则，推动马克思主义中国化，并不断丰富和发展了马克思主义。

以毛泽东为主要代表的中国共产党人，创造性地运用马克思主义的基本原理，认真总结中国革命胜利和失败的经验教训，重新认识中国国情，探讨中国革命的规律性，把马克思主义与中国革命的具体实践结合起来，提出了新民主主义理论，阐明了中国革命的一系列重大问题，实现了马克思主义和中国实际相结合的第一次历史性飞跃，产生了毛泽东思想这一马克思主义中国化的重要理论成果，引导中国革命不断走向胜利，完成了民族独立和人民解放的历史任务，创建了新中国，建立了社会主义制度。新中国成立初期，我们党在把马克思主义和中国实际相结合方面做得比较好，因而社会主义革命和建设都比较顺利，很快建立起了比较完备的社会主义工业体系和国民经济体系，显示了社会主义制度的优越性。

党的十一届三中全会之后的30多年，我们党紧紧围绕中国特色社会主义这个主题，在新的历史条件下继续推进马克思主义中国化，形成和发展了包括邓小平理论、"三个代表"重要思想以及科学发展观等重大战略思想在内的中国特色社会主义理论体系。以邓小平同志为主要代表的中国共产党人，开创了改革开放的伟大事业，并在总结当代社会主义正反两方面经验的基础上，在我国改革开放的崭新实践中，围绕着"什么是社会主义、怎样建设社会主义"这个基本问题，把马克思主义基本原理和中国社会主义现代化建设的实际相结合，系统地初步回答了在中国这样的经济文化比较落后的国家如何建设社会主义、如何巩固和发展社会主义的一系列基本问题，创立了邓小平理论，实现了马克思主义和中国实际相结合的又一次飞跃，奠定了中国特色社会主义理论体系的基础。党的十三届四中全会以后，以江泽民同志为主要代表的中国共产党人，在新的历史发展时期，把马克思主义的基本原理与当代中国实际和时代特征进一步结合起来，在建设中国特色社会主义新的实践中，进一步回答了什么是社会主义、怎样建设社会主义的问题，创造性地回答了在长期执政的历史条件下建设什么样的党、怎样建设党的问题，形成了"三个代表"重要思想，进一步丰富和发展了中国特色社会主义理论体系。党的十六大以来，以胡锦涛同志为总书记的党中央，站在历史和时代的高度，继续把马克思主义基本原理与当代中国实际相结合，在推进中国特色社会主义的实践中，全面系统地继承和发展了马克思列宁主义、毛泽东思想、邓小平理论、"三个代表"重要思想关于发展的重要思想，依据我国仍处于并将长期处于社会主义初级阶段而又进到新的发展阶段这个现实，进一步回答了新世纪新阶段我国需要什么样的发展和怎样发展的重大问题，形成了科学发展观等重大战略思想，赋予中国特色社会主义理论体系以新的丰富内容。

胡锦涛同志在党的十七大报告中强调："改革开放以来我们取得一切成绩和进步的根本原因，归结起来就是：开辟了中国特色社会主义道路，形成了中国特色社会主义理论体系。高举中国特色社会主义伟大旗帜，最根本的就是要坚持这条道路和这个理论体系。"中国特色社会主义理论体系坚持和发展了马克思列宁主义、毛泽东思想，凝结了几代中国共产党人带领人民不懈探索实践的智慧和心血，是马克思主义中国化的最新成果，是党最可宝贵的政治和精神财富，是全国各族人民团结奋斗的共同思想基础。在当代中国，坚持中国特色社会主义理论体系，就是真正坚持马克思主义。只有坚持中国特色社会主义理论体系不动摇，才能坚持中国特色社会主义道路不动摇，才能真正做到高举中国特色社会主义伟大旗帜不动摇。

四

站在时代的高峰上回望我国波澜壮阔的奋斗之路，我们感慨万千。正如胡锦涛同志所指出的，"没有以毛泽东同志为核心的党的第一代中央领导集体团结带领全党全国各族人民浴血奋斗，就没有新中国，就没有中国社会主义制度。没有以邓小平同志为核心的党的第二代中央领导集体团结带领全党全国各族人民改革创新，就没有改革开放历史新时期，就没有中国特色社会主义"。"以江泽民同志为核心的党的第三代中央领导集体"，"团结带领全党全国各族人民高举邓小平理论伟大旗帜，继承和发展了改革开放伟大事业，把这一伟大事业成功推向21世纪"。我们"要永远铭记党的三代中央领导集体的伟大历史功绩"。

新中国60年的辉煌历程充分证明，没有共产党就没有新中国，没有中国共产党的领导就没有国家的繁荣富强和全国各族人民的幸福生活，也就不会有社会主义现代化的中国。新中国60年的伟大成就充分证明，只有社会主义才能救中国，只有中国特色社会主义才能发展中国，只有走中国特色社会主义道路才能建设富强、民主、文明、和谐的社会主义现代化国家。新中国60年的宝贵经验充分证明，只要始终坚持马克思主义基本原理同中国具体实际相结合，在科学理论的指导下，不断丰富和发展中国特色社会主义理论体系，就能坚定不移地走自己的路。新中国60年特别是改革开放30多年的伟大实践昭示我们，中国的崛起是历史的必然，只要我们高举"一面旗帜"，坚持"一条道路"，在新的历史起点继续推进改革开放的伟大事业，不断开创中国特色社会主义事业新局面，当代中国、整个中华民族，就一定能走向繁荣富强和共同富裕的康庄大道。

庆祝新中国成立60周年，是今年党和国家政治生活中的一件大事。新中国60年的辉煌历程、伟大成就和宝贵经验，蕴含着丰富的教育资源，是进行爱国主义教育的生动教材。深入挖掘、整理、创作、出版有关纪念新中国成立60年的作品，是出版界义不容辞的责任和光荣使命。为隆重庆祝新中国成立60周年，中共中央宣传部、新闻出版总署组织出版了《辉煌历程——庆祝新中国成立60周年重点书系》，目的在于充分展示新中国成立60年来翻天覆地的变化，充分展示中国共产党领导全国各族人民在革命、建设、改革中取得的伟大成就，深刻总结新中国60年的宝贵经验，努力探索人类社会发展规律、社会主义建设规律、中国共产党的执政规律；宣传中国特色社会主义，宣传中国特色社会主义理论体系，进一步坚定走中国特色社会主义道路的决心和信心；大力唱响共产党好、社会主义好、改革开放好、伟大祖国好、各族人民好的时代主旋律，不断巩固全党全国各族人民团结奋斗的共同思想基础；为在新形势下继续解放思想、坚持改革开放、推动科学发展、促进社会和谐营造良好氛围，激励和鼓舞全党全国各族人民更加紧密地团结在以胡锦涛同志为总书记的党中央周围，高举中国特色社会主义伟大旗帜，为开创中国特色社会主义事业新局面、夺取全面建设小康社会新胜利、谱写人民美好生活新篇章而努力奋斗。

该书系客观记录了新中国60年波澜壮阔的伟大实践，全面展示了新中国60年来社会主义中国、中国人民和中国共产党的面貌所发生的深刻变化，深刻总结了马克思主义中国化的宝贵经验，生动宣传了新中国60年来我国各方面所取得的伟大成就及社会主义中国对人类社会发展进步所做出的伟大贡献。该书系所记录的新中国60年的奋斗业绩和伟大实践，所载入的以爱国主义为核心的民族精神和以改革创新为核心的时代精神，都将永远激励我们沿着中国特色社会主义道路奋勇前进。

目　录

第二部分　1978—1992

第三部分　1993—2001

第四部分　2002 至今

前　言

地球是"圆"的，世界是"通"的。

"世界"不同于"地球"。世界是"人世间"，是各色人等居间工作和生活、联系和发展的舞台，是经济、政治、社会和文化交往、交流、交锋、交融的平台；也是人给宇宙万物、所有存在者命名的"总称"，世界因此"无界"。

"世界"不同于"祖国"，也不同于"外国"。祖国属于世界，外国也属于世界。北京奥运主题词说得好："同一个世界，同一个梦想。"只熟悉祖国，不了解外国，等于只认识"自己的世界"；只熟悉几个友邦，不了解众多国家，等于只认识"局部世界"。

"世界观"包括"看世界"，既包括我们如何看世界，也包括外国人如何看世界、看自身、看人家、看我们。多面看、立体看、立体交叉地看，才能看清世界、看懂世界。只知道我们如何看世界、看自身、看人家，不明白外国人如何看世界、看自身、看人家、看我们，只是自己的"世界观"；只熟悉几个国家的"世界观"，不了解多数国家的"世界观"，等于只掌握"局部世界观"。

中国属于世界，世界勿忘中国。中国研究和报道世界，世界也研究和报道中国。在新中国成立60周年之际，选编一册《外国人眼中的新中国》，让我们集中一段时间，倾听"他者的声音"，了解外国人如何看我们这60年。

华夏早立，"中国学"或"汉学"早兴。中华文明对世界文化的影响举世瞩目，外国文化对中华文明的滋养也举国公认。亚洲多国从立国之初就学习中国、贡献中国，形成传统。欧洲从公元前6或7世纪开始记述中国。特别是汉代印度文化、明末清初欧洲文化、近代欧美文化这三次大传入，刷新了本土文化，促进了外国对中国、洋人对中国人的认识和了解、分析和描述。马可·波罗、利玛窦、李约瑟、费正清、斯诺等人在中国家喻户晓，《中国科学技术史》、《剑桥中国史》、《欧洲与中国》、《美国与中国》、《红星照耀中国》等置于中国图书馆和书房显眼位置，对中国学术文化发展已经并正在发挥作用。国外大学的"汉语系"、智库的"中国研究所"，聚集大量研究中国的人才，成为与中国学者交流合作的重要场所。中国现代学人，既深深眷恋传统文化"横看成岭侧成峰"，又非全心全意"只缘身在此山中"，完全不沾"西学"，有的被视为"半文盲"；完全不了解外国人怎么看，有的被称为"土"。这透露出中国文化的"优根性"：根基牢固、博大精深，兼容并包、融会贯通，不断敞开心胸、开放大脑，欢迎外国文化"走进来"、"融进来"。这已成为中国文化"长生不老"、历久弥新的"公开秘密"。

新中国60年，是中国历史上光辉灿烂、可歌可泣的60年，是中外关系史上最活跃的60年，也是外国关注中国、议论中国最多的60年。60年、一甲子，一个拥有五千年历史、曾引领世界、在列强战火中坍塌的文明古国爬起来，一个积贫积弱的"东亚病夫"成长为世界巨人，一个饱受欺凌的"靠边站"走向世界舞台中央，一个GDP排在百名后而今跃升至世界前列的国家，一个占世界五分之一人口的民族旅行环球各国，一个年接待外国人从几万人到几千万人的神州大地，必然引来关注目光，自然成为聚焦热点。这60年，国外无一日不在看中国、说中国，无一日不研究中国、报道中国。有人形象地说，1949年是社会主义救了中国，1989年是中国救了社会主义，2009年是中国救了资本主义。说什么的都有。严谨分析的，褒奖祈福的，判断凶吉的，鞭打棒喝的，认知鸿沟的，误打误冲的，失落嫉妒的，战略猜忌的，歪理邪说的，文字连篇累牍，图片堆积如山，影像音响繁复庞杂。如果建一座图书馆或博物馆，或开一个书店或"海量"网站，专事"外国人眼中的新中国"，著述报道数量不会亚于"二十五史"和"四库全书"，博富得很，加点"声光电"，风景也是斑斓绚丽"夺眼球"的；徜徉其间，仔细品味，何尝不能温故知新、革故鼎新，激荡思想、激扬文字！

改革开放31年，正值"全球化"席卷世界，成为中国走向世界速度最快、取得成果巨大的31年，外国研究和报道中国最多的31年。31年来，外国研究中国的，原由亚、欧、美"三足鼎立"，现遍布四大洋、五大洲，内容广泛、题材多样，有科学主义、历史主义、现实主义的，有实用主义、批判主义、极端主义的，也有人文主义、浪漫主义、未来主义的，有"阳春白雪"、也有"下里巴人"，主题、基调、类型、层次、体裁丰富得很。著述像中国GDP不断翻番，17世纪下半叶（1650—1700年），欧陆兴起"中国热"，出版研究中国的著作有几十种，规模不及20世纪80年代出版的《剑桥中国史》；中国编辑的各级各类"译丛"，多达几十种，出版的外国学者研究中国之译品，超过百年出版同类书籍的总和。外国新闻媒体报道中国的，传统媒体也好，新兴媒体也罢，更是事无巨细、日新"时"异、斗艳争奇、应接不暇。《参考消息》每天几十版摘发外媒外电消息和有关中国的最新文章，日发行300多万份，仍未"一网打尽"、"窥见全豹"。国际新闻文摘类报章如此畅销的，全世界惟此惟大。2007年6月，到莫斯科参加世界报业大会，2009年2月，跑了趟澳大利亚和新西兰，走访主流媒体负责人，他们告诉我们，十几年前一天报道一条中国消息，受众不以为多，现在每天报道十几条中国新闻，大家还觉得少。

国际媒体如此垂青中国、研究中国、传播中国，中国史上，世界新闻史上，何曾有过？

翻检国外60年来之对华舆论，尤其是近来的，除了数量增多、密度加大、时速加快，感到客观、公正、理性和创新的也在增加。用"正负数"作比，过去负面的较多，现在正面的增加；拿"十进位"来说，过去客观、公正、理性和创新的也有，但不到三四成，现在则达五六成以上。改革开放前，驻华记者寥寥无几，现在常驻的有百多家通讯社和媒体，记者达几千人，临时的不计其数。他们对中国有了较为直接、具体、真切的了解和体验，在"通"处做加法，在"隔"处做减法，这一加一减，就提升新闻生产力，至少可削弱"隔岸观火"、"镜像想象"、"捕风捉影"、"望文生义"、"闭门造车"的东西。更重要的是，我国提高驾驭国际舆论局势的意识和能力，努力变挑战为机遇，化被动为主动，有时能有效应对复杂棋局，降低"唱衰中国"、"捧杀中国"调门。特别这两年，依照导向正确、及时准确、公开透明、有序开放、有效管理，我国新闻界第一时间权威发布突发事件消息，在四川汶川"5·12"大地震、北京奥运、新疆乌鲁木齐"7·5"事件上，走在西方大通讯社和名媒体前面，促使有些西方媒体造谣传谣、误解误判减少，报道中国的新闻之客观性、真实性、证伪性、测谎性、阻谣性有所提高，理性、公平、公正和创新的声音得以上扬。

"一个世界，多种声音"，如同"一个地球，多种植物"。舆论有主权、国家利益、意识形态情结、受众基础、自身规律、创造力、传播力等多种因素，所以，一代有一代之舆论，一个时段有一个时段之舆论，同一新闻事件或人物也有不同的舆论，何况由约200个国家组成的国际舆论。当前，"西强我弱"的国际舆论格局并未改变，发达国家把持着世界八成以上的信息发布权和传播渠道，垄断着国际舆论，国际舆论本身具有波浪式、此起彼伏、忽高忽低、时好时坏、螺旋升降、否定之否定诸特点，对我们不了解、偏听偏信的大有人在，戴"有色眼镜"看我看人的评论家不只是极少数个别，"亡我之心不死"者仍在大放厥词，改头换面、张冠李戴、文过饰非等招数层出不穷，数字媒体更把"地球村"变成虚拟现实，把多边、多元、多样、多变舆论推向历史新高，把人类带入"人人都有麦克风"的时代，指望向日葵总向我们倾斜，国际舆论时时事事向我们"一边倒"，不太可能，更不现实。期盼国际舆论对我们增加客观、公正、理性和创新的声音，合形合势、合情合理。在新世纪新时期，国际舆论对我国调高了客观、公正、理性和创新的声音，殊非易事，来之不易！

国际社会是实力社会，既重"硬实力"，又讲"软实力"。我们要把"硬实力"建设得更加过硬，以经济建设为中心，深化改革开放、科学发展，促进古老民族的现代复兴，又好又快地把我们伟大祖国建设成为富强、民主、文明、和谐的现代化国家。历史经验教训告诉我们，"硬实力"是基础，"软实力"是升华；没有"硬实力"，"软实力"仍是"软"的；没有"软实力"，"硬实力"只是"硬"的，不完整、难持续、更难通人达人；"硬实力"弱会"挨打"，"软实力"弱会"挨骂"。软硬兼备、刚柔兼济，须弘扬传统、守望根本，坚定社会主义，增强国际主义，增强世界眼光、国际意识，借鉴各国文化优长，吸纳各民族创意，洞彻外国人如何看我们，以他山石攻本玉，用洋眼光强自明，发挥"智力导航"作用，把科技、文化、教育等的质量搞上去，树立良好国家形象和国民形象。新闻媒体是报道新鲜信息、引导社会舆论、传播先进文化、展示国家形象和国民形象的重要载体，既属"软实力"，更需"硬"建设。须遵循新闻传播规律，提高竞争力、扩大影响力，构建国际一流媒体、形成现代传播体系，更好营造客观友善、于我有利的国际舆论环境，在全世界传播中国声音，为锻造国际舆论新格局作出贡献。一个国家、一个民族，增强了"硬实力"和"软实力"，就能"任凭风浪起，稳坐钓鱼船"，巍然仁立于世界伟大民族之林。

笔墨当随时代，编选与时俱进。编选此书，立"高、深、精、活"四字要求。"高"，就是权威性高、代表性高，选取国外著名政治家、学者、作家和记者等的著述；"深"，就是有思想深度，有一定专业性，对我们有启迪；"精"就是同级同类的精品，争取找站得住、叫得响、传得开、留得下的作品，简明扼要，单篇最长不超五千字；"活"，就是思路清晰、端庄大方、具体生动。所选涉及经济、政治、文化、社会多领域，描绘着新中国 60 年的轨迹、印迹、图景、走向、趋势。或展现改革开放前的 29 年、以来的 31 年，或追忆历史、报道事件、铭刻伟人风采，或政要手笔、学者哲思、作家素描、记者记述，琳琅满目，丰富多彩。虽只是鸟瞰沧海之"一粟"，"知秋"之"一叶"，却有着异样的思维、眼光和写法，别有一番滋味在里头。鸿泥雪爪，散金碎玉，串联起来，组成"外国人看中国"之一部，成为我们了解外国人如何看世界、看自身、看人家、看我们之一大"景观"、一大"看点"。

书中文章的作者，均为外国人，文章中描写的中国，均为外国人眼中的中国，文章内容与观点，有的可能与事实有出入，有的可能有以偏概全之嫌，凡此种种，均只代表作者个人的观点，希望读者阅读时注意。

哲学讲："通则变，变则通。"中医讲："痛则不通，通则不痛。"兵书讲："知己知彼，百战不殆。"充分了解外国人如何看世界、看自身、看人家、看我们，取精华、除糟粕，辩证把握、择善而从，创新为体、中外为用，益于我们更加自信、更加从容地通晓世界、完善自身，丰富"世界观"、唱响"国际歌"，走向世界、走"通"世界。

2009 年 7 月 21 日

第一部分

1949—1977

我对新中国的观感

[法国] 让·保罗·萨特*

这个伟大的国家正不断地在转变。当我到达这里的时候，我那一些法国朋友们从中国回到法国后所讲的情况已经不再完全正确。等过了一个星期，我再说的话，也不会是完全正确的了。我在沈阳住了不到一个星期，等我回到北京的时候，北京的面貌，在某些街道上和某些市区里已经变了样子：有一些房子已经完工，另外一些又在动工。像我这样一个人来到这样一个国家住了45天，而这个国家的历史是那么样的丰富，它当前的情况又是那么样富有活力，所以最好的办法只有不讲话。可是，我的中国朋友们却要我谈谈对于中国的感想。我认为他们想知道的是，哪一些事情引起了一个最不了解情况的旅客的注意。既然是这样的话，不了解情况倒变成了一种优点，而初步的印象也许会包含一些真理。我所看到的也就是大家都看得到的东西：中国已经显示了它的无所不包的容貌。至于一些特定的真理，那是下一步专家们的事情。

正如你们可以想象得到的，首先令人吃惊的是你们任务的巨大。在几年以前，照你们的说法，你们的国家还是一个"半封建和半殖民地"的国家。在好些地区，你们农民的生活还和一千年以前没有多大区别。你们现在决定用50年的时间，来追上一千年的历史，把你们的经济制度、社

---

*让·保罗·萨特（1905—1980年），法国作家、哲学家、社会活动家。

会结构甚至语言文字，都彻底改变。关于这一事业的伟大性，人们在巴黎读了你们的书籍，看了你们的报告，也还是可以想象得到的。可是要真正掌握这个伟大性的尺度，那却非得要亲自来到你们这里，参观了东北的大工厂，在归途走过你们的农村，在同一天里面，看到了鞍山的高炉和附近土墙茅舍的乡村，农民们有的还在徒手耕作。每一天，每看一眼，必定要同时看到古老的中国和未来的中国，才能够懂得你们当前的情况正是这个了不起的和生动的矛盾所构成的。

这就是不管什么时候都可以使人得到的一种最肤浅和最仓促的观感。一开始，人们就看得到你们事业的多种多样性：中国必定要能够自己制造飞机、载重汽车、拖拉机，但也必定要扫除文盲，同时作家也必定要改造自己，然后改造他们的作品，以便适应新的公众的需要。但是，只要对你们的各种问题做了稍为深入一些的考虑，特别是，只要听到你们专家的谈话，人们就会发现，你们的一切任务都是互相联系着的，都是彼此契合着的，好像在每一件事情里面，任何后果都会反映到原因上来，使原因再起变化。不错，只有发展重工业才能使农民得到拖拉机来完成农业集体化。但是，反过来说，如果集体化运动不从今天起就在农村中大规模发展起来，那么中国的社会主义工业化就会遇到严重的困难。在完全另外一个领域内，你们想用音符来代替汉字，以便简化汉文的学习，并且在借用或制定新的技术名词时获得便利。这样一来，文字的改革就更可以为生产服务了。然而，反过来说，发音的统一是文字改革的先决条件，而发音的统一又大部分要依靠交通，如公路、铁路、车辆等等，总而言之，工业生产又反过来变成文字改革的必要工具。这样的例子是举不胜举的。如果你们不耐心地帮助一个外国人来了解的话，那么，他看到了你们一切事业的错综关系，也许会弄得迷失路途，白白地转起圈子来。过了几天，一个外国人所感到惊讶的，将是你们的远见。他很快就会察觉到，你们的政府不但不把这种错综的关系看做是额外的困难，而且还把它当做是达到目的的最可靠的方法。你们的综合精神和辩证精神总是全面地来处理问题。你们绝不肯孤立地对待问题，你们总是把你们整个社会最不相同的现象结合起来看的。在听你们谈话的时候，人们终于会清楚地了解到，每一个特定部门的进步，怎样会促进其他一切部门的进步。

当我们来到北京的时候，请你们相信吧，我们这些欧洲人也曾读过许多有关新中国的书籍和文章。但是，这些作家都是你们的朋友，究竟应该采取些什么办法并不需要他们来决定，所以他们往往不由自主地有一种倾向，即强调你们前进的道路上那些像里程碑似的困难。他们担心地说："不过，文字是在中国各个不同地区发生联系作用的呀。假如我们的中国朋友们把文字拉丁化起来，那么，中国的北部同南部，东部同西部的文化联系，就会受到破坏的呀。"因此，我们来到贵国，心里面充满了这一类令人担心的问题，同时也沉重地带着许许多多问题，慢慢地向你们提出。我们察觉到，你们对于这些问题是没有不接头的，但是你们是从实行方面来考虑这些问题的。你们绝不从这里面找一些借口来推脱。你们只在这里面看出，应该依着什么次序来解决问题。因此，我们想向你们提出的问题，就没有多大意义了。你们的解答就在组织工作和工作方式里面。既然统一发音是文字拉丁化的必要条件，那不要紧，你们就先把语言统一起来。

这看起来似乎很简单，人们也许会说，这不过是一个方法问题。但是，只要稍微想一想，人们就会察觉到，仅仅这一个初步任务就已经需要极大的努力。你们镇静地说："大概需要 15 年。"你们使人家不能不肃然起敬的，不仅是你们的远见，而且还有你们那种无限的耐性。不错，统一语言需要 15 年，然后才能够处理拉丁化问题。过了 15 年，有些主张文字改革最为热烈的人，也许已经看不见他们的意愿变成现实。没有关系，他们只要为了实现这个意愿而工作就够了。既然走向目的地的道路只有一条，那么在这条路上多走一段或是少走一段，是没有什么关系的。人民是不会死亡的，他们确信自己能够走到这条路的终点。正因为这个缘故，所以我们时常非常感动地看到，许多工程师、工人、农民，像未卜先知的人那样很自然地对我们描绘一个他们自己看不到而要等儿女们来代替他们看到的未来社会。有一位工程师在抚顺很安详地告诉我说："这个城下面有矿苗，我们要把这个城搬开。"他微微含笑，觉得住在一个临时的城里也很愉快。这个城固然是临时的，但是比起这位工程师的寿命来，也许还会长一些。在南方，一位农学家做了一些接种的试验，他说："我们要把平原的果树都移植到这些山坡上去。"他指着那些山给我看：从他眼睛里看起来，这些山坡都已经长满了香蕉树和木瓜树；我似乎也看到了他所看见的景象。这一天，西蒙娜·德波娃对我说："在中国，一个法国人自己觉得已经是一个死人。"这话是真的，因为，等到香蕉在山上长起来，抚顺城搬了地方，我们也已经不在了。但是在中国，直接的现实是未来，所以我们通过你们的眼睛所看到的是我们已经离去了的世界。但是，请你们不要以为这会使我们感觉哀伤，恰恰相反，你们把你们的耐心和虚怀若谷的风度传给了我们。由于你们，由于你们的劳动，由于你们的信念，未来已经在眼前。我一向觉得，如果所有的人都和我一道死亡，那么，我将死得非常难过。如果，人类在我死后还活着，而且我还能够清楚地知道人类朝着什么方向前进，那么，我个人的生死问题是无所谓的。

我们之所以会这样地信任你们，无疑是因为你们在谈工作的时候，毫不隐讳困难，也毫不掩饰错误。尤其是因为中国人民的进步从两方面给外国人非常深刻的印象，而这两方面是相辅相成的，同时也是不可分割的。我今天要强调的就是这两方面。

的确，从一方面说起来，你们显然除了现在所做的也不能有其他的做法。你们走向社会主义，这不仅是一个伟大的民族为了建立一种更人道和更公正的社会制度而努力；在中国，社会主义化是一个生死存亡的重要问题。你们也许会说：这在到处都是一样。不错，是这样的。但是，在任何其他地方，社会主义化的客观必要性也没有这样的鲜明显著。这同时也是中国人民千百年来为反对压迫而进行斗争的最终目的，对于现在的中国和未来的中国来说，都是一个有关生死存亡的问题。假使不提高工业和农业生产，如何能够从贫困中解脱出来呢？假使不以严格的计划经济来代替自由资本主义，又如何能够提高生产呢？中国必须或者灭亡，或者走向社会主义；它必须或者灭亡，或者变成一个非常强大的国家。然而，只要看一看你们如此欢乐的青年和儿童，就会理会出这个国家一定不会灭亡。

但是，这种要求非常严格，而且中国的历史和今天的情况都使之成为极其迫切的建设工作，还有另外一方面，这连一个仅仅路过这个广大国家的游客也会看得出来的。这一方面，由于我找不到更恰当的字眼，就称之为深切的人道主义吧。在这样说的时候，我不仅是指一个民族有了非常明确的方向，既不容许开倒车，也不容许停顿不前而表现出来的令人钦佩的耐心，而且是指这个民族不愿意强迫任何人，而是用解释、说服和讲理来代替发号施令。我特别想到这种值得钦佩的"人人为我，我为人人"的精神。这种精神并不是从天上掉下来落在中国的头上的，而正是你们在前进中产生的果实，也就是你们继续前进的必要方法。将来，你们一定会用工业生产的强大力量来改善人民群众的生活。但是，你们的重工业还刚刚在开始建设。将近 6 亿的中国人民完全要靠土地来维持生活。当一个外国人穿过中国的大平原时，他看到这种特殊的情况不禁感到惶惑：没有拖拉机，牲畜不多，树木很少，很多的人，他们的影子无边地反映在大地上。目前，除了改变这些人彼此之间的关系以外，别无其他办法来提高农业生产。首先，他们把自己从压迫、剥削、饥饿、物质上的欠缺和愚昧中解放了出来。由于他们得到了自由，生产已经提高了。但是，为了使生产更进一步地提高，必须使生产合理化，建立互助组和生产合作社。这样，如果他们提高了生产，那是由于他们人与人之间的关系密切起来了。我知道，你们不喜欢无保留的赞扬。你们曾和我讲过某些官僚主义者的命令主义和主观主义的作风，也有些有钱人从中捣乱。你们曾经告诉我有些地方强迫农民加入合作社，有些地方不顾劳动者的意愿而限制了集体化的发展。这些不可避免的错误，你们都不断地在揭发和纠正。这些错误并不能影响那主要之点，即：友爱变成了生产的原动力。今天，中国还是贫困的，而使我们深刻感动的，就是那些贫穷人们的互助。必须向苍蝇进行斗争，向老鼠进行斗争，向细菌进行斗争，向水灾或干旱进行斗争。每一次斗争都是像十字军一样，全体群众都动员起来了，而它的成就不仅是消灭了 1 亿 2 千万只老鼠，而是友谊在亿万人民当中建立起来了。我非常钦佩在你们的国家里，群众不断地自己影响自己，并且通过一种互相推动而得到解放，这种互相推动不断地使每一个人和大家都更加密切起来。你们还缺少学校。但这并没有关系，每一个识字的中国人都可以去教另一个中国人。这就是说，每一个识字的中国人都将成为另一个中国人的朋友。就是因为这种情况，所以社会主义既是一种最严格的必要，同时又体现了人与人之间最合乎人情的关系。对我说来——同时我相信对大多数来中国访问的人也是如此——使我感动得最深刻的就是新中国的这种双重面貌。

难道还需要我在我的国家里在很多其他人士之后去驳斥某些报纸的论调而证实你们对和平的普遍愿望吗？这里，我们又遇到一件在两方面相辅相成的具体事实。一方面，凡是学习要互相友爱的人绝不可能企图发动战争。当一个国家变成凶蛮好战的时候，那是由于它的政治制度使得它困苦到本国人民都彼此仇恨。但是，在另一方面，对中国来说，维护和平是一个再明显不过的客观的必要因素：中国所建设的和指出的前途，是中国人民唯一关怀的前途，只有和平能够成为这种事业的保障。对这个曾经遭受过多少苦难，而且今天又能够不计较旧日仇恨的伟大国家，法国人民只能抱有一种情感，那就是：友谊。

（摘自《人民日报》1955 年 11 月 2 日）

1958年的中国

［法国］皮埃尔·孟戴斯·弗朗斯[*]

很久以来，我就对不发达国家感兴趣，我访问了许多不发达国家。"不发达国家"这个字眼，总是使我联想起走遍各大陆大体相似的一种景象；我预料在中国也会看到这种景象。然而，我一到中国，就有一种同我以前所看到的大不相同的东西使我感到吃惊。

在其他的不发达国家，我看到的是极端的贫困、生活水平非常之低、普遍营养不足。那里的人们对这种生活条件也习以为常了，同时感到无可奈何，而表现为一大部分居民采取无所作为、垂头丧气的态度。在这些国家里，到处可以看到部分失业或者全部失业的人们、无所事事和流浪的人们、被厄运所压倒的人们和乞丐；总之，是一种消极和绝望的情景。

中国和中国的人民

一到中国，就面对着一种令人吃惊的鲜明对照。人人都在动作、劳动、生产、来来去去地活动着。首先，我感受到的，是一种普遍的活跃气

---

*皮埃尔·孟戴斯·弗朗斯（1907—1982 年），法国政治家，1954—1955 年担任法国总理。

氛。也许，部分地这是由于中国人的非常活泼的性格；但是，这也是由于这样的事实：有了机器，就需要劳动力；所以，各类就业不足或者没有妥善安排的人们，都渐渐地受到了训练。

在中国，看来的确好像人人都在劳动、人人都在从事一种共同的活动。

人口的稠密给人以人山人海之感；在这样广大的人群中，整个说来，所作的努力就应该遵循党和国家所规定的大政方针，以达到共同的目标。

为了发展经济，中国的领导人动员了最丰富的生产手段，也就是说，做到了在各个不发达国家迄今未能做到的事情：动员劳动力。在中国，有着可供利用的巨大劳动力。即使用原始的手段来进行劳动（柳条筐、扁担、骡车），6亿中国人也就意味着一种巨大的生产能力。在一切方面，都是大规模组织的集体劳动，这是令人印象深刻的。

有人给我看一张明信片，对我说："你瞧，那里本来是有一个小山的；现在，小山不见了；人们把它搬走了，变成了现在的水坝。"

这样大规模地使用劳动力，是有计划地这样做的，不那么大的工程也那样做。我要说，在不发达国家中，我从来没有看见过类似的情况。

农业上的成就

我一到中国，就受到周恩来先生的接见，他一开始就同我们谈到丰收。他花了半小时的时间向我解释丰收的各种影响："今年，我们第一次将能给予每一个中国人按照我们既定目标的十分之九的配给粮；这样一来我们就距离目标不太远了。还不止此，今年本来只能养一头猪的农民就可以养两头猪，肥料也就将增加一倍；因此来年的收成将比今年还要好。"

但是，事实上，全国人民都认为今夏的大丰收是一件全国的大事、是集体努力的胜利。大家都在谈论丰收；不仅农民在谈，公职人员、工人也在谈。报纸每天在报道丰收，电影院也在大肆宣传。

既然大家认为，今夏的丰收是作出了努力的结果，功劳应该归于共产党。人们从而得出了如下的结论：只要像去年一样再接再厉地继续努力，光景就将逐年改善。以后就不会有饥荒，人们将生活得更好。

干　部

我往往问我所碰到的那些人：厂长、村长、大城市市长、高级官员等等的出身和教育。我得到的答复都是大同小异的："我一开始就追随毛泽东，早在长征之前"；或者是："我曾经是地下党员"；或者是："我曾在朝鲜当军官"。事实上，对于党交给他们的技术性任务，他们不一定都是事先有准备的。对于政权来说，他们是经过挑选的可靠的人，他们善于做领导工作。

他们往往是第一流的人物；他们的通达事物和善于领导，他们的智慧、对前途的信心和他们的坚定信念，令人得到深刻印象。有这样的优良品质的人们，即使犯错误也一定能够从中得出结论和教训。

人 的 问 题

在新中国，学校问题显然占优先地位。

7 岁到 14 岁的初级教育是义务的。中国人说这是真正做到的，我愿意相信大城市里确实是这样，在农村中看来就不那么肯定，不过我无法断言。从 14 岁到 18 岁的中等教育，在原则上不是义务的。中等学校吸收不了那么多人。但是人们告诉我进展很快，说在不久的将来，14 岁到 18 岁的年轻人将都能上学。我不大相信。不过毫无疑问，人们在朝着这个方向努力。因为，在提倡教育方面所作的努力，是无可置疑、令人得到深刻印象的。北京有两所巨大的大学，我参观了一所：很出色、很大。

街道委员会

街道委员会，这就是共产党。谁也不会对你这样说，但是这是肯定的。

街道委员会，就是说负责的党员，监察与监督一切：商人是否诚实、儿童是否每天上学、街道卫生、打麻雀、禁止娼妓和乞丐、忠实执行一切指示……街道委员会负责说服要离婚的丈夫或妻子不要离婚，否则就要受"严厉的批评"。

利用街道委员会的组织，是否拥有比较复杂的施加压力的手段呢？警察手段是不是很厉害呢？一个不会说中国话的外国人是难于弄清楚这一点的。人们小心从事，因为他们知道不照规矩办事是有风险的。

什么风险呢？我的印象是并非血腥的风险；反正这是少见的事情。另一方面，受到"严厉的批评"的人们，不久日子就不好过：有职业的人就会失掉职业；如果是党员，就会被开除出党。这是人人都害怕的。

国 际 接 触

中国享有大量的外援，它并不讳言。这种援助主要来自苏联。

俄国人肯定提供了数量极大的技术援助。到处都可以看到苏联的物资。人们也看到德国（东德或西德）的物资。

俄国专家在技术方面的意见，被认为是最权威的、最无可争议的。

在中国人方面则并无自卑感。他们并不想讳言或缩小他们所得到的外援。每当他们可以无需外援时，他们当然很高兴；但是他们并不掩饰苏联人大大帮助了他们、在很大程度上还在继续帮助他们。

我碰到德国人、碰到其他卫星国家的侨民。社会主义世界各国之间的交往是异常密切的，比人们所能想象的要密切得多。在北京，有罗马尼亚、波兰、匈牙利等国的学生；在布达佩斯或华沙，大概也有大批中国学生。这些国家的人民之间的关系，比我们一般设想的更为密切；新近获得独立而深受中国影响的那些亚洲国家的情况亦如此，并且非常钦佩中国；中国的进步就是亚洲的进步，这些国家的感受就是这样。

此外，北京还向比较遥远的国家展开活动，这些国家是中东阿拉伯各国（中国同这些国家有频繁的联系）、非洲以及大概甚至还有中国很感兴趣的某些南美国家。这是值得注意的。

……我参观了颐和园。我在那里碰到一批黑人青年，这些非洲青年受到短时期的招待之后，就请他们到中国各地去参观、在集会上讲话等等。他们回国时已对中国感兴趣、对中国有深刻印象，不知不觉之间成了一种宣传的代理人！

尽管中国人逐渐取得成就，但是他们对于被排除在公共国际生活之外这一点非常恼火。于是就有一种对外部世界的一种非常强烈的内心愤怒，特别是对美国。这是一种不会轻易遗忘的愤慨。将来人们要承认中国、接纳它进入联合国时，中国将提出条件。

（摘自《参考消息》1959 年 4 月 4 日）

访问新中国

〔德国〕 赫尔穆特·施密特*

　　1971 年，我曾敦促维利·勃兰特建立波恩与北京之间的外交关系。1972 年秋，早在美国采取这一步骤之前很久，这种外交关系就建立了。在我被任命为联邦总理之后，周恩来邀请我访问中国。但当这次访问于 1975 年秋成行时，周已重病缠身，我已不能见到他。副总理邓小平代替他做东道主。

　　邓小平在机场以仪仗队迎接我，一群身穿彩色服装的孩子欢快地呼喊着口号，挥舞黑、红、黄三色小旗。姑娘们佩戴着纸做的长条飘带和花，手里拿着花束，另一些姑娘们在头发上别着颜色各异的发卡。这是中国的传统。关于邓小平，《科隆市导报》当时写道："人们认为，邓有时可以毫不客气地批驳一个不全神贯注的、离开话题和思想开小差的谈判对手。联邦总理按理应当喜欢这位已 70 高龄、看起来并不引人注目、然而却是很有权威的人物。"不错，我从一开始就喜欢邓小平。

　　北京先是给我一个出乎意料的"非中国"的印象。一条从东到西、又长又宽的长安街显然是在战后年代穿过北京老城修起来的，它把城市分成了南北两半。昔日的"紫禁城"就在市中心。由花园、大殿和宫殿组成的这座建筑群，正好位于长安街的北侧，对面是天安门广场，广场与东

---

*赫尔穆特·施密特（1918—　　　），1974—1982 年担任德国第 31 任总理。

西两侧的博物馆和人民大会堂连接成一个松散的整体。

政府各部和其他行政机关的大建筑物更多是斯大林主义的建筑风格，只是隐隐约约地表现出某些中国传统风格的因素，像在其他共产主义国家首都的很多战后建筑一样，难看而单调。但是，大街上无法想象的巨大人流，上下班高峰时成千上万辆晚上不亮车灯的自行车，还有那街旁一行行的白杨和梧桐，居民楼阳台上数不清的花盆，所有这一切都给人一幅生气勃勃和亲切舒适的景象，尽管这种景象对我们是陌生的。几乎所有的人都穿着千篇一律的、相当难看的、蓝色或灰色的服装，但他们不像莫斯科人那样表现出一副毫无表情的难以接近的面孔。

几小时以后，我们注意到，尽管人们穿的都是制服，但还是可以看出等级差别。比如，毛泽东穿着一套毛丝混纺的细料做的灰色制服，比较高级的干部也穿着料子较好的合体的衣服。军队制服当时没有任何肩章，但从上衣胸前的口袋里露出的圆珠笔可以辨认出是个军官，这支笔好像是必须佩戴似的。尤其突出的是，大街上、办公室和工厂里的妇女穿着风格一致的衣服。妇女和姑娘们几乎毫无例外地身穿蓝色的布料服，配以粗糙的布鞋。口红、烫发和其他任何一种化妆打扮显然是不允许的。不过，身份高的妇女必定也有口红，因为我夫人在她的卧室里发现总有二三十种各色的化妆品，还有多种香精和香水，而且显然都是中国生产的，抑或是从香港进口的。

在这几天里，我们见到的妇女肯定有几千人，她们都留短发，只有很小的女孩偶尔有梳辫子的。在修路工地上，她们用镐头和铲子从事着部分是很沉重的劳动。运输垃圾、沙子、水泥和石头的工具是秸秆和柳条编织的大筐，这些都是用肩挑的。这时，我想起了"蓝色的蚂蚁"一词，确实，有时我们有一种大街上人多如蚂蚁的印象。

正式会谈结束以后，我们有机会仔细参观故宫：这是一座由很多厅状大殿组成的建筑群，大殿前都有宽大的露天台阶，上面刻着想象中的动物形象。大殿的外墙漆着类似"庞贝"那样的绛色，弧形和突出形状的屋顶覆盖着深黄色的瓦片，向外伸展。在内院周围，分布着成百个小的厢房。宫内点缀着湖水、小桥、树木、花园，使这些建筑布局显得轻松。主人给我们看了有 2000 年历史的御笔水彩画，出于气候的原因，这些画只能在秋天短短的几天中拿出来供人欣赏。上面画着各种小鸟、燕雀、金鸡，特别是一些茂盛的李树和梅花，还有湖水和小溪。水中激荡的波浪使我顿时想起了德国表现主义艺术流派。中国过去数百年的园林建筑艺术留下了宏大而和谐、轻松而对称的形象。当时我想，江青发动了一场疯狂的破坏性狂飙运动，使许许多多无法估价的珍贵文物成为牺牲品，但至少到目前为止故宫和天安门未遭这个厄运，这是多么幸运的事呀！

　　当然，我们在那些日子里也参观了明陵和游览了中国的伟大建筑——长城。我们是在单调的秋天景色中驱车前往的。爬上长城是很费劲的，但在长城顶上散一回步，你就会感到费这劲是值得的。这里的景色无可比拟：顺着丘陵和山谷远望，雄伟壮观的长城在风景如画的大自然中起伏蜿蜒，直到它在布景般的山峦云雾中消失为止。这使我想起了中国的水彩画，在那些画面上，山岭像这里一样重峦叠嶂。长城的景色超出了我一切期望，它使我更加敬佩已有四五千年历史的中国古老文化。几年以后，当我在西安参观上千个兵马俑时，以及接着去杭州西湖周围参观佛教庙宇时，我也同样为之倾倒。

　　这个大国富有传统的文化也表现在正式宴会上。人们围着圆桌而坐，桌子的中央装饰着假花，品种各异，五彩缤纷。宴会上众多道菜肴的摆法和上菜的方式似乎更多是从美学角度而不是从饮食角度来考虑的；桌上摆满由水萝卜、胡萝卜雕刻的艺术性很高的造型，有蝴蝶和小鸟。宴会的高潮是一道特殊的沙拉，盛沙拉的器皿用西瓜皮制作；瓜皮用雕刻复杂的图案点缀着，使亮晶晶的瓜肉露了出来。桌子的中心是一盆装饰得十分华丽的活灵活现的小金鱼，尾鳍长而透明，像是餐桌上的一个"名胜"，这也给我们留下了深刻印象。另外，用餐时的吧嗒声和啜饮时的响声我们也不习惯，而在中国却是很通常的事。

　　人们以小盘子盛菜，吃完一道更换一次盘子，唯有筷子在整个宴会中是不换的。当然，我们不屑使用所提供的刀叉，也用筷子吃饭，我们在飞机上稍稍练习过。当我的手指显得太笨拙时，邓小平感到很有趣，帮助我纠正手指的姿势。服务小姐不断送上来的热毛巾确实是一种享受。致祝酒词后，邓围着桌子和每一位客人碰杯，用茅台"干杯"。作为欧洲人，你开始时还得习惯一下这种高粱酒的味道。我们的一位警卫带了一瓶茅台在衣箱里溢出了，散发出强烈的气味，这位可怜的人被大家狠狠地嘲讽了一番。

吃饭过程中，一个中国乐队演奏德国音乐。我清楚地记得演奏了《大门前的水井》这个曲子。宴会结束是通过扩音器宣布的。中国客人把剩下的水果点心带回家去。不言而喻，我们在德国大使馆举行"回请"时，也作了很大的努力。我们从国内带来吕贝克的杏仁巧克力，还为装饰餐桌运来了德国的插花。不过，这些花在飞行途中有些凋谢，我们不得不把花浸在我们大使馆的澡盆里，使它保持新鲜。

（摘自赫尔穆特·施密特著：《伟人与大国》，梅兆荣、罗国文、王熙敬译，海南出版社 2008 年版）

见证中国——20世纪 50年代

［波兰］ 伊斯雷尔·爱泼斯坦*

英国诗人华兹华斯年轻时曾热情讴歌法国大革命的影响，他写道："这是天堂，沐浴着朝气和曙光；青春，美丽的乐园。"对于大多数中国人以及他们在许多国家的朋友来说，1949—1956年这段时期，大体上就是如此。总之，这一阶段无疑是一个乐观主义的时期。在物质建设方面，这一时期可以分为两个阶段：1950—1952年医治长期战争创伤的阶段；1953—1956年中国经济开始向社会主义过渡的第一个国民经济五年计划阶段。

实际上，在第一阶段期间就已经出现了空前的突破。具有明显象征意义的是，1952年在中国人口最多的四川省建成了第一条铁路——成渝铁路，把该省的主要经济中心重庆跟省会成都连接了起来。修建这条铁路的蓝图，可以追溯到中国清王朝末年，那时当地的投资者就提出了这一计划。可是清政府将筑路权交给外国公司的举动，激起了急风暴雨般的抗议，从而加速了使中国变成共和国的1911年革命的爆发。在此后40多年里，这条铁路始终没有修建。即使是1937—1945年抗日战争时期重庆成

---

*伊斯雷尔·爱泼斯坦（1915—2005年），又名艾培，著名记者，1957年由波兰籍转入中国籍。

为中国的陪都，也没有修建过一寸铁路。我曾在这个城市工作过多年，我看到的唯一的可怜的标志，是一度乐观地动工兴建，但始终没有建成的车站，它孤零零地被遗弃在那里，周围没有任何东西跟它有关联。

可是现在，新中国刚刚诞生，面临着大量亟待解决的问题，这条铁路却轰轰烈烈地建成了。1952 年 7 月 1 日中国共产党生日这一天，成渝铁路开始通车。

同时，在悠久的中国历史上，长江上从来不曾有过一座桥梁，虽然美国工程公司曾为旧中国政府绘制过蓝图。只是到了解放以后，在苏联的技术援助下，中国才成功地建成了长江上第一座大桥——武汉长江大桥。在建设过程中，我曾爬上还未全部合龙的钢架，对它进行现场采访。1957 年，邱茉莉参加了盛大的铁路桥和公路桥通车典礼。

在这段早期岁月里，中国只能从苏联和第二次世界大战后出现的东欧集团得到外援。这些援助包括兴建 156 项大型工业项目，它们几乎都是旧中国时期完全空白的部门。这为建立一个完整的现代化国家工业体系奠定了初步基础。在这个基础上，新中国宣布"15 年内超过英国"的目标，主要指钢的总产量而言。

在社会改革方面，第一阶段的关键进程是完成土地改革，把土地分给了几亿中国农民耕种；不仅分给了男子，也分给了过去从来无权拥有自己的土地的妇女。与此同时，在家庭关系方面，颁布了《婚姻法》，从法律上确立了男女基本平等。在总的经济领域，土改为逐步向农业合作化过渡奠定了基础，也确保在以后逐步实现城市工业国有化的过程中，赢得了占当时全国人口 90% 的农民的支持。这是中国共产党人对赖以赢得内战的"农村包围城市"战略的最新发展。走完了这一步，城市及其工厂将成为中国工业发展的火车头。

就在经济和社会领域发生重大变革的同时，在文化领域里也开展了多次群众运动。这些运动通常是由毛泽东亲自发动的，因为他对这个领域特别关注。1951 年，发动了对一部广泛放映并深受好评的电影《武训传》的批判。影片把为穷人筹资兴办义学而对富人和权贵们奴颜婢膝的武训

（1838—1896 年），描绘成一位情操高尚、热衷于发展平民教育事业的先锋。毛愤怒地责问：对于当时为反对国内外压迫而视死如归、英勇奋斗的进步运动，武训有没有说过一句话、做过一件事？武训的义学教育难道不是为了传布旧教育、为旧统治者培养忠实奴仆吗？那么，武训怎能在新社会受到歌颂，甚至连一些共产党员都热衷其事呢？

批判的范围非常广泛，因为过去只有城市中产阶级以上的人才有钱看电影，而现在在国家的大力支持下，观众范围迅速扩大到城镇贫民和农民。影片所宣传的思想，不管是积极的还是消极的，都对他们产生直接的影响。

三年以后，开展了一场对伟大的 18 世纪中国古典小说《红楼梦》的讨论。长期以来，这部作品被普遍认为是一部生动刻画各色各样众多人物性格和家庭关系的杰作。当时，持这一传统观点的主要代表是著名红学家俞平伯。现在他的观点受到两个年轻人的大胆挑战，他们认为这部作品是对整个腐朽没落的封建社会的揭露。但他们的文章在发表时遇到了困难，因为公认的学派被视做"权威"，而那两个年轻人是"小人物"。毛使用愤怒的语言支持这些"大人物常常不注意的……小人物"的观点。他给共产党最高领导层写了一封公开信，支持"小人物"有广泛发表作品的权利，从而发动了一场对旧的学术垄断的批判。

就在同一年，主要也是在毛的发动下，对一向被视做著名"左"翼文人的胡风及其周围的一批文化人发起了攻击。胡风抱怨 1949 年以来的作品"千篇一律"，从而被扣上了为反革命分子寻求言论自由的帽子，这批人被宣布为反革命分子，有的还被投入监狱。

这些发生在文化领域里的事情，跟邱茉莉和我都能理解、支持和参加的反腐败运动不同，我们没有予以密切关注和参与。究其原因，也许是因为我们都不能流利地讲、读中文，不能理解所有有关的文章和论点。但是我们对这些指控深信不疑，我们认为中国共产党领导人民推翻了旧中国、创建了新中国，所以党怎么说我们都接受。

在国际和国内，中国在 1956 年受到苏共第 20 次代表大会主要是当时的苏共领导人赫鲁晓夫的秘密报告的冲击。报告谴责了 1953 年去世的斯大林，并含蓄地谴责了整个斯大林领导时期在苏联国内和全世界共产主义运动中发生的事情。这在许多共产党员中引起了震惊和混乱，因为他们对这一突如其来的大转弯毫无思想准备。

甚至连那些作为客人应邀参加代表大会的外国共产党领导人，事先也没有得到任何暗示，或者被允许听这个报告，或者事后能看到讲话稿。他们在莫斯科所得到的，只是苏联低级官员官腔十足的口头简报。对于大多数人来说，直到秘密报告经过情报渠道向西方报纸泄露后，才拿到报告文本。对此，应邀参加代表大会的英共领导人亨利·布立特后来访问北京时，对在中国工作的英共党员和他们的同情者公开表示痛心和愤懑。他还向同样受到冷遇的中国共产党表达了同样的心情。

中国领导人认为，揭开斯大林严重错误的盖子是件好事，可以防止它们重演。错就错在赫鲁晓夫采用的粗暴方式，导致了对斯大林及其领导下的苏联的全面谴责。毕竟，第一个社会主义国家在当时是一个榜样，它在赢得世界反法西斯战争中发挥了可歌可泣的、决定性的作用。

更加错误的是，由于建设社会主义的第一次实践努力中出现了错误，就对社会主义丧失信心。这无异于错误地把婴儿连同洗澡水一起泼掉。

毫无疑问，中国对苏共代表大会的意见以及对由此而引发的波兰—苏联争端和匈牙利事件的意见，对混乱的世界共产党队伍起到了稳定作用。这些意见无疑体现了中国共产党在社会主义阵营内的威望正与日俱增。

同样使苏联和东欧共产党人及其同情者深感兴趣的是，毛泽东在1957 年 2 月做了一次讲话，并于几个月以后公开发表，其题目是《关于正确处理人民内部矛盾的问题》，这是社会主义社会内的一个新概念。讲话同时提出了在文艺界实行"百花齐放"、在科技界实行"百家争鸣"的观点，这些也是新的概念。大体说来，在 1956 年至 1957 年的大部分时间里，中国共产党自身也在总结前些年做了些什么——为一个社会主义社会构建了框架——以及下一步怎么做，应该避免些什么，特别是要借鉴苏共"二十大"暴露出来的苏联在理论和实践方面的错误。在这些错误中——

引用中共坦率的说法——就是"大国沙文主义"，即坚持苏联有权对别的社会主义国家和共产党发号施令，在处理相互关系方面不是平等相待，而是实行专断的家长作风。

1956年9月召开的中国共产党第八次全国代表大会宣布，中国社会的社会主义过渡时期已经基本结束，今后的主要任务不再是阶级斗争，而是利用新社会提供的可能性迅速发展物质和文化。

我是参与对代表大会的报告、讲话和决议的英译稿进行"润色"的人员之一。这些文件的基调跟当时全国的气氛一样，是一种冷静的喜悦和信心。

毛泽东提出了能为社会主义制度共同接受的、放宽文艺创作自由度的"百花齐放"方针以及在科研领域提倡没有任何官方支持的垄断学派（像苏联在从遗传学直到语言学各个领域所做的那样）的"百家争鸣"方针，显然与中共八大的基本思想是一致的，并且吸取了苏联及其他社会主义国家内出现的事态的教训。他在1957年初发表的著名的《关于正确处理人民内部矛盾的问题》的演说，其核心思想是在社会主义条件下，不能把人民内部的不同意见和主张一概看做是对抗性的矛盾，并采用镇压的手段来解决。因为还存在着范围广泛的另一类矛盾，例如工人、农民、知识分子、守法的民族资产阶级分子内部及他们相互之间的矛盾，国家、集体和个人之间，领导者和被领导者之间的矛盾，等等。毛泽东称，这些就是非对抗性质的矛盾。虽然它们也可能有是非问题，但它们应该通过辩论和教育来求得解决，而不能像苏联那样采用镇压的方法。毛泽东于1957年2月在一次党的高级干部会议上的这一讲话，经过若干修改后于6月在报纸上发表。

出于这种考虑，共产党广泛邀请社会各阶层对其政策和工作提出广泛的批评和建议。这种邀请大量见之于公开张贴的标语口号之中，或大众传播媒介的栏目里。在实行的过程中，出现了一些事先没有估计到的、超越建设性批评的恶意言论。这些言论先给予公开发表，然后作为反革命论调的证据拿出来示众，声称它们跟煽动匈牙利武装叛乱的言论如出一辙，在中国也是一个威胁。

基于这种看法，在全国范围内立即发动了一场"反右"运动，并持续了很长一段时间。这在实际上背弃了关于非对抗性矛盾的概念和心平气和地辩论的原则。像民主同盟等友好政党实际上陷入了瘫痪状态，它们的报纸要么关闭，要么被接管。总的说来，知识分子越来越成为靶子，像社会学家费孝通和主张控制人口的著名经济学家马寅初这样的杰出人物，遭到猛烈的批判和降级处分，他们的学术职务被撤销。几十万人被打成"右派分子"（当时称为"戴帽子"），发配到农村去"劳动改造"。有的锒铛入狱。

对抗分子无疑是有的，但反右派运动被严重地扩大化了，从某些方面来说，这是后来的"文化大革命"的前奏。直到几十年以后"文革"寿终正寝，扣在绝大多数"右派分子"头上的沉重的"帽子"才彻底被摘掉，他们本人得到了平反。

动不动就随心所欲地滥用"右派分子"的标签，是后来在"文化大革命"中发生的更加残酷、规模更大的行动——包括导致死亡和自杀的肉体摧残——的先兆。幸运的是，与斯大林时代的苏联大清洗形成鲜明的对比，中国很少发生处决反对派和批评者的事情。正如毛泽东所说，一旦出了差错，一个脑袋砍掉后是不能再长出来的。的确，中国运动中的许多受害者最终都恢复了适当的、有时荣誉很高的职务。马寅初活到 100 岁，他那一度遭到谴责的人口控制理论，被确立为国家政策。费孝通成为深受尊敬的农村工业化导师。

（摘编自伊斯雷尔·爱泼斯坦著：《见证中国——
爱泼斯坦回忆录》，沈苏儒、贾宗谊、钱雨润译，
新世界出版社 2004 年版）

中国正在社会主义建设战线上飞跃前进

[意大利] 贾恩卡洛·巴叶塔*

"自由、平等、博爱"在中国已成为现实
这吸引着全世界为自由而战的人们

距今一百年前，马克思曾预言：资产阶级分子会在刻着"自由、平等、博爱"字样的中国长城面前惶恐万状。这些字样目前已经使铸造它们的阶级感到头疼，而在从反对帝国主义的革命中获得解放的新中国，却相反地把它们变成了现实。昨天的大胆预言预见到一个民族的革命胜利和变化。这个民族曾被学者和政治家们指为停滞不前、没有行动能力的，除非是西方大炮的轰鸣以及海外资本家掠夺的刺激才能把它惊醒。这就说明欧美资产阶级目前对待中国的态度。

也许没有比如下事实更加显明的了：资本主义的政策和文化目前已经日薄西山，它无力承认这样一场革命的现实：这场革命在几十年内就推翻了极其古老的帝国，建立起一个拥有6亿多男女的正在建设社会主义的人

*贾恩卡洛·巴叶塔，时任意大利共产党领导机构成员，书记处书记。

民国家。几世纪来有能力放洋四海、作出最大胆发现的航海家和商贾们所遗下的后裔，今天竟似乎返回到托勒密式的地理（指希腊天动学说倡导者托勒密，此处喻义荒谬——编者注）和简陋的港湾志上去，甚至认为福摩萨岛就是中国。那些曾把中国的"智慧"当做对付蒙昧主义和封建或专制的落后现象的武器的开明人士的子孙，目前则不再能认识和理解历史了。他们的哲学目前已使他们不能步出西藏喇嘛教的祈祷器皿和燃着恶臭油泽的佛灯以外。

但是，今天的欧洲也有社会主义世界。这个世界制造出最新式强有力的飞机，在早晚之间就能使北京通到不了解和不"承认"中国的西欧。今天的欧洲有无产者、农民、知识分子，有能够学习新地理和理解历史的共产党人。

"自由、平等、博爱"这个火一般的字眼，目前在中华人民共和国吸引着自由的人们和为世界各地获得自由而战斗的人们。因此，意大利共产党人——自由和社会主义的战士——第一个代表意大利前往新中国的事情就发生了，而且不可能不是这样。共产党人是第一个接触新现实的，是第一个使中国也了解我国、订立两国人民友好和团结的公约的。两国人民正由于仍能站在不可阻挡的进步运动的前哨，所以能继续忠于他们几千年来的文明和文化传统。

社会主义进步力量正在整个战线上急速前进

人民新中国既证明了马克思和列宁的教导的有效性以及十月革命的普遍性经验、也证明了因为符合具体现实和历史的实际需要而获致胜利的一切革命运动的深刻民族性。今天，在中国这个国家里，社会主义进步力量正在整个战线上急速前进。全民投入攻势，不让一个妇女、一个男人游手好闲，而这种情况正是发生在由于所谓"人口过剩"和资金不足、群众因而挨饿的地方。在中国这个国家里，一切工具，一切机器——从简陋的箩筐到最新式的高炉——都被用来当做向落后、贫困、愚昧进行一场大战的武器。

伟大的人民公社运动促成了向社会主义跃进的新阶段。农村中伟大的人民公社运动是一个新阶段，这个阶段将促成朝向更加发展的生产和社会主义的新跃进。公社当然不是什么即兴之作，或是什么远离农田凭空制造出来的东西。公社把昨天的合作社合并起来，而这些合作社仍是一个经济环节和集体所有制的基本单位。公社聚集较大的力量，从事较大的地区的公共工程和灌溉事业，促进小规模工业的发展。在这一点上，也使人想起能够在战役和大队中配合作战的游击队，想起在农民群众中取得的长期组织和斗争经验；这个经验就是由于首先争取到农民群众，因而使人们取得了胜利。

一个经验教训：深入群众，和他们一道前进

这样，我们就了解到中国同志何以对工作作风、工作方法、精神力量如此重视。他们说"干部必须同人民同住、同吃、同劳动"，这就是肯定业已取得成果的一种革命经验在继续。

以上就是为什么具有如此典型的民族性以及如此独特和生根于本国实际及传统的中国经验，可以为其他国家的革命者所了解的原因，也是这个伟大的民族革命何以取得胜利并在社会主义国际主义标志下发展的原因。

这就是我们何以感到确信已经了解他们，并使他们了解了我们的缘故。从这些成就中，我们吸取到新的力量和可靠的信念以及一条教训——这条教训也是我们的教训：不应等待，而应竭尽全力，采取一切办法，深入群众，和他们一道前进。

（摘自《参考消息》1959 年 6 月 5 日）

人民共和国：建立
新秩序

[美国] 费正清*

　　1949 年以来的中国革命，从其牵涉到的人数或从其变革的广度和速度来说，是历史上最大的一次。对世界外部地区来说，这也是现代一次最少为外人所知的事件。在从 6 亿增到 10 亿的人口中，已经经历了阵阵狂热的豪情奔放和仇恨怒火的喷发、有组织的努力和自我牺牲、极度的恐怖和劳累、长期的失望、热情的自我锻炼以及新的希望和自豪。然而，在 1972 年以前这一引人瞩目的巨大事件只是由驻北京的外交人员、香港的新闻记者和少数旅游者从远处略有所见。……

　　无知引起推测和偏见。50 年代亲共扩张主义和反共扩张主义之间的冷战，影响了每个人对中国的看法。今天，谁要是认为他完全没有偏见（就他的见解极不全面这个意义来说），那他显然是个蠢人。然而，对中国革命抱的偏见有种种不同的表现方式。这种偏见范围有两极，有的会一味热情颂扬毛提供给全人类的激励人心的启示，有的会卑怯地害怕它那警察国家的专制主义。我们真正需要的，是理解中国人民的经验，不管可以产生什么结果。这就意味着既要同情又要作出客观的评价，既要统观全局

---

*费正清（1907—1991 年），哈佛大学终身教授，著名历史学家，美国最负盛名的中国问题观察家，美国中国近现代史研究领域的泰斗、"头号中国通"，哈佛东亚研究中心创始人。

又要有批判精神，以便力求了解真实的情况。不同的观察者仍然可能对那里的同一事件看到不同的真相；然而我们必须真心实意地追求"真理"，因为我们所能接触的现实总是由若干具体的事实构成的；概括性的判断是我们自己作出的，而这些判断需要不断进行核查。当然，人是能够根据道德原则作出解释的动物，但不假思索的说教是太容易、太主观、太偏重估计和太受平素教养的束缚了。

中国的变化离我们这样远和这样难以观察，因此我们想了解它的时候首先必须以某些设想为依据：

第一，千百年来中国历代政府由于力求在一个广阔而多样化的次大陆上维持一个统一的国家和统一的文化，成了善于实行中央控制和大规模官僚统治的政府；中国共产党人继承了从北京进行统一治理的这个伟大传统。正像过去那些熟谙孔孟之道，以地方主动精神代表皇帝管理地方的士大夫官员一样，远处的党员也能大致按照他们所列马列主义、毛泽东思想的训练水平，为中共有效地进行工作。

第二，1949 年后出现的中央政权的组成部分是几十年积累起来的，它不仅是有中共掌权前 28 年的经验，也是全中国人民的经验。长期的军阀统治和国民革命，接着是 8 年日本侵略和 4 年内战，使全国人民渴望有中央权威、坚强的领导、和平与秩序。新秩序的形式和方法也已经积累起来了。……同时，激励人们运用这些新方法的，是高于一切的献身国家的精神，其中包括例如梁启超所拥护的公民理想、孙逸仙所提倡的为"人民"谋福利，以及一度由蒋介石体现出来的国家统一。

在流入中国革命大熔炉的一些浪潮中，大部分外界观察者所重视的是马列主义和苏联对意识形态、组织和政策的影响，这一点需要我们经常加以注意。但在这些公开的现象背后，同样重要的是深深扎根于普通人民中间的中国民间传统，这是大部分未经探索过的非儒家的生活方式。这一往往由于未受教育的民众因袭下来的民间传说和风俗，比旧中国统治阶级的传统还要丰富多彩。它像对毛泽东的崇拜一样，是革命发展的基础。

　　这样一些看法可以提醒我们，北京新政权不像我们设想的那样铁板一块，也不像它自称那样是纯粹马克思列宁主义的产物。它的成就并不是创造了新秩序的所有部分，而是以只有共产党的理论和实践才能做到的空前集中地指导方式，把各个部分综合起来，无论如何，其所得的结果是中国人以前完全没有体验到的。

（摘编自费正清著：《美国与中国》，张理京译，世界知识出版社 2002 年版）

新中国的建设成就

[美国] 弗雷德里克·C. 泰韦斯[*]

当中华人民共和国于 1949 年 10 月 1 日正式成立时，国家的新领导面临一些棘手的问题。社会和政体四分五裂，公共秩序和风气已经败坏，被战争破坏的经济遭受严重的通货膨胀和失业的折磨，中国根本的经济和军事落后性给社会精英争取国家富强的目标造成了巨大的障碍。可是到 1957 年，中共的领导人可以以相当满意的心情回顾 1949 年以来的一段时期。一个强有力的中央集权国家经过了几十年的分裂后已经建立。中国的民族自尊心和国际威信由于在朝鲜与世界上最大的强国打得相持不下而大为提高；这个国家在工业化的道路上已经走了几大步并且取得了引人注目的经济增长速度；人们的生活水平已经有了即使是适度的、但也是显著地提高；国家的社会制度已经比较顺利地按照马克思主义的教导得到改造。

此外，这一切成就是在党内精英只发生有限的分歧的情况下取得的。这样，毛泽东主席在 1956 年 9 月举行的中共第八次代表大会上能够令人信服地宣称："我们……又取得了社会主义革命的决定性的胜利……我们的党现在比过去任何时期都更加团结，更加巩固了。"一年以后，当中共开始进行大跃进这一大胆的新发展战略时，发生的事件和持久性的问题为

---

*弗雷德里克·C. 泰韦斯，西方研究中国当代政治史的著名学者，悉尼大学政治学教授。

大大地加剧精英冲突提供了条件；可是毛泽东仍重申社会主义革命已经完成。与此同时他的主要的同事刘少奇也似乎合理地争辩说，党的团结依然是牢固的。当中国开始向不能肯定的方向发展时，关于中华人民共和国最初 8 年是一个有成就和团结的时期的官方评价仍完全是可信的。

用什么来解释这些初创时期的成就呢？在很大程度上，1947 年至 1957 年整个时期保持的领导的团结是赖以取得其他成就的基础。

领导层的这种稳定状态是一笔巨大的政治资产。由于党的精英对维护明确限定的权力关系和党的团结具有强烈的义务感，政策的分歧问题可以在正式的讨论会上进行激烈的辩论，而不会给政权带来危险。在这种情况下，由于为私利而玩弄的个人花招被控制在最低限度（的确，过于赤裸裸的花招会起反作用），相对而言的无拘束的辩论能最大程度地增加达成全面而灵活的决议的可能性。一旦作出决议，对团结的义务以及列宁主义纪律的正式准则通常能保证决议在人民共和国各级负责领导人中迅速地贯彻。总而言之，一个团结的领导集团形成的权威和信任的气氛有助于加深普通官员和民众的印象，从而提高他们实现党纲或承认党纲的热情。

领导统一的根源是各种各样的。在相当不利的形势下取得的 1949 年的胜利显然是一个关键因素。体现一场持久革命斗争最高成就和争取民族振兴机会的这一胜利，大大地加强了曾经制定党的卓有成效的战略的最高领导人的权威。在更普通的一级中，革命的胜利提供了社会精英广为分享的政权的职位。1949 年以前中共许多文职机关和军事组织中的个人和集团、其革命资历与诸如 1927 年标志红军建军的南昌起义或 1935 年北京学生反日的一二九运动等特定事件有联系的领导人，以及领导层内各种各样的个人关系网，都从职位和权势的分配中得益。虽然最接近毛泽东的长征参加者总的说来容易在最高机构中占支配地位，但除了在毛泽东取得无可争辩的突出地位之前反对过他的那些领导人外，没有重要的革命集团受到歧视，而且即使那些反对过他的人也得到了某些象征性的职位和实权。因此，几乎没有具有危及团结的直接怨恨情绪的集团。

另外，1949 年以后，对马克思主义的共同信仰和在雄心勃勃的工业化和社会改造方面的广泛的一致性，进一步促进了精英分子的凝聚力。

（摘编自 R. 麦克法夸尔、费正清编：《剑桥中华人民共和国史（1949—1965 年）》，中国社会科学出版社1990 年版）

中国为什么会变红

[美国] 埃德加·斯诺[*]

目前，有大量的书是用来"解释"中国的，而回答"为什么中国会变红?"这个问题，最有启发性的答案是领导中国走到今天地位者的谈话，他，就是毛泽东。为什么"毛泽东和其他中国知识分子倾向马克思主义，而不是倾向民族资本主义"? 在毛泽东亲自向我讲述他本身的故事以及后来我收集的其他红军领袖的历史中，已经提出了大量的事实，说明了这个问题。只要留心研究这些早在 1938 年便发表的消息，就不难预见：整个中华民族的经历使共产党的胜利必然达到，除非国民党能实施奇迹一般的改革。这些改革应该是深入而富有革命性的，并且应在抗日爱国战争中，以重新分配土地为其开始。

促成这种现象的简单事实是：在中国，马克思的《共产党宣言》有着令人信服的权威（在欧洲和美洲，由于受到"费边缓进主义"、"和平演进社会主义"和"凯恩斯经济学说"的影响，此种权威未能确立起来）。第一次世界大战后，当中国的年轻人阅读到马克思有关武装起来的鼓动性号召时，他们并不把它当做是 1848 年 2 月时欧洲情况的分析，而是把它看做是他们自己密切环境的描述。

中国从来也不是一个完全的殖民地；欧洲列强和日本之间的敌对状

* 埃德加·斯诺（1905—1972 年），美国著名新闻记者和作家。

态，使任何一国都不能独自主宰中国。但是，各国都把中国看成是次等的国家，同时对中国都不负任何的义务。在通商口岸里的任何外国人——即使是一个酩酊的醉汉也好——在法律上所享有的权利，比最好德行的中国人还要高；在自己国家的土地被外人视为下等人的侮辱，多年来使中国人感到无比痛苦。基于上述各种原因，加上内心的民族主义精神以及"希望中国像古代一样，重新登上强国地位"等因素，马克思主义在有知识的中国人中，首先产生了巨大的吸引力，比在苏联的影响更大。

按照列宁的殖民地国家和半殖民地国家阶级斗争理论，中国共产党成立后不久，便采取了一个分为两阶段的革命方案。第一阶段要完成"资产阶级民主革命"，在共产党的领导下，使进步的资本家与工农结成统一战线。这个阶段将结束帝国主义的压迫和赢得完全的独立。在中国农村，它将取缔地主阶级的统治和平均土地所有权；在中国的城市地区，它将把帝国主义的同伙、反动的资本家的财产收归国有。只有在这两项目标完成后，革命的力量才能进而为第二阶段打下基础，即建设社会主义。

这样，"资产阶级民主革命"的计划和目的，在中国的民族主义者当中，产生了强大的吸引力。在这个革命中，爱国主义的观念、阶级战争和在当时苏联领导下的国际共产主义三方面，已经取得了一致的步骤。必须记得，在斗争初期，党的创建人接受了马克思主义，这和孙逸仙博士在他反对帝国主义的斗争中接受苏联的直接援助也是相符合的。同时，由于反帝和民族主义的情绪日益高涨，反对资产阶级战争的口号变得使人更易接受。根据事实显示，为数尚小的本国资产阶级集团，包括和它有关系的大地主阶级，毫无疑问确是依赖帝国主义列强的帮凶阶级。因此，中国人就更容易信赖莫斯科，因为苏联首要的敌人也就是西方殖民主义国家，后者同样也是亚洲和非洲独立运动的直接敌人。

中国最著名的共产党人在理论上都是国际主义者，但他们在爱国主义的程度上，却毫不逊色于以"民族主义者"自居的国民党人。他们不是无产阶级；在几百万拥有中等或高等教育的中国人中，他们大多数来自只占了少于百分之五的一小部分。我所搜集的传记表明：在共产党和红军的50个首脑人物中，只有两个到三个是真正的无产阶级出身（即指既非农民，亦非知识分子。到1945年时，无产阶级的代表增多了）。当1924—1927年中国共产党与国民党结成统一战线时，今天的中国共产党领袖早已经是具有极好才干的知名人士。撇开真实的历史而言，如果他们仍然留在国民党阵营中，他们很可能最后成为它的领导。

那时候，年轻的爱国者之所以和蒋介石决裂，并非因为他们在国家独立的目的上产生基本歧见，而是他们确信：没有深入的、内部的革命性改革，那些目的将永远不能达到——而这一切，蒋介石和国民党保守派是决定要阻止的。对中国的知识分子来说，马克思的革命理论在现代世界史上的实行，就像它的唯物辩证法一样，对中国是一种新的内容。

他们发觉情势非常危急。他们本身的经历，使他们痛苦地认识中国的衰弱、落后和面临着被整个瓜分的迫切危险。为了国家的新生，他们在摸索一条正确的道路。在斗争中，具有积极性和智慧的中国青年人趋向一个有权威与革命性的理论，因为其他的方法已经尝试，而且还遭到失败；因为他们相信时间排除了缓进主义的实施；同时，因为中国的历史反复证明革命是救亡的好方法。

国民党从未向共产党提出过一个清楚的、合乎道理的选择，而只是以强大的军事力量基础与他们竞争。对于已加入了共产党的知识青年来说，他们只不过要作出一个世纪的判断：究竟他们的方法是否是唯一可行的——即既能解决个人问题，又能迅速弥补中国与世界上先进国家在工业和科学上惊人的距离。早期便深信这个可能的共产党人发现了一个事实，无须城市或无产阶级暴动，他们便可以使无产阶级革命取得权力。

毛泽东相信中国农民是社会主义革命的主要力量，这是从客观经验中发展出来的，是苏联人所没有的。在1927—1930年之间，城市暴动遭到严重的打击。使党组织受到严重的破坏，革命运动便被迫转移到农村去。毛泽东在农村中建立了第一个农民根据地。自此之后，革命的风暴使农民真正地成为他们主要的物质与人力的支持。中国共产党最后能取得国家的权力，其主要力量就是来源于农民。

"谁赢得了农民，谁就赢得中国。"毛泽东在延安告诉我："谁解决了土地问题，谁就赢得农民。"

共产党人从不认为土地的重新分配就是事情的终结。他们只是把土地改革看做是争取农民战斗同盟的方法，并且最后赢得他们对主要目的的支持。因此，除了在理论上仍然保留是无产阶级的政党之外，共产党实际上代表了占农民人口三分之二的贫苦农民。国民党由于和地主阶级一鼻子出气，事实上是不能代表这部分人口的。

从实际观点看，共产党人已成为了一支机动的、武装的、到处出没的"十字军式"的宣传队，在亚洲几十万平方英里的土地上，传播着他们的思想。他们给农民带来了现代世界的第一次接触。他们给青年和妇女展现了他们闻所未闻的个人自由和重要性。他们给农民许下了"耕者有其田"的诺言，并且决心把农民从苛捐杂税、高利贷、饥饿和家破人亡的火坑中拯救出来。他们答允全国人民建立一个没有贪污、全心全意为普通人民谋幸福的新国家，人人机会均等，把国家建设在"天下为公"、"分工合作"的哲学思想上，"共产党"三个字按中文的直译就是"分享财产的党"。

革命的火焰初期散播缓慢，成为后期不能扑灭的原因。又由于不便利的交通——公路、铁路和桥梁的缺乏——使共产党能够在现代工业中心（先后为西方列强、国民党和日本人所占据）之间的广阔土地上，建立武装斗争的根据地。举国上下的农村地区对当权政府的不满，使共产党人在内地取得了领导权。他们提出了斗争的目的，鼓励和唤醒了人民的新希望，同时建立了一支军队，为实现其理想而斗争。当他们真正实行土地改革，消灭了一些最不平等的制度，推翻了地主阶级在农村的统治，而自己又不从中取利时，占农村人口三分之二的"一无所有"的农民开始欢迎他们，并且最后和他们结成一个整体。

"君者舟也，庶人者水也。"两千多年前著名的哲学家荀子说："水则载舟，水则覆舟。"

"我们是水中的游鱼。"今天的共产党人说:"人民好比我们赖以生存的水。我们绝不会骑在人民头上,我们和人民之间的感情是鱼水之情。"就这样,他们提出了农民所能理解的口号。

（摘编自埃德加·斯诺著:《大河彼岸》（又名《今日的红色中国》）,新民节译,新华出版社 1984 年版）

中国见闻

[美国] 安娜·路易斯·斯特朗[*]

　　中国正在发生着许多好事情。由于越南问题的急迫性，在我写的通讯里，这些好事情都被挤掉了。明天，我就要飞往河内，参加一个工会会议。我知道，我回来时又要写有关越南的问题，所以，我急急忙忙地在出发以前写好一期完全关于中国的通讯。因为，在我们今天的世界上，中国的力量和生活方式鼓舞着占人类一半以上、长期被压迫的人民站起来。

　　当来自某些方面的、对中国的诽谤在全世界流传的时候，成千的人与中国接触之后，从中国得到了力量和活力，并被它的生活方式所影响。

　　我想起了一个美国战俘詹姆斯·维纳瑞斯。他是在朝鲜被俘的，现在济南的一家造纸厂工作。造纸厂把他派到北京的一所大学学习。他告诉我，他之所以愿意留在中国是因为俘虏他的中国志愿军是他平生第一次见到的"行为正直，待我公平，像是真心关怀我的人。在美国，我常常梦想这样的人，但是从来没有遇见过"。

　　"是否我被洗过脑筋了？当然洗过了。我的脑筋现在还没有洗够。在美国这样的社会里长大的人，必须洗一辈子脑筋，美国人民所受的欺骗比世界任何其他地方都更深。我受了更多的教育以后，我希望回到那个造纸厂，我要接近中国的劳动人民。我年轻的时候，住在匹兹堡附近，学到的

<hr />

[*] 安娜·路易斯·斯特朗（1885—1970 年），美国左派作家、记者。

是尊敬上帝，但是它高高在上。现在我认为上帝就是劳动人民，我要跟他们在一起，他们不会使人失望。"

法国的经济学家彼特尔汉姆教授访华回国后，在巴黎做了一次讲演，他不仅强调中国生产和生活水平的提高，还指出，中国正在使每个人觉悟到他个人的活动是集体的创造性事业的一部分。他说，这就使日常生活的意义超过了个人的范围。他还说："如果中国成功地建成一个工业化的社会，每个人所关心的不是消费，而是创造性的活动，那么，中国的革命会给所有国家都带来一个前景……，它比美国的生活方式所提供的前景更为丰富美好。"

那么，让我们来看看中国的生活方式吧！

中国的生活方式不可能在一期通讯里就谈清楚，恐怕由一个人来谈也是谈不清的。因为中国的生活方式是集体化的。但是我刚刚写下这句话，马上又觉得似乎不太合适，因为中国也寻求个人在生产劳动和艺术的自我表达中发挥主动性和创造性，并在这方面已经取得了很大成功。然而，这些个人活动不应该是为了个人名利，而应该是在这个以互助为基础的社会中"为人民服务"。这一切到底是什么意思呢？

有几位日本记者对许多位中国人进行了个别采访，询问了他们的生活目的以后，这些记者问我，中国人说他们的生活目的不是为发财致富，也不是为完成什么事业而是"为人民服务"，他们这样说是出自真心吗？个人把集体利益放在自己的利益之上是合乎情理的吗？

我回答说，我认为在剥削已经消灭或正在逐渐消灭的社会里，是合乎情理的，因为在这样的社会里，集体财富的不断增长已成为个人利益的最好保证。在一个没有剥削的社会里，一切宗教所提倡的帮助他人的理想成了人之常情，因为，个人的福利只有靠集体福利才能得到巩固。

这个星期，中国政府决定取消军队的各级军衔，恢复延安时代的样子，从总司令朱德到最下级的"小鬼"，各级革命战士都穿一样的军服。他们仍将保留排长、连长、营长等等，但是都佩戴同样的标志：即在软顶有护耳的帽子上装一个红色五角星，领子上佩戴红旗式的领章。这是最近几年来实行的将军和校官每年有一个月下连队当兵制度的逻辑发展。

缩小工资差距

工资差距也正在逐渐拉平，办法是将较低的工资优先提高。要制定一个"合理的工资政策"，一方面能鼓励人们努力工作和提高技术，一方面又能避免造成领导人和工人之间的社会差距，是一件复杂的事情。我回忆起 20 年代末期在苏联，共产党员都鄙视财富，他们以领取固定的低工资为荣，但是这种情况没有持续下来。中国人看到苏联的工资差距那么悬殊，感到十分惊讶。他们说："一定的差别是需要的，以鼓励人们的积极性和提高技术，但是绝不能让差距太悬殊，应该缩小差距。我们要提倡物质刺激以外的其他刺激办法。"

现在实行的政策是逐渐提高低工资。当经济有剩余可以用于提高工资时，就制定一个总方针，根据这个总方针进行个别调整。例如，一年多以前曾提高过一次工资。

某些一般的成就

一位住在加利福尼亚的教友会的朋友来信说：某国会议员对他称，"从来没有听到任何人说过中国毛泽东政权做过任何好事情"。任何识字的人对 1/4 人类 15 年以来的情况这样无知，是令人吃惊的。世世代代使人类遭受苦难的祸害是什么呢？不外是饥荒、疫疠、战争、文盲、犯罪等等。中国在克服这些祸害方面，已经取得巨大的进展，可能是史无前例的。

一百年来，人们都熟知，中国是个庞大的、饥馑的文盲国家，经常有疫病流行，水灾和内战连绵不断。而在15年里，这一切都不见了。

除开由华盛顿出钱出枪，从台湾派来人进行的一些小规模的骚扰以外，百年来第一次中国到处呈现着一片和平、有秩序的景象。百年来第一次，中国克服了霍乱、鼠疫、天花、伤寒等瘟疫的灾难，甚至基本上消灭了梅毒。只有西藏和一些小的少数民族地区，还没有彻底消灭梅毒。百年来第一次，不再由于农业歉收和水灾而发生饥荒，这种困难被互助的办法所克服。

一年多前发生了这么一个惊人例子：河北南部的一大片山区遇到一次暴雨，一千毫米的雨水倾盆而下，水从山坡上冲下来，将水库、村庄、铁轨和桥梁冲走的冲走，冲毁的冲毁，使河北省和河南东部一带的田地、村庄、甚至于城镇都变成一片汪洋。在过去，这一大片地区就会被弃置几十年。而这一次，政府通过当地的公社动员了一切力量，将损失限制到最小的程度。几百万人立刻被疏散到邻近各县，在各县农民的家里住了一年。他们帮助当地农民干活以此作为对东道主的酬谢。最强壮的人留在原地，进行排水、修复道路和桥梁、重建村庄和重新播种等工作。第二年春天他们就把家眷接了回来，住进了新的房子。这时，地里又已长上了庄稼，我怀疑富有的美国遇到灾害能否对付得这么好？

文盲在中国已经不是个大问题了。在年纪大的人中间还有文盲，但是，绝大多数30岁以下的人好几年前就都学会了读书写字，然后又学习了各种专门技术，成了拖拉机手、电工、土壤化学工作者，选种工作者，他们构成了一个巨大的专门技术网，正在改造着中国的农村。

犯罪当然不会在这一代就完全被消灭，然而也不是什么大问题了。晚上在街上走，不必像在洛杉矶和纽约住宅区那样担心害怕。在公共汽车上、旅馆里、甚至于在大街上遗失的钱和东西，一般都可以找到并原封不动地归还原主。在美国的城市里，犯罪案没有一地不是在急剧增加，而拥有六百多万人口的北京只有一个又小又老的监狱。我曾到这个监狱参观过一次，在这里走来走去的警卫，无人携带武器，犯人也不关在牢房里。这是中国在 15 年多一点的时间内取得的社会成就点滴。美国国会议员中居然有人从来没有听说过这些情况，这对美国和对全世界来说都是没有好处的。

（摘自《参考消息》1965 年 7 月 22 日）

中美关系的意义

［美国］乔纳森·波拉克*

中国对美国的开放，极大地改变了亚洲的国际关系，由于摒弃了朝鲜战争以来支配中美关系的敌对政策，北京开始了进行重组的过程，这一过程比中苏冲突以来的任何事件都明显地改变了国际秩序。然而，这种变化并不是命里注定的，中美两国都必须把握住改善关系对各自的政治进程的影响。与此同时，双方又都根据自己的需要解释和解的意义和所取得的成果。此外，当双方的注意力都从宏大的战略迅速地转向政治较量的时候，中美和解的设计者们便不能把他们最初的进展维持下去。

中国与西方和解的不平坦的道路，反映了在恢复关系的最初几年，两者都缺乏能够持久发展的策略，每一方都有自己认为必需的政治要求，而双方都不能在这些要求上作出让步。两者都在努力遏制苏联势力的扩大。但是，要使这些考虑成为对双方政治体制更多的谅解，是极为困难的。只是到70年代末，随着邓的第二次复出、地位不断巩固以及历届美国政府与北京合作的更为明确的政策，全面外交关系才最终实现。然而即使这种关系也是短暂的，因为里根政府初期，两国关系也受到了严峻的考验，随后又做了重新解释。

70年代中美关系的改善不是一帆风顺的，但是，这为80年代更多样

*乔纳森·波拉克，美国海军战争学院亚太研究部主席。

化的关系创造了条件。第一，由于双方最高层达成了谅解，为双方领导人经受反复的挑战和压力创造了基础，更重要和更深层的关系最终都建立在这个基础上。第二，向美国的开放，为中国更为全面地介入现存的国际体系铺平了道路。中国进入联合国也许是北京摆脱了文化大革命的孤立状态的必然结果。但是，中美关系的改善无疑加速了这一进程。但是，从第一点上看，中国在国际场所的政策安排与美国的政策选择分歧很大。尤其是，北京对重要的政治和经济问题主张采取"重新分配主义"的办法。只有在中美统一阵线"高潮"的时候，北京才有意在共同反对苏联的讲坛上，努力寻求与美国政策的共同点。80 年代初，随着对外政策的重新估价，北京重新努力绘制它一整套独特的、显然再一次与美国尤其在对第三世界的关系上不同的全球战略。第三，20 年之久的孤立中国政策的结束，为中国更为全面地进入地区和全球性经济发展敞开了大门。中国除了在联合国与其他国际组织中采用"全球主义"倾向外，中国的实际行为则表明，它对国家的需求十分敏感。回顾过去，中国对国外的贷款、投资、技术和其他形式的援助要求的不断增长，反映了中国在推动实现它所宣布的政策与其决心抓住每一个经济发展的机会之间存在差距。中国显然想得到世界银行的帮助。但是，如果中美关系的改善没有得到明确的承认，那么，中国在国际经济体系中的几乎全面合作似乎是极难成功的。这些影响对日本特别明显，中美关系的改善无疑使日本得到最大好处，它已成为中国主要的贸易伙伴。

因此，到 70 年代末，中国也开始结束它被排除在东亚经济政治之外的不正常现象。文化大革命后较长时间的政治动荡拖延了这一结合过程。但是，80 年代初，随着中国与其周边国家建立更为全面的关系，这些影响很快就消失了，与此同时，北京的结论是，中美关系持久的结构不能依赖于不均衡的战略合作，还要在两个体制之间建立更为多样的一整套政治、经济及法律制度关系。

但是，人们在中国体制内感受到了对外开放的最大影响。一旦北京寻求全面参与全球和地区性的政治事务，中国的国际孤立主义的偏颇与幻想便迅速消失了。现代化建设的使命，以及中国作为一个独立自主的大国出现在世界上，以继续进行国际合作为先决条件。一个好汉三个帮。虽然与美国关系的全面建立并没有解决其国内长达一个多世纪的关于西方世界经济和技术优越性的论争，但是，中国已把这个持久的问题提高到国内政治过程中的关键问题上。因而，向美国开放所标志的既是开端又是终结。

（摘编自 R. 麦克法夸尔、费正清编：《剑桥中华人民共和国史（1949—1965 年）》，中国社会科学出版社 1990 年版）

中国剖视

［墨西哥］马里奥·蒙特福特·
托莱多*

在 1949 年 10 月中华人民共和国成立的时候，东北工业区，由于抗日战争和蒋介石政府同革命者之间的斗争，大部分变成一片瓦砾。只是在南方、特别是在上海，少许几座中小型工厂保存下来。当时仅有 5% 的电力用于农村。农业土地面积很大，但使用不合理。由蒋构成的庞大官僚集团腐败透顶，以至外国帝国主义竟然在东部沿海港口占有租界，享有治外法权。失业和贫困现象同印度最穷苦的地区一样严重。

今天，这里生产总值已经提高 10 倍。工业在全国各省全面发展起来，而不偏重在东部沿海一隅。已经建立起七个主要的重工业中心。76% 的电力供应农村。在中部最大的一条河流上，1965 年将建成一座大水电站，其电力之大，几乎等于埃及的阿斯旺。不存在失业和贫困现象了；政府非常廉洁，以至连中国政府的许多敌人也不敢说政府不廉洁。

在面积为 960 万平方公里、人口达 6 亿 5 千万的一个国家中，在 15 年的时间里实现了这样的事业，只能这样解释：有一个有效的政府，有一个明智的计划，人民有无限的信心。在以事实说明这三点看法之前，我首先要综述一下中国人应我的请求让我看到的工业的情况。

---

*马里奥·蒙特福特·托莱多（1911—　　　），墨西哥《永久》周刊撰稿人。

驳不倒的事实

东北是中国的曼彻斯特、鲁尔和匹兹堡。在离北京不远的地方，实现机械化了的辽阔田野，越来越快地被林立的加工厂、烟囱、高炉、矿山和冶金厂所截断。这不禁使人想起了使老波克曼为之战栗的形象，特别是当你到达将近 100 万人口的新城市抚顺和鞍山的时候。

抚顺已在一座著名露天煤矿的周围建立起一个钢铁和石油化学的联合企业。这座露天煤矿面积为 500 平方公里，最深处达 220 米。开采已经两年。以前日本人从那里抢走了 2 亿吨煤，现在它向一座年产 30 万吨合成石油、10 万吨柴油、33 万吨焦炭和其他 40 多种产品的工厂提供原料。

在鞍山大规模钢铁企业一边，有轧钢厂、铁轨厂、车辆厂、钢管厂、农业机械厂和红旗牌汽车零件厂，红旗牌汽车还不进行商业生产。沈阳制造各种工业上的重型机械和 3000 种不同品类的电线电缆。

北京城，作为大城市、政府所在地和文化活动中心而受到保护和改善，但是在市周围已出现了由装配厂、日用消费品工厂和纺织厂组成的一个浓密的工厂网。我用了整整一天时间参观了一座棉纺织厂，厂里 55000 名工人操纵着 9 万纱锭和 32000 台织布机。最重要的出版社在上海；在北京有一家典范的印刷厂，那里印出各种外文刊物和一些出色的艺术书籍。几乎所有的印刷机（精密、迅速而准确）都是国产；不过也还使用一些意大利和东德的机器。中国人自豪地指出后面这些机器不过是例外，而且保证说，短短时间内，他们将制造出全部自己的机器。这没有什么好奇怪的，因为他们已经生产他们工业所需要的 85% 的机器。

新中国成立以前到过上海的人只能从南京路认出它来，从前那儿不是妓院，就是鸦片烟馆。现在，这个拥有 1000 万人口的城市已是中国最大的工业中心之一。那里有精密仪器厂、光学仪器厂、计算机厂、电信器材厂和车辆厂。上海被挑选来生产这类产品，是因为那里有一大批在中小工厂经过训练的半专业化的工人。一大部分出口纺织品都是这个美丽城市出产的。现代化手工艺从远古以来，就在经济系统占有突出地位。从前，技术的奥秘只在那些有专门特长的家庭内世代相传。这些家庭年复一年剥削着学徒，而他们自己也受着中间商人的剥削。这种情况得到改善，对于手工业经济比重依然在增长的那许多不发达国家，是一个有益的范例。

专门的研究室致力研究各种技术、式样和新原料。所有手工艺人都集中在合作社工场里，靠国家工资生活。与这些手工艺生产紧密相配合，发展了加工必要原材料的农业区或工业区。国家收购和定购产品，负责出口。产品种类由手工艺人们负责设计，而价格则由政府部门规定。所有产品质量极高，可是都不便宜。

老手工艺人都普遍受到尊敬，经常受到报纸赞扬。他们拿技术人员的工资，向青年们传授理论，教他们实践。这些青年很多都住在研究室和工场的房子里。手工艺品（象牙、木器、漆器、景泰蓝、金漆物品、编织、玉器、金银首饰、剪纸、玩具、刺绣、浮花锦缎）是中国对外贸易重要项目之一，直接同欧洲顾客特别是通过香港进行交易。

总 的 面 貌

中国依然是一个以农业为主的国家，工业在发展中。这个相信自己创造力和消费能力的国家的设备还有各种陈旧的缺点。由于许多零件应该更新，它的生产成本一定很高。火车很讲究；但是其他的交通工具却不足。这个因素，再加上国土辽阔和工厂、农村需要紧密联系的要求，迫使它要实行大规模的工业多样化和使工厂遍布全国。最近 4 年来建立起来的中小型企业已尽善尽美了，但是在第一个五年计划期间改建和新建的重工业的效率同直线上升的要求已不适应。劳动力很出色，这不仅是大量培养技术力量的结果，而且是集体的干劲和明智地改造了旧的熟练手工艺工人的结果。在14年中，毕业了37万个工程师和7万个从事工业的科学工作者，另外还把数百万工人提高到专业化水平。工厂同时也是学校，是新型的人类共同生活的集体。3/4的工人几年前还是农民，他们都很年轻，就像拿着儿童玩具在戏耍的一些小学生一样。最低工资是40元，平均工资是70元。一元钱在中国可以买到在墨西哥花21比索才能买到的东西，也就是说，那里的平均工资大约等于这里的1500比索。为了把生活费用和工资水平的情况说完全，应该补充一点，就是那里，每间房的房租是2元，包括所有设备在内。也就是说，一个家庭在这方面只需要花费很少的收入。中国没有一个工业城市没有医院、学校、托儿所、戏院、电影院、图书馆、单身汉食堂或体育设施。所有这些服务事业都要付费，但是收费低廉。

单身汉住的房子就像学校住宿生一样，两人一间。成家的人住在装饰得很讲究的房子里，不过同家庭成员的数目比起来还相当狭窄。但是这种缺点被简单朴素然而很讨人喜欢的外表所弥补了。我只在上海和广州遗留下来的寥寥无几的一些老市区看到几家非常坏的房子，但是在各城市表现出来的建设冲力下，这些市区会很快消失。

关　　键

谈到政治，我想解释一下中国经济发展的基础在于党的组织和统一规划。我要描写一下上海一家卡车厂的情况，作为这篇文章的结尾。这家工厂显示了这个国家实现变革的关键。

12年前，这个工厂是一座机械工场，8年前是一个装配工场，而现在却每年生产100辆卡车。许多机器完全都是它自己的工人制造的，另一些机器是当地其他一些小厂制造的。这些机器就像孩子们用金属线紧紧拴着的机器玩具一样，零件都非常奇妙。无穷无尽的工作中的困难，在这整个英勇历史过程中被克服了。最富于想象力的工人们在业余时间都埋头在工作室关门研究，根据自己的经验发明新产品和新机器。厂长和技术人员，像中国所有各工厂的情况一样，挣的要比其他工人多不了多少，他们那种谦虚态度真叫人感动。他们自己指出自己的错误和缺点，但是也不掩盖由于组织所作出的一切而感到的喜悦和自豪。产品种类一年比一年好。我曾开动一下一九六四卡车。开车之前我沾过尘土，可能我在车盘上留下一些灰尘。当我下来后，一个正要回家的脸色腓红的姑娘擦了车盘，直到擦得发亮，并且不好意思地笑笑。

当我同所有这些年轻、强壮和自信的脸庞告别的时候，我带着这样一种信念：中国已经战胜了最恶劣的障碍，什么也阻挡不了它前进。它现在缺少、将来还缺少许多东西，但是它有人民、有对劳动的热爱和堂吉诃德式的信心来实现它无论多大的事业。

（摘自《参考消息》1964 年 7 月 20 日）

谈在中国的观感

［印度尼西亚］ 苏加佐·维约
普拉诺托*

北京人情非常温暖

北京现在正是隆冬严寒，这样冷的天气对我说来是很不习惯的。冬天虽然冷，但是北京的人情和中国人民的友谊却是非常温暖的。特别是在苏加诺总统访问中国以后，两国政府和人民之间的友好关系已经有了空前的跃进。直到现在苏加诺一行访华的影响和印象还没有为时间冲淡。

我是去年（1956 年）7 月底才上任的，在短短的时间里，就跟各位政府首长建立了融洽无间的友谊，这对工作的开展大有帮助。今天我们在中国办外交真可以说是十分痛快，一切都可以开诚布公、诚诚恳恳、坦坦白白的商量讨论，丝毫用不着转弯抹角或胡思乱想。

中国政府首长的话，说一是一，说二是二，他们说了就做，做不到就不说，或者干脆说现在还做不到，一切都是勤勤恳恳，老老实实。到了中国，我才觉得中国政府首长的话是最有价值、最能兑现的，这是我在中国

* 苏加佐·维约普拉诺托，时任印度尼西亚驻华大使。

半年来最深切的体会。

亚非会议精神深入民间

亚非会议的决议已在中国贯彻实行，而且是真正深入民间，向人民大众作最广泛的宣传。因此中国人民现在都知道，必须跟亚非各国加强友好合作关系。目前，中国又正由毛主席和周总理大力号召坚决反对大国沙文主义，就是说不但要加强和各邻国间的友好合作关系，还要消灭自大自傲的心理，虚心向各邻国学习，以取长补短。周恩来总理这次周游亚洲各国就充分发扬了这种精神。

对中国不再有顾虑

我跟中国最贴近的邻国如印度、缅甸、尼泊尔、越南、阿富汗、老挝、柬埔寨等国的大使们经常接触，到了今天，他们已经完全理解了中国和平政策的本质，为此对中国完全不再有任何顾虑。我们印度尼西亚在邻国中是距离最远的一个，却要神经过敏的担忧，那岂不是大笑话！周总理说中国地大物博，百废待举，建设事业蓬勃进行，哪里会想到"侵略"。我们对中国和平的诚意，不但是现在，即使是将来也是完全可以信任的。

许多方面值得学习

我们亚洲国家使节已经跟中国首长们打成了一片，亲如一家。中国首长们的夫人，如刘少奇夫人、陈毅夫人、章汉夫夫人等现在都常跟我们在一块，她们都说得一口流利的英语。在北京办外交非常痛快，我们余下的时间，都集中于研究中国问题上，因为中国这个国家和社会，包括政治、经济、文化、教育、军事，甚至人与人之间的关系都是崭新的，需要我们仔细研究。说实话，印度尼西亚和中国在过去有着许许多多的共同点，因此中国在许多方面的改革和成就都是值得我们学习和效法的。印度尼西亚和中国的友好关系已经进入一个亲密无间的新阶段。

（摘自《参考消息》1957 年 3 月 16 日）

访华观感

[菲律宾] 卡利斯托·费尔南德斯*

虚构和事实

我所看到的共产党中国同我在竹幕的我们这边所听到的有关中国的情况大为悬殊。

4个菲律宾记者冒险进入这个无法进入的国土，对这个国家的经济、社会和政治生活进行了1个月的参观访问。我就是这4个记者之一。

大约5年以前，另一批菲律宾记者做过一次同样的旅行。自从那时以来，我们是跨过共产党中国边界的第一批菲律宾记者，此行的目的是仔细看看这个占世界人口1/4的国家的人民的生活状况，把我们所看到的一切尽可能充分和确切地报告给我们国内的同胞。

我们在共产党中国的国土上走了大约5000英里，访问了10个大城市和6个省份。我们同他们的领导人进行了交谈，其中有前皇帝溥仪、周恩来总理、重要的内阁部长们、教授、新闻记者、农民、学生和各阶层的人民。

---

*卡利斯托·费尔南德斯，菲律宾《每日镜报》记者。

我们访问了许多公社、学校、工厂、监狱和医院。我们在所谓的公社里同农民一起吃过饭。我们在天主教堂里做过弥撒。从竹幕的我们这一边，我们本来预料将看到一个肮脏、饥饿和人民在组织化的警察国家的桎梏下呻吟的国土。

我们本来预计要看到妻离子散、被成群地赶到国营农场去的景象。我曾做好了准备，以为会看到像我以前到印度和其他东南亚国家旅行时看到的那种污秽和疾病丛生的情况。

我们所预期的和我们实际看到的之间的距离令人大吃一惊。在赤色中国各地旅行的人们，不能不感觉到一个现在自称他们从来都没有过这样美好生活的民族的朝气蓬勃的精神。

在我们旅行以前，我曾下过一番苦功来学习这个民族的历史。我了解到他们曾经如何受他们的皇帝、军阀、外国人和他们自己人的剥削。

我看到的赤色中国是一个处于匆忙之中的国家。我感觉到它的人民身上有一股推进的动力，要把他们的国家建成为亚洲最大的工业化强国。中国在急速前进的过程中，正在束紧裤带。在这个过程中，某些基本的个人自由不得不受到限制。赤色中国的所有报纸都是受国家控制的。工会只是负责工人福利的机构。

我们将根据我们的观察，力求详尽地报道这个正在迅速兴起的亚洲巨人，即使这样做只是为了使我国人民觉察到我们的民主生活方式的幸福。

对共产主义的初步印象

我所看到的第一个武装的共产党人是在连结英国方面的罗湖和深圳之间的铁桥上守卫着的红军战士，从那里便开始了我们在竹幕内的戏剧性旅行。

他穿着一身褪了色的卡其布军衣，手臂放在他的步枪的枪筒上。当我端详他的脸色时，一个想法突然掠过我的脑海：他是否有可能是曾在朝鲜战场上同我们的战士打过仗的战士呢？姚（中国国际旅行社的）把我们带进深圳海关大楼的已经准备好的房间。

他们先招待我们吃8道菜的中国饭——然后乘了3个小时的火车到达广州。

从火车的窗子里向外看，乡村的景色使人感到轻松。铁路两边树木成行，排列得非常整齐。绿油油的稻田，一望无际。农民在田野里，成群结队的男人、妇女和儿童正在耕田、修渠和在菜畦里锄草。山上和山麓上到处是新栽的松树——这标志着赤色中国的大规模造林计划。

我们的东道主问我们对中国的哪些地方、哪些活动、社会、经济和政治生活的哪些方面最感兴趣，这样他们好为我们安排这些访问。我们对他们说，如果可能的话，我们愿意看到整个中国的情况，但是他们说，要看到整个中国的情况，得要用几年的时间才行，我再一次凝视着广阔的田野，我同意了。

记者札记片段

一个国家不一定要强大才能伟大。

这句话是一个赤色中国人说的，我认为，这句话只是进一步说明了这个正在兴起的国家在外交来往中的矛盾情况。这句话同共产党的主张是不符合的，共产党主张，在"无产阶级获得对世界各国政府的控制权"以前，革命永远不能停止。

然后，吴为他们为什么憎恨美国进行了辩护，跟着就反复地重谈中苏关系中越来越大的裂痕。中国共产党认为，中国人所说的叛徒的魁首就是赫鲁晓夫本人。

当我们访问所有的工厂、公社、作坊和冶炼厂时，中国人不承认

（苏联）对在工业方面取得的这些进步曾经给予任何援助。我对这种情况毫不感到意外。同样，我对下述这一点也毫不感到意外：中国人现在会说，他们完全依靠自己的力量终于成功地进行了第一次核爆炸。

北京同时间竞赛

中国没有其他的选择。

它必须在相当短的时间内充分发展它的农业和工业潜力，以便保持一个能够在它的人民和世界其他国家的人民面前支持它的政治结构的经济。要是做不到这点，它就得退回到它从过去继承下来的贫困和落后状态中去。

我们向我们的主人提出了我们想去参观的一些有趣地点，因为我们坚持要得到对大陆人民生活的经济、文化和政治方面的真实的深入了解。在开始对工业和其他农业中心进行考察之前，我们要求我们的主人安排我们同一个能对赤色中国的经济生活提出权威的全面看法的人谈谈。

在同北京大学经济学教授、大陆著名的经济专家之一勇龙桂进行长达3个小时的谈话中，我们从中国急于要取得经济进展的做法中觉察到一种紧迫感。

北京注视着世界市场

依靠自己！

这是推动赤色中国的全国范围经济动员计划的一个口号。推动在公社、工厂、炼油厂、造船厂的每一个工人以及赤色中国工农生活各个方面的民众来实现这个民族争取经济繁荣的坚定决心的，也正是这个口号。

共产党领导人不断向大陆上的每一个男女和儿童灌输这样的号召："我们必须依靠自己，如果我们要成为一个强大的国家，足以阻止外国再度冒险来压榨我们的国家的话。"

对一个在历史上充满了饥馑、疾病和灾难的不体面的纪录的民族来说，这个号召成为一个经常提醒人们的警钟。我想："只有懂得挨饿的滋味的人才会这样刻苦奋斗来摆脱这些生活中的灾难。"

中国人作为一个民族，很久以来就以勤俭著称。这些特点现在正在赤色中国的经济生活中充分发挥作用。

虽然共产党中国作为一个国家来说正在迅速朝着世界大国地位迈进，但是它的人民的生活水平仍然比较低。赤色中国今天在世界上产煤最多的国家中居第二位。北京的经济观察家们还告诉我们，在车床制造业方面，赤色中国已经超过英国和西德。我们还听说，仅仅上海一地的纺织生产量就可以敌得过英国全国的生产量。

中国的对外贸易在不断增加。大陆上的经济领导人说，虽然中国欢迎对外贸易，但是它绝不会变得过分依靠对外贸易。没有对外贸易，它也能过活。单单它自己的消费人口就够多的了，足以吸收它的全国工业生产的全部产品。

长城是一个象征

当我看到长城这个巨大的建筑物时，不由得感到现在正在修建水坝、工厂、住宅和大厦的数以亿计的中国人的坚忍不拔的精神，它们大多数是靠双手来修建的。

新一代的中国人都把毛泽东视为他们民族团结的象征。长城和毛泽东一起成为这个国家的沉默的见证，在那里广大的群众代替了卡车和拖拉机的工作，他们一年到头永不停止地劳动着，力图把这个庞大的国土从过去落后的泥沼里拖出来，把它拖到现代的世纪里。记住过去！

这个到处是标语的国家把上面这个标语作为它的基本动力之一，用来迫使大约 6 亿 5 千万中国人从事使人精疲力竭的苦工，力图永远摆脱过去几世纪以来在这个国土上到处猖獗的天灾、饥馑和疾病。

北京的表演

赤色中国擅长于用规模宏大、蔚为壮观和极为豪华壮丽的场面来进行炫耀的技巧，而这种技巧是今天任何国家所望尘莫及的。有 3500 位外宾在北京的天安门广场亲眼观看了这次 10 月 1 日的游行。整个大陆这一天都披上了节日盛装。可是，全世界瞩目的却是天安门广场。

在这次历时 3 个小时的游行中，处处都是彩色缤纷的游行行列和彩车，这连我们在好莱坞的电影中所看到的任何彩色影片中的大场面都要相形见绌。

我们原先预料，共产党人会像一个典型的正在成长的国家要在全世界的眼前显示它的实力那样，把这一天变成为炫耀武力的机会。我们感到很失望。在游行中，接近于具有军事特色的是民兵。

毛泽东怎样成为一个被人崇拜的人物，关于这一点，在 10 月 1 日以前我是怎么也没有意识到的。毛只要对北京天安门广场上 200 万左右着了迷的中国人一挥手，便能促使他们对他鼓掌和发出雷鸣般的欢呼。

（摘自《参考消息》1964 年 11 月 5 日）

中国入联对联合国
大会具有根本意义

[加纳] 恩克鲁玛[*]

我们从历史上了解到中国是文明的发祥地，它曾经世世代代在决定人类的命运方面起过巨大的作用。但是，中国的重要性不能单从历史的角度来衡量。中国的威力和影响现在仍然是不可估量的。因此，我们认为今天能够到这里来亲眼看一看这一伟大文明的基础并且同贵国的人民会见，是一个宝贵的机会。

具有重大意义的是，中国共产党在它诞生以后的40年中，在毛泽东主席的有力而英明的领导下，胜利地领导了不屈不挠的中国人民展开了反对帝国主义和反对殖民主义的斗争；这一斗争的结果使6亿多中国人民获得了解放，成立了进步的人民共和国。你们中国人民在社会主义的建设和你们国家的发展方面取得了迅速的、前所未有的进展。尽管战争造成了破坏并且发生了严重的天灾，贵国人民的生活水平仍然提高到了如此显著的水平，这是对中国人民的辛勤劳动和你们党的组织能力的颂赞。

为了加强和平事业，我认为我们应该保持1955年万隆会议所奠定的亚非团结的牢固基础不受损伤。我们在亚洲和非洲的人可以成为美德的重

---

*恩克鲁玛（1909—1972），加纳独立运动领袖，1960—1966年任加纳共和国首任总理、总统。

要源泉，因为我们除了为我们人民的幸福和世界的安全与和平奋斗以外，对任何人都没有任何要求。

科学和技术在这一代取得巨大的成就以后，现代的战争将是一场灾难。它将把世界带到毁灭的边缘，并且在实际上消灭我们现在所了解的文明。也许那时将只有侏儒能够幸存下来，重新开始缔造新的文明，我们中间无论是谁即使能够见到这种文明都不会认识它。

由于我们共同忠于和平共处或者说和平竞赛的原则，加纳和中国两国的友谊加强了。因此，我们共同关心和平和安全。

我们在非洲的人今天正在对殖民主义、帝国主义和新殖民主义展开无情的斗争。非洲大陆正处于民族主义的大动荡中，压迫的锁链正在四处断裂。在1957年加纳独立的时候，非洲只有八个独立国家；今天已经不下于二十八个国家，而且还有许多其他国家接踵而来。斗争是艰难而激烈的。刚果、安哥拉、阿尔及利亚以及最近在突尼斯发生的事件，清楚地说明殖民主义者和帝国主义者下定决心死不放手。这也清楚地提醒人们，非洲大陆需要实现政治统一。但是，我们相信殖民主义的日子已经屈指可数了，它所代表的罪恶将一劳永逸地被粉碎。

我们反对殖民主义和帝国主义的斗争是争取世界和平的斗争的一部分；因为消灭了帝国主义和殖民主义就意味着肯定地消除了战争的根本原因。这就是我们支持一切旨在确立各国人民的基本权利和增进世界各地的和平和安全的努力的原因。同样也是由于这个原因，我们一直坚定不渝地支持中华人民共和国进入联合国的正当要求。六亿多人民竟被排斥在唯一致力于追求和平的国际机构之外，我们认为是没有道理的。

正和我去年在联合国第十五届大会上所说的——我引用原话——"加纳政府一贯支持主张让中华人民共和国进入联合国的见解，这样，中国在大会的代表权将能更加符合现实，更加有效和有用。我们相信，中华人民共和国凭着它正在迅速发展中的经济、科学和技术方面的巨大力量，能够对维护和平和促进我们时代的文明作出有益的积极的贡献。"

中华人民共和国进入联合国的问题提出了一个有关联合国大会本身的

具有根本意义的问题。自从那个世界论坛成立以来，世界上的力量对比已经变得完全难以辨认了。显然，修改联合国宪章，使其反映目前形势的时候已经到了。

（摘自《人民日报》1961 年 8 月 15 日）

中巴文明有非常重要
并无法磨灭的接触

［巴基斯坦］佐勒菲卡尔·阿里·
布托*

我以巴基斯坦人民的名义前来向伟大的中国人民表示敬意和问候。我愿意代表我们代表团的成员并以我个人的名义，向中华人民共和国政府和中国人民表示感谢，感谢他们在我们逗留这个伟大的国家期间给予我们的非常热烈和亲切的款待。这种莫大的慷慨和友谊使我们深为感动。我们无论到哪里，都受到隆重和热烈的接待，我们对此表示感谢，因为这不仅是对我们个人和作为代表团成员而且是对巴基斯坦人民的友谊的标志。

昨天我们到达了北京——这个伟大的历史性城市，北京的城楼经历了好多个世纪的变迁，而我们在这里受到热烈的欢迎。今天，我们签署了我们两国之间的边界协定，这项协定标定了约三百英里长的边界，这条界线将成为贵国人民和我国人民之间的和平的界线。

我所来的次大陆的人民和这个国家的伟大人民之间有着悠久的联系。你们的伟大学者和旅行家在好几百年前就访问过我们的次大陆，他们是在

---

*佐勒菲卡尔·阿里·布托（1928—1979年），巴基斯坦政治家，总统。1971年出任巴基斯坦
总统，1973年改任总理兼外交、国防和内政部长。

我们两种伟大的文明之间建立接触的第一批先驱者，在这几百年中，有文化的交流和对非常重大和根本性问题的一致态度。我们巴基斯坦人特别感到自豪地注意到，这些来自贵国的同次大陆建立接触的早期的先驱者，主要是到了今天构成巴基斯坦的地区。

构成巴基斯坦共和国的这个次大陆的这些地区是佛教文明生存和发展的摇篮，是继之而来的阿育王朝和克尼希伽王朝（译音）的黄金时代的所在地，你们早期的先驱者首先同这些地区有了接触。在所有这些年代里和悠久的时日里，我们生活在友谊和谅解中，不顾生活的各种变迁而互相合作。

这些就是我们两国人民之间的重要的和有价值的接触。但是就巴基斯坦而论，它同你们的文明有着另一种非常重要的和不能磨灭的接触，那就是，大约在一千三百年以前，我国有一位先驱者曾访问贵国，居住在这里，同贵国人民一起工作，留下了兄弟般的情谊。

现代的巴基斯坦，像新中国一样，希望同世界各国友好和平相处，以使我们像你们一样能有机会和权利来不断地工作，竭尽所能来从我们的国土上根除掉贫困的烙印和祸根，因为并不是自然的法则或历史注定我国人民要在匮乏、贫困、冷漠和恐惧中生活。因此，作为一个独立的民族，争取独立的一种推动力就是力求在人世间过美好的生活；在这个期望日益增长的时代里，亚非国家的领导人的职责所在就是和平相处，从而能为各自国家的人民的最高利益服务。

由于我们希望和争取和平，我们一直力求同所有国家保持友好关系；作为我们的友谊以及我们希望在正常的情况下同各国人民和平相处的证明，我们一直设法同我们的所有邻国标定和划定我们的边界；我们成功地划定了我们同伊朗的边境，今天又同你们的伟大的人民和伟大的国家划定了边境。

由于这个缘故，我们有信念来奉行依据我们自己的生活方式、依据我们自己对生活的价值的看法和依据我们认为是神圣的意识形态的政策；而且我们也认为，其他国家的人民有权利依据他们各自的意识形态和哲学来过他们的生活；而且，为了促进同有着不同的意识形态和不同的生活方式的人民共同合作，必须有谅解的精神，必须抱和解的态度，必须耐心和容忍，因为如果我们要兄弟般地相处——虽然有着不同的政治生活——，上述那些就是重要的因素。但是，要使这种做法、这种态度有成效，人们就不能对生活采取傲慢的和沙文主义的态度，就不能认为，什么东西都只属于某一个国家或某一个民族。只有本着谦逊的精神，只有本着自力更生和不干涉其他国家的人民的事务的精神，才能实现这样一项政策。我们认为，我们两国人民的这种态度的最好和最完全的证明，就是今天签订的边界协定，这不容置疑地表明了不同的意识形态可以存在于同一个世界上，让百花齐放、百家争鸣。

我国人民为之作出英勇牺牲的巴基斯坦的目的是，让我们拥有自己的生活方式，根据我们自己的意识形态、我们自己的概念和对社会的价值的看法来生活；为了保卫这个目的，我们将不惜作出任何牺牲。

在阿尤布元帅的领导下，最近几年来，巴基斯坦在国内生活方面跨出了巨大的步伐。我们进行了许多重要的改革，其中最主要的是土地改革和其他许多经济改革，以及我们的劳动法的改革和我们的司法制度的改革。而上述种种都是为了一个目的，那就是让老百姓享有美好的生活，享有富裕的生活，使他们不致被剥夺对所有的个人来说都是基本的东西。

不幸和可悲的是：由于我们同印度在克什米尔前途问题上的悲剧性的争端，我们没有能够把我们的全部努力，把我们的全部力量投入这些建设性的和有益的事业中。这个问题使巴基斯坦和印度两国之间的关系在过去十五年中处于紧张状态。在我们这方面，我们同意了在平等和谅解的基础上，在和平和体面的解决的基础上解决这个问题的一切尝试。这个问题有待解决、必须解决。因为引起争执的远非仅仅是领土问题。这个争端关系到基本的道德原则。这场争端牵涉到亚非国家视为神圣不可侵犯的自决权原则的根源。

目前，我们已同印度政府举行谈判来解决这个问题。我们的愿望和祝祷是：为了这个次大陆的和平的利益，为了亚洲和平的利益，这个问题能用体面与和平的方法来求得解决，因为这是文明的国家所应当采取的唯一正当的途径和唯一正确的方法。

我得悉印度同中华人民共和国也有争执。我也得悉中华人民共和国也像巴基斯坦一样，迫切希望通过和平方式来解决它同印度的争端。

作为你们的邻国和印度的邻国，我愿意向印度政府提出呼吁，呼吁它同中华人民共和国举行谈判来解决这个问题，因为这是能使争端得到解决的唯一方式和唯一途径。

请相信我，我们不是因为你们和我们都同印度有争执而成为你们的朋友，那样将不是正确的态度，那样将是不符合我们的意识形态和我们的生活原则的。

我们呼吁两国政府进行谈判来求得体面的解决，这就再好不过地证明了这一点。为了亚非国家的和平和为了世界和平，我们希望中华人民共和国和印度之间的争端获得解决，正如我们希望巴基斯坦和印度之间的争端获得解决一样。

生活像一部交响乐。这里和那里可能出现一些不和谐的音节。但是重要的是，归根到底，终极的事实是：在体现和平的生活的交响乐里，尽管可能有不和谐的音节，但是一切爱好和平的国家必须作出努力，来使这部交响乐的最后效果是崇高的，是为了全人类的利益。

我们在贵国的短暂逗留期间，看到你们渴望和大力争取和平，这同我们是一样的。因为我们看到了你们为人民的利益而正在从事伟大的建设工作，但是首先，最使我们得到深刻印象的是你们人民的微笑和精神；先生，因为这是对贵国政府从事的建设工作的最大的赞扬。

我们不是像你们或印度那样的大国，但是我们也不是小国。我们是一个拥有一亿人口的国家，我们愿意同你们以及同世界上其他国家的人民合作，来消除贫困，来使世界上其他地区的人民也像贵国人民那样面带笑容，来使我们能让大家不再伤心落泪。

为了增强世界和平事业，迫切需要的是维护亚非的团结，使联合国得到加强，但是今天的联合国不成其为联合国，因为有六、七亿人民被排除在外。为了实现彻底的世界和平，你们伟大的国家必须起充分和应有的作用，同世界上所有其他伟大的国家协力友好合作，来实现和维护世界和平和世界秩序。

（摘自《人民日报》1963 年 3 月 3 日）

中几两国存在行动的
根本相同点

［几内亚］艾哈迈德·塞古·杜尔*

对于世界上一切遭受统治和剥削势力奴役的各国人民来说，中国人民反对帝国主义和封建主义的双重统治的英勇斗争，过去和现在始终是令人得到鼓舞的泉源和自觉的勇敢精神的范例。

除了自己的意识形态的选择、丰富的经验以及正义和和平的目标而外，中国人民的英勇斗争还体现了各国人民享有当家作主和掌握自己的命运的自由的不可剥夺的权利。正是在这方面，中国人民的英勇业绩刻画出一种不可抗拒的有历史意义的进步，以各国人民之间的真正平等和在一切种族和所有的人之间一律尊重自由的实际来代替种族歧视和统治的由来已久的可耻的实际。

在举世闻名的万隆会议上有力地宣告了各国人民自由决定自己的命运的权利的原则，有力地把民族解放斗争向前推进，民族解放斗争在过去二十年中是走向人类物质和精神福利的普遍发展的决定性因素之一。

以统治和剥削为特征的同一的历史条件，形成了各国人民之间的显而易见的兄弟般的战友之谊，他们已经动员起来为恢复自己的民族权利、为

---

*艾哈迈德·塞古·杜尔（1922—1984 年），1961、1968 年两次当选几内亚共和国总统。首位访问新中国的非洲国家领导人。

从事国内经济建设和为恢复自己的人格而斗争。

尽管在中华人民共和国同几内亚共和国之间有不同之处，但是也存在着决定它们的行动的根本相同之点，这种行动的特点是同样力求保证自己国家的人民享有正义、平等和自由，保证自己国家的经济和社会发展，消除一切人剥削人的现象。事实上，在我们两国获得民族独立以后，我们两国人民就着手进行全面的复兴工作，办法是不断适应发展所有政治、经济、社会和文化结构的需要，使之同我们两国的历史悠久的特性紧密地结合起来。这就要求有意识地和有成效地把国家的全部有生力量动员起来，这种动员只能建立在使每一个人都有责任感的真正民主的基础之上。因此，正如由具有崇高威望的领袖、我的朋友毛泽东主席所领导的中国共产党一样，几内亚民主党摈弃了自由民主主义的虚假形式，充分信赖人民的创造力，并且发动人民积极参与审议、决定国家的行动，并享受其裨益。

诚然，革命是不能输入也不能输出的。但是同样真实的是，在类似的历史条件下发生的、建立在相同的原则基础上的、争取实现相似的目标的革命，必然属于同样的性质，以同样的名义归属于势将决定全世界发展的性质的唯一历史潮流。正是在两国的物质力量和人力得到充分发挥的情况下，建立起了把中华人民共和国和几内亚共和国联结在一起的休戚与共的关系，更不用说把中国人民和几内亚人民在整个亚非关系的范围之内紧紧团结在一起的真挚友好的深厚情谊了。

你们在我国短暂访问期间，可以看到促使几内亚人民进行革命斗争的现实情况，以及几内亚人民认识到必须迅速加以改变来达到保证他们获得完全的经济独立的发达状态的决心。在为争取社会进步与民主的斗争中锻炼和提高了革命觉悟的我国人民，始终是从根本上反对帝国主义和殖民主义的。我国人民坚决地选择了非资本主义的发展途径，从而走上了完全为人民谋福利和行使真正主权的情况下协调和平衡发展的道路。除了古典的社会主义教义和理论之外，为曾经遭受外国统治的各国人民所特有的一项新的原理主要在非洲确立下来，这是对势将加速社会发展进程的平衡的一个贡献。本着思想为人民服务而不是人民为思想服务这个根本原则，几内亚民主党出于一心为人民服务、代表人民和为了人民的意愿从事政治活动。这就意味着绝对的平等和完全的自由，在我国人民目前所处的历史条件下，这种平等和自由只有在一个"民族民主"制度下才能得到维护和保证。这种制度超越依然存在于我国社会内部的不可避免的差异，有意识地把我们的创造性活动导向争取社会进步和民主。

本着不论其社会制度如何、要同世界各国人民进行合作和兄弟般友好的坚定意志，我们党和我国政府在不结盟和积极中立的基础上作出了努力，这种积极中立并不是对互相谅解、积极互助、真正和平的世界的来临采取漠不关心和中立态度。因此，政治制度不同的国家间的和平共处，是我国政府所继续遵循的原则之一。

这种观点正是几内亚共和国在国际上奉行的政策的基础，这种观点是完全符合万隆原则的，我们党和我国政府决心要使这些原则付诸实施，以便消除存在于国际关系中的任意造成的差异，任意造成的差异特别明显地表现在经济和技术高度发展的国家一意孤行的要把统治和剥削强加于不发达国家，具体说来就是在经济和贸易交往方面的极不公正的条件以及明目张胆地要在世界范围内保持其拥有特殊利益的霸权。

几内亚共和国毫无保留地支持中华人民共和国，以使贵国人民毫不迟延地在联合国组织内和所有国际机构内占有自己应有的席位。

我们深切的希望中华人民共和国在这个国际组织中占有自己的席位的意愿，是符合于我们对争取保证巩固世界和平的一贯关怀，不是为了维持存在于敌对势力之间的表面平衡，而是为了把和平建立在各国人民之间的真正平等、一切国家的真正独立和人类的正确关系之上。我们要在这里不厌其烦地重申，和平不能单凭掌握毁灭性物质手段的人们的意志来实现，而是关系到希望看到在正义和平等之中建立起真诚合作和深厚的国际团结的时代的全人类、各国人民、所有国家及其政府的事情。

邪恶势力永远不会心甘情愿地放弃加深人类的穷困、对各国人民进行经济剥削以及政治和军事统治的罪恶勾当，除非迫于劳动群众的强有力的不断斗争。只有劳动群众才能抗击和消灭它们的压迫势力。为了获得这样的彻底胜利，各国人民和被压迫群众只能依靠自己的自觉的一致行动、不惜牺牲和对正义与进步事业的忠诚。

为了这个崇高的目的，各国人民，特别是有觉悟的各国人民，必须继续和加强他们争取自由与和平、反对帝国主义、殖民主义、封建主义和一切形式的对人民和人类进行压迫和剥削的斗争。显然，要由更加直接地同强加于中国人民的令人不能容忍的歧视有关的亚非各国人民来采取决定性的行动，以使中华人民共和国能在下届联大会议时就在这个国际组织中占有自己的席位；因此，我们借此机会不仅向亚非各国政府而且也向世界各国政府发出庄严的呼吁，呼吁它们一致投票赞成中国进入国际组织。

我们一直密切地注视着贵国政府为使你们伟大的人民同特别是非洲各国人民之间建立起以互相谅解和真诚合作为基础的关系而做出的努力。我们荣幸的是最先享受了中华人民共和国向已经粉碎外国统治并且从事自己国家的独立建设的各国人民所提供的毫无保留的支持的国家之一。在这方面，我们特别愉快地回忆起中华人民共和国人民在我们访问你们伟大的国家时所给予我国政府代表团的热情和那么富有群众性的友好欢迎以及在我们逗留期间向我们表示的情谊；从我们那次访问以后，贵国人民的友好态度始终如一，我们党和我国政府向贵国政府和团体派遣的使团和代表团都感受到热情的友谊和最深刻的谅解。我们毫不怀疑，由于你们的这次访问，我们两国之间现有的关系必将日益发展和增强，而有利于我们两国。我们早就深信，这次访问将产生最丰硕的果实，从而有利于中华人民共和国人民和非洲各国人民之间的关系的发展。非洲各国人民已下定决心，把力量联合起来以便共同彻底肃清外国统治的残余，消除他们曾身受其害的被掠夺的后果。

（摘自《人民日报》1964 年 1 月 24 日）

赞比亚是中国的支持者
和拥护者

［赞比亚］卡翁达*

首先，让我讲一下，我到这里来是多么高兴。总理先生无疑是知道的，自独立以来，我一直想来访问你们伟大的国家。可是不幸由于种种情况，访问未能实现。一九六五年我不能够来，所以我派出了由我的农业部长率领的友好代表团。顺便提一句，农业部长今天也在场。一九六六年，由于在津巴布韦非法夺取政权造成的危机，使得我必须又一次推迟我的访问。所以我派出由副总统卡曼加率领的有外交部长参加的高级代表团。

当然，以上代表团不包括在以前所派遣的其他许多有关贸易或其他使命的赞比亚代表团。当然，现在虽然危机还在继续，我已决定进行这次访问，会见中国人民，就双方共同关心的问题交换看法，和完成我在独立后的使命。

总理先生，对于中国人民在这雄伟的城市中所给予我们的盛大接待，我愿代表我的夫人，随行的同事们，并以我自己的名义，表达我们的深切和诚挚的欣赏和感谢。这种自发的反应是伟大的，是极为感人的，是真正友好的。我很高兴地说，在我们方面，我已把赞比亚人民的热情和兄弟般的问候带给了你们和中国人民。

---

*卡翁达（1924—　　），1964—1991年任赞比亚总统。

在这里对于中国最近爆炸氢弹的伟大胜利，表达赞比亚人民的衷心祝贺，也许是合适的。这是一个伟大国家的伟大成就。它使中华人民共和国在维护世界和平和安全所起作用方面进入了一个崭新的时代，在这个新时代里，中国的影响将在很大程度上决定人类的事业，即：不是继续和平和幸福地存在于地球上，就是毁灭。总理先生，你所作的保证，即贵国只将这一新武器用于防御目的，以及贵国政府关于中国在任何时候和任何情况下都不会首先使用核武器的庄严声明是十分值得欢迎的。对于全世界其他热爱和平的国家，包括掌握这种危险武器的国家在内，也是这样的。

尽管我的政府和人民完全支持不扩散核武器的原则，但是在国际事务中我很难支持下述立场，即：人类的命运完全由一、两个垄断毁灭性武器的国家来掌握。这个世界上的人类的命运绝不应当由少数有特权的国家或少数大国来掌握，而必须由一切国家来关心和负责。因此，除非全面彻底裁军的问题能用和我们为实现全人类真正的和平而努力的任务相适应的方式加以解决，否则让少数国家为了它们的民族利益而继续垄断这种毁灭性的火器是不安全的。

我重申，今天的事业比过去任何时候都更是为着全人类的。有些大国保证不使用核武器，这些保证可能是真诚的，但是这些大国的行动和政策使它们的庄严宣言蒙上怀疑的阴影。没有任何东西保证后代会继续遵守这些宣言。如果后代不予遵守，那么对于那些反对把手指放在核扳机上的又缺乏实际的自卫手段的人们来说，其后果将是悲惨的。

和平和中国在联合国的席位

中华人民共和国所取得的成就和她在世界上的地位更加表明了她对世界上的和平与稳定作出积极贡献的重要性。除非有七亿中国人民的充分合作和全力参与，我们寻求和平世界便不能获得成功，便不可能建立起使人类生活得有意义的良好世界秩序。把中华人民共和国排除在联合国之外，而又说联合国是一个旨在维护国际和平与安全、消除战争根源的世界性组织，这是一个令人遗憾的重大的错误。

这种不幸的事件必然要产生悲惨的结果。自从赞比亚独立以来，我一直强调这一点。现在许多人一定会认识到，不论中国是否在联合国里面，她不会不影响世界和平和安全的事业。必须接受她作为国际大家庭中的平等的一员。赞比亚加入联合国是基于这样的信念，即联合国有能力来保证维持和平和安全，为全人类和人类间的和平。所有独立的主权国家有权通过联合国这一机构参与决定世界的命运，决定人类未来。中国不在联合国内使许多有关和平的重大问题不能从适当的角度得到确切的反映。不能期望七亿人民去遵守他们所不承认的机构所通过的任何重大决议。

如果我们相信人类和民族间的平等，我们就必须使这一信念付诸实施。有平等、公正，才有和谐，在和谐中才有实际合作和谅解，而合作和谅解是和平、团结和我们都在为之服务的老百姓的进步的永久的基础。

友　谊

世界上有些国家希望赞比亚同南非洲的少数人政权——南非、伊恩·史密斯叛乱政权和仍在葡萄牙控制下的莫三鼻给和安哥拉——发展友谊。但是，我们的原则不允许这种卑劣的做法。我们能接受友谊这个概念是建立在不分肤色、种族、信仰和身份的共同人道、人的尊严和平等这一理想的基础之上的，是建立在互相尊重的基础上的。殖民主义及其孪生姊妹和种族隔离是与我们的基本信念和理想不相容的。南非、西南非、罗得西亚、莫三鼻给和安哥拉的少数人政权认为我和我的非白种人同胞是连人也不如的，而他们自己则是高等的和享有特权的人。同他们之间建立的任何友谊都不可能是在诚实、平等、人类尊严和相互尊重的基础上的。

我们赞比亚人现在感到能够自治是非常美好的。我们赞比亚人相信人的尊严,不管是赞比亚人也好,越南人也好,因此决不能把人们按遭遇来划分。因而我们强烈地认为:既然赞比亚人能够自治是美好的,那么越南人自治也是同样美好和适宜的。我们已经选择了自己的政府,我们觉得有权力这样做,有机会来选择我们自己的政府,我们自己的政治、经济、社会生活方式是最好最好不过的了。我们十分强烈地认为:正如赞比亚是属于我们的一样,越南是属于越南人民的,必须让越南人民自己来决定怎样的人可以当他们的总理和他们的总统,采用什么政体、什么政治制度、经济制度和社会制度;而不应该由别的国家把自己的意志强加在他们身上。越南是越南人民的。世界上没有一个强国能够指望征服越南人民,这是我们知道的一个事实。越南人民必然会胜利。军事力量不是对越南的政治,越南局势的解决办法,这是一个政治上的现实主义的问题。那些在越南进行战争以压迫越南人民的人必须知道:越南人民像中国人民一样,是有着长久的反抗一切帝国主义和殖民主义剥削的历史的人民。

关于中东问题,我也像在越南问题上一样同意您的意见,就是除非有关各方把他们的部队撤退到战事发生以前的阵地上,便无从解决目前中东的危机。此外别无其他办法。一切有其他想法的人只是在浪费宝贵的时间,而这样做就会造成生命损失的极其悲惨的后果。毫无疑问,阿拉伯人民终将赢得决定性的胜利。

我不想谈南非洲的令人难过的、一触即发的局势。以后我会谈的。今天我只能说,如果我们不但爱本国同胞,而且也爱人类的话,我们就应该看到少数人政权所奉行的惨无人道的政策所孕育着的实在的危险。在赞比亚,我们希望为自己形成民主的最好形式,在这种民主形式下,人民当政,并制定最符合于他们利益的基本政策。这样,像我这样的和其他一些领导人将执行人民的政策,我们是为他们服务的。作为一个独立和主权的国家,我们不接受其他国家预先制定的方针,而是听命于人民的意志和愿望。我们的积极的不结盟政策意味着我们能够不带基本偏见地、根据我国人民的利益和我们对人的要求和尊严的真诚信念来处理我们的所有问题。

中国和赞比亚之间横隔着广大的陆地、海洋和天空，但我们两国人民正在相互了解，认识对方的生活方式和问题。谅解产生于对对方生活方式和问题的充分了解，从谅解之中又产生爱、友情和合作。总理先生，这一切因素在发展我们关系时都是重要的，而且，只有我们世界上人人作出真诚的努力，国际局势才能够得到改善、稳定。这就是我们的使命，赞比亚人民正协同其他热爱和平的民族致力于此。

（摘自《人民日报》1967 年 6 月 22 日）

我同毛的会谈

[英国] 伯纳德·劳·蒙哥马利 *

"蒙蒂"在中国

1959 年 4 月，我去莫斯科同苏联领袖赫鲁晓夫先生进行会谈，谋求了解他对东西方冲突的看法。我特别希望了解他对这种冲突导致这两个集团之间战争的可能性或与此相反的看法，以及他对德国问题的看法。

这位苏联领袖说的某些话，使我决定有必要访问一下北京的中国领袖们。在这第一篇文章里，我将谈我对中国人民和他们的新的领导人们的印象。

在中国最重要的两个人物是毛泽东和周恩来。

毛泽东是新中国的真正统治者；周恩来是执行代理人，他执行以毛泽东为主席的共产党中央委员会的政策。

我在上海差一天没有碰上国家元首刘少奇。

毛泽东是怎样一种人呢？毛泽东是一个十分有吸引力的人。像一切农

---

* 伯纳德·劳·蒙哥马利（1887—1976 年），英国陆军元帅，第二次世界大战中著名军事指挥官。

民的儿子一样，他是一个真正的民主主义者：人们察觉不到任何架子，如果说确实存在一些的话，那纯粹是意识形态上的。我们共谈了4个小时。

他说话缓慢而审慎，谨慎地选择他的用词，讲话用的都是短句。他偶尔用上一个英文字，也许是作为对我的一种恭维，但是发音不很好！他67岁。起初，我觉得他已显示出了他的年纪。当人们考虑到他年轻时过的艰苦生活和曾经受过1937年开始的长期抗日战争的艰难历程，随后又经历了结果最后推翻了蒋介石领导下的国民党中国的内战的时候，这种情况是无需使任何人感到惊奇的。但是随着我们谈话的进展，我的意见开始改变了——虽然他身体魁梧、走路缓慢，但是在我看来他很矫健；他的主要运动是游泳，他在长江中进行过许多次有名的比赛。

毛泽东非常有才智，处理问题非常讲实际。他说话可能缓慢，但他思想并不缓慢；他会立刻回答你的问题，使人对他的看法没有疑问的余地。如我很快就发现的，他对人们的判断非常精明。在我们的谈话中，西方世界的政治领袖们的名字常常出现，这些人是我很了解的，我问了他对其中某些人的看法。

毛泽东除了访问过莫斯科以外，从来没有离开过中国；但是他对西方世界的情况保持着最紧密的接触。他对西方世界的了解是惊人的。他对所提到的一些政界领袖的评论和断语是极说明问题的，而且非常准确——不管怎样，依我看是这样！

他有极大的幽默感。在我们谈话之初，他说："我想，你知道你是在同一个侵略者谈话。在联合国我被扣上这样的称号。你同一个侵略者谈话不介意吗？"他这样说时眼里闪闪发光。当我回答说，在过去历史中西方世界的某些国家在这方面并不是完全无可指责时，他大笑了起来。

后来——我想是在吃过饭后，我们谈到了革命这个题目；出乎我意料的是，这一讨论是在他提到克伦威尔的时候开始的。我说："要不是有克伦威尔，今日的英国会是一个非常不同的地方。"我接着说，革命本身不一定是坏事；比如，美国……再有法国……最后，他本人在其中起了显著作用的中国的革命，扫除了大量的外来的侵略、封建压迫和腐败。他以极大的兴趣，默然地听着这一切。然后，他笑笑看着我说："你看来是个非常通达的人。"

这句话在那天晚上余下的时间里成了使人感到有趣的源泉。

总之一句话，同毛泽东会见和谈话是非常愉快的。他可以是一个共产主义者，那是他的事情，但是他并没有给我任何的印象，表明他打算强迫任何别的国家接受他的思想意识，或是他计划把世界共产主义化；如他本人所不断说的，中国自己的事情还多得照管不过来，哪里会想向外扩张——不管是有形的扩张还是意识形态的扩张。

赢 得 信 任

毛泽东的基本哲学非常简单——人民起决定作用，因此，当一个人职位提高或责任增大时，他必须保持和人民的联系。

在和他谈话时，我说最重要的人是领袖：人民并不是总是知道怎样对他们最有利，那时要由领袖来作决定。毛完全不同意这种说法。虽然他同意需要好的领导人，但是他坚信人民的意志才是主要的：一旦人民信赖了一个人，他们就会接受他的领导和他的决定——而不是倒过来。

我在这时插嘴说："这和我自己的哲学相吻合，即：战斗的胜利主要取决于人心，一旦你能得到你周围的人和为你工作的人的信赖和信仰，就有可能取得最伟大的成就。"当我这样说时，毛看着我，又说："我看你是非常通达的！"

毛根据这种基本哲学，命令凡是不是做实际的农村或城市工作的人每年都必须离职一个月，去和人民一起工作。广州市长去年在一个工厂工作了一个月。

毛本人很少住在北京，他经常在各处走动，视察工厂和公社，看看事情进行得怎样，还需要什么东西，并且不时地亲自和人民一起工作。如果周恩来或其他的人要去看他，他们必须到他那里去，——他们便看到他和人民在一起。

一个全新的市镇正在上海郊外兴建

商店、楼房和住宅等等应有尽有。我们乘车慢慢通过这个市镇。工人们就像蚂蚁一样，爬在所有的建筑物上工作着。这个市镇是 4 个月前开始建设的，它将在今年 7 月建成。在这个工程工作的一定有好几十万人。

一般说来，工程不是按钱来估计的，而是按在最短时间内完成它所需要的工人的数目来估计的。我特别要求准许访问一个农村公社，他们就带我到上海郊外约 20 英里的一个公社去。我访问的这个公社主要种植蔬菜，因为这就是上海 800 万人民所需要的东西。

我在这个公社中看到每一个人都显得很愉快，吃得很胖，特别是儿童。有人听说，公社里的孩子是同他们的父母分离的。我调查了这一说法，发现这完全是不确实的。

我对这位年轻的社长说："如果你是毛泽东，你会对整个办公社的'主张'特别是对你的公社做些什么改变或改进？"他说，他不能回答我的问题，因为他觉得不可能想象他是毛主席！这引起了屋子内的人们的大笑。然而，我坚持要他答复，于是他说，办公社的"主张"是顶出色的主张，是为中国日益增长的人口迅速发展粮食生产的唯一可能的道路。我觉得无法不同意这一看法。对今天的中国来说，公社制度看来是必要的：实际上，如果要在望得见的将来解决一个贫穷落后的国家的问题的话，这是必需的。

我访问了中国的三个大城市——上海（拥有 800 万人口）、广州（拥有 300 万人口）和北京（拥有 500 万人口）。我坐火车和汽车通过了乡村；我参观了一个拥有将近 5 万人口的公社；我参观了两座大工厂。我回到香港的途中坐的是慢车而不是直达快车，每到站都停车，因此我能够看到人们的情况。我到处看到的是笑容满面的快乐的人们——他们愉快，友好，而且看来对他们的光景是满足的。

在6亿5千万人口——每年的增长率为1500万人——中总归有些人会是感到不满足的；毛泽东承认这一点；可是他又说，有90%的人民拥护新中国。而这一点，我是深信不疑的。

当然，就像在包括我们自己的国家在内的每一个国家一样，在中国也有不好的事情。但是，人们必得承认中国人有了一个良好的开始。

假如你问怎么可能做到这些事情，你只能得到一个答复："毛主席说……"，这是不可改变的。不管毛说什么，大家都照着去做——没有争辩，不讲任何条件。毛泽东建立了一个统一的、人人献身和有目的感的国家。他的话就是法律，是绝对的和不可改变的。

毛泽东规定每个人每天早上要锻炼身体，每个人都这样做了，因为这是"毛主席说的"。那是在清早工作以前做的。我从上海的和平饭店7楼我的卧室窗户看到了一个最好的例子。那是在我同毛共进晚餐以后的第二天早上，我们一早要动身去广州，好赶上上午9时45分去香港的火车。清晨5时我在房里进早餐，太阳已经升起，男男女女都在去上工的路上。有人会跑100码，接着又跳几下子，然后停下来做曲体和平衡动作，随后又跑起来。青年人很喜欢做击拳的动作，上学的孩子们在路上做着击拳和曲体的动作，有些人在练习击剑。5时30分，出现了一个大企业的民兵，由一个教官带着队进行集体体力锻炼，然后练习行军的步伐。

我们驱车经过大街到上海机场去的途中，人们一面在等公共汽车，一面在人行道上锻炼。在一个地方，有个人站在大车上向凡是愿意聚拢来的人进行指导，果真有许多人来了。所有这种体力锻炼的结果就是全国的男男女女都很矫健。

在西方世界，我们对中国和苏联之间的确实关系从来不很清楚。我自己有时曾认为，这两个大国很可能有一天会互相打起来，但是现在我认为我过去是错了。我渴望调查这个问题，因此同周恩来讨论了这个问题，以下是我们谈话的结果。

"背靠背"

中国和苏联有着同样的意识形态；它们都是共产主义国家。中国在一定程度上依靠苏联提供资本设备和技术知识；但是依靠程度已不像以前那样，它独立的程度每年在增大。目前，苏联专家到中国去教中国人使用新设备；但是当中国人学会了的时候——他们学得很快——苏联专家便被送回国去。

这两个国家在防务方面，有着紧密的联系。赫鲁晓夫在 1959 年 4 月在莫斯科告诉我，中国是俄国的"腹地"；这两个国家是"背靠着背"，彼此照应着另一方的后方。

周恩来在一点上十分坚持，那就是：如果任何国家进攻苏联，中国将马上对那个国家宣战。如果由于某种原因爆发第三次世界大战的话，中国将站在苏联一方作战；在这一点上他使我毫无置疑的余地。

军　队

当我在北京的时候，我说我希望看看中国军队的情况——通常这是不让外国人看的。由于我是一个军人，他们欣然理解了这一点。我坐汽车去参观了驻扎在天津郊外大约 10 英里的第 196 步兵师。我得到的印象是太深刻了。

由于实行国民兵役和有着广大的人口，每年应征的人可能有 500 万之多。中国并不需要这么多人——说实在的，军事当局无法处理他们。在经过最严格的检查——健康、体格和教育方面的检查后，挑选的人使得军队每年可以补充一批质量很高的士兵，他们非常聪明，学得很快。他们从

18 岁起服役 3 年。

我在兵营的操场上看过新兵的基本训练，在打靶场看过打靶，我所看到的都是好样的。中国人所有的武器也许不是一支西方军队认为是必要的全部武器；我看到了步枪、机关枪、迫击炮、无后座力炮、榴弹炮、高射炮——这一切对于中国可能必须打的那种类型的战争是足够了。

但是一支军队的首要需要是有充分的质量高的人员供应，这个国家肯定是具备这个条件的。

民 兵 部 队

每一个工厂、大学、中学、办公室、乡村、公社等都必须有自己的民兵，凡年在 18 岁到 25 岁的身体健康的人都必须参加。这些民兵部队称做"Min-Bing"（即中文"民兵"——编者注），就是人民的士兵。

我检阅了广州的一家手电筒工厂的民兵部队。这是一支惊人的男女队伍，他们都配备有步枪或手提机关枪：有一支全由妇女组成的高射炮班，一支男女混合组成的信号班和一个医务班。

这种民兵组织遍及全国，如果发生外国攻入中国的情况，那么入侵的军队就要大倒其霉了——说实在的，它将受到民兵的包围。我常常说，战争的第二条要律是不要用你的地面部队在中国作战，我看到的民兵的情况证明了这条要律是正确的。有一次有人问我，战争的第一条要律是什么，我毫不迟疑地回答说："不要向莫斯科进军。"有好些人曾经尝试过，可是都得到了悲惨的结局——显著的有拿破仑和希特勒！

我想在往下写之前先谈谈毛泽东、周恩来和其他革命领袖所取得的成就。我上次到中国是三十多年前的事，那还是旧中国的时代。在多少年月里，那个旧中国曾遭受到两种深重的灾难——外来的侵略（在这方面，我们英国人也许并不是完全没有过错的）和内部的封建性质的压迫。这个国家是贫穷落后的并且一直是这样；外国人为了他们自己唯利是图的目的剥削中国而发财致富，中国的广大人民却仍然是一贫如洗。皇帝的政权是腐败的，它没有为广大人民做任何事情；革命看来是不可避免的了，而革命适时地来到了——领导人便是毛泽东。

在新中国诞生的阵痛中，许多人遭受苦难而死去——可能有成百万的人；但是却有更多的人而得到了好处。从坏事情中在慢慢地发展生成好事情。新中国决心成为它自己的土地的主人，自由地按照它自己的方式去决定它自己的命运，而不受任何外来的干涉。

西方世界尤其是美国对这个新中国有着许多错误的看法。美国的游客去香港，要人让他们看看"共产党中国"，他们被带到边界旁，朝边界那面望去；然后发表的评论一般都是感到深为惊奇——"一切看来是那么平静，那么安宁。"人们不禁要问，他们希望看到什么呢？我必须坦白地承认，根据我所见到的，比起旧中国来我大大赞成新中国。蕴藏在6亿5千万人民的内心感情力量已经迸发出来，这种力量找到了积极和建设性的出路。伟大的力量在中国行动着，西方世界最好与这个新中国交朋友。

错误的看法

我在前面说过，西方世界对新中国有许多错误的看法，对于这一点再怎么清楚地说明也不为过分。一般人设想中国是一个人民心情忧郁不乐的国家，人民遭到残酷的领导人的蹂躏和剥削，饥馑迫使他们屈服，全国各地充满了恐惧的心情。但这不是今天的中国的真实情况，而旧中国的情况却可能正是如此。

关于中国的这种无知的看法对西方世界的事务造成了巨大的损害，这正如对欧洲事务的无知看法造成了巨大损害一样：把假话当做真相，把想象当做现实的人是太多了。

我必须再提出一点。中国今天极端仇恨美国以及美国的一切事物。对我说来知道这种仇恨的存在并没有使我感到意外，我多年来就知道这一点。但是使我惊奇的是这种仇恨的强烈程度。

西方集团的伟大领袖竟然引起东方集团两个最大国家——苏联和中国——特别是世界上最大的国家中国的仇恨，这是可悲而且确实是不幸的事，我曾向毛（泽东）提出过关于这种仇恨的问题。

使 命 失 败

看来这种仇恨是在上次大战结束后不久把一个在马歇尔将军领导下的使团派往中国的时候开始的，据中国人说，随着就开始了一种毫无道理地干预另一国内政的政策。这个使团失败了，马歇尔将军回到了美国。以后，在美国支持日本和蒋介石并拒绝与中国打交道的时候，仇恨就日益增加了。

在我与毛泽东谈话的时候，我向他提出了一个非常重要的问题。这就是：在若干年也许是 50 年后，中国将成为一个强大的国家，拥有 10 亿人口和巨大的经济实力。那时将会发生什么情况：就是说，新中国最终的目的是什么？他专心地听我发问，然后说道："呵！你显然以为中国那时就会在它的境外进行侵略活动。"我说："我并不愿这样想。但是历史的教训是，在一个国家变得强大起来的时候，它就开始攫取本国疆界以外的领土。可以列举许多这种事例，我自己的国家也许可以列在这些事例之内。"他的回答是很有趣的。他说，要想确切说出 50 年后中国或是全世界会发生什么情况显然是不可能的。他本人那时候已经去世，中国今天所有的领袖也都不在人间了，将会产生新的领袖。以他本人而论，他将在有生之年利用他的影响坚持中国不越出它的合法疆界，在一切边界纠纷中进行谈判，永不在边界以外进行侵略，永不试图迫使其他国家接受它的共产主义思想。他说这番话时极其热切，说得慢条斯理，细心选择他的字句。他又说，中国自己身受过深重的外国侵略和剥削，照他所知道的，这个国家今天无意使任何其他国家遭受这种屈辱。中国只希望不受干扰地使它从过去其他国家对它的侵略中复兴起来。但是如果受到进攻它将竭尽全力捍卫自己，它是有准备的而且准备好这样作。

他认为中国和西方国家的友谊具有极大的重要性，他强调说他将重视与英国人民的密切联系，胜过任何其他事物。巨大的资产自然，前面的任务是艰巨的，道路是漫长的——至少要 50 年。在建设、住房、工业、教育、农业和其他许多方面都存在着一些艰巨的问题。但是中国有一个巨大的资产——它努力劳动的刚强的人民，他们可能是世界上最勤劳的人民，大家都团结在一起，具有一种目的感，都决心在他们的新领袖的领导下为中国的繁荣而努力。这 6 亿 5 千万人民，具有一种明确的思想意识，他们有着强有力的坚定的纪律性，他们拥有他们所信任的领袖。

说完以上这一切，有一点是切不可忘记的。中国人是共产主义者，而我们是基督教的人民——两种思想意识是不可能调和的。根据共产主义的理论，一切服从于国家，任何事情都不得危害这种思想，在我们的生活方式中，却是上帝第一、国家第二，我们的子女都是或应该是按照下列思想教育："我的上帝、我的祖国、我的女王"。

虽然如此，我们大家最向往的是一个和平的世界。现在的问题是，能不能把这个新中国吸收在一个和平生活的世界范围之内而不会牺牲我们自己的任何原则或放弃我们在希特勒和他的法西斯主义被打倒以后的疲惫岁月中所努力以求的一切？

最后，我要说明，我得到中华人民共和国领袖们最和蔼而殷勤有礼的接待，并受到一般人民和农田或工厂中的工人的最友好的欢迎。这次短期访问主要是为了与中国领袖们交谈，此外，也使我看到了时间所许可的一切可能看到的东西。

（摘自《参考消息》1961 年 6 月 14 日）

周恩来：中国式的改革家

[美国] 理查德·米尔豪斯·尼克松*

　　我 1972 年访问中国之前 7 个月，派亨利·基辛格去北京执行一项秘密使命，为安排我的访问进行谈判。基辛格首次秘密访问北京的两天里，花了 17 小时以上的时间与周恩来进行坦率而又广泛的讨论。他归来时对我说，周恩来与戴高乐一样，是他所遇见的给人印象最深刻的外国政治家。

　　尽管基辛格像我们一样，有时也采用夸张的手法，但他确实难得夸奖一位他从未见过的人物。我与周恩来晤面并会谈了一周之后，才理解基辛格为何如此不寻常地称赞周恩来。

　　我在结束 1972 年的中国之行时，在告别宴会的祝酒词中说道："我们在这里已经一周了。这是改变世界的一周。"一些观察家觉得我被这次戏剧性访问冲昏了头脑，对访问的意义估计过高。不过，我相信历史将会证明：如果不迈出美中关系正常化这一步，目前与苏联的力量均势对我们将是极为不利的。当时，对外交关系这一突破作出了贡献的人物和事件，均已载入了 1972 年的《上海联合公报》。其中最值得称赞的人物便是周

*理查德·米尔豪斯·尼克松（1913—1994 年），任 1953—1961 年第 36 任美国副总统，1969—1974 年第 37 任美国总统。

恩来。

周恩来是一位共产主义革命家，又是一位儒雅的人物；他既是致力于意识形态的人，又是一位精明的现实主义者；既是政治上的斗士，又是最大的调和者。在扮演如此错综复杂的角色的人物中，很少有人能像周恩来一样，在思想上和行动上都应对自如。而周恩来却可以扮演这些角色中的任何一个，或是毫不犹豫地将这些角色糅合在一起。对他来说，这并不是意味着在适当的时机逢场作戏，而是说明这位内心世界十分丰富复杂但又敏锐聪颖的人物具有不同的几个侧面。这在很大程度上表明，他在政治生涯中有着漫长而又丰富的经历。

共产主义理论家特有的冷酷无情，使他有可能利用每个历史时期的机会，并经受住政治上的挫折和物质上的困难。儒雅之士所具有的个人素质，则赋予他以超人的品德，使他成为亿万中国人民"敬爱的领袖"；现实主义者的精明，又使他能够准确地估计国内政治和国际外交风云方面的潜在势力。这位政治斗士的韬晦，使他的政策在他身后还得以延续，并延伸到毛泽东以后的时代；调和者的机智和谦逊，又使他在更大的灾难性人物分裂中国时，能够把这个国家维系在一起。

周恩来早期的生活，是一个革命领袖在政治上逐渐成长起来的典范。他出生在上海西北约 200 英里的江苏省淮安县。他母亲去世后，他父亲不能养活他，于是，周氏家族把他接过来，由他的几个叔叔共同抚养他。从孩提时代起，周恩来就受到中国传统的官僚家庭的正统教育。他和他的一个叔叔及婶婶生活在中国东北的沈阳时，又进了一所由基督教传教士开办的小学，一直读到 15 岁。正是在这段时间里，他学到了他们从西方带来的"新知识"。

初等教育结业后，周恩来参加赴美国留学的开始，由于入学考试的成绩不够理想而未能实现。之后，他考入具有反封建传统的天津南开中学就读，又在日本度过了两年时间。在那里，他第一次阅读了卡尔·马克思的著作。1919 年，周恩来回到中国，进入南开大学学习。然而，政治鼓动工作对他来说，比学习科目具有更大的吸引力。他由于在组织学生罢课和游行示威方面起了作用，被监禁了 4 个月。

1920 年，周恩来从监狱中被释放出来时，已经 22 岁了。之后，他赴欧洲继续求学，访问过英国、德国，但大部分时间是在法国度过的。作为一个罢工组织者，他的大名远扬，激进的中国留学生也很欢迎他。他虽然参加课堂学习，但政治鼓动工作仍占用他的大量精力。不久，他得到了共产国际的助学金。

1924 年，周恩来回到中国，加入孙中山领导的国民党。那时正处于国共合作时期。他被任命为黄埔军官学校政治部主任。

在 6000 英里的长征途中，他成为毛泽东可以信赖的助手。第二次世界大战期间，国民党和共产党组成了抗日统一战线，周恩来代表毛泽东与蒋介石进行联络。后来，他又作为共产党的首席代表，与国民党进行旨在结束内战的谈判。1949 年中国共产党取得胜利之后，周恩来任总理、外交部长，有时兼任这两个职务，其时间超过了四分之一世纪。

我 1972 年访问中国期间，周恩来无与伦比的品格是我得到的最深刻印象之一。通过多次长时间的正式会谈和非正式交谈，我终于了解了他，并对他产生了极大的敬意。"恩来"译成英文是"恩惠降临"之意。这个名字很能概括他的风度和气质。他待人很谦虚，但沉着坚定。他优雅的举止，直率而从容的姿态，都显示出巨大的魅力和泰然自若的风度。在个人交往和政治关系中，他都忠实地遵循着中国人古老的信条：绝不"伤人情面"。

周恩来的外貌给人的印象是：仪态亲切，非常直率，镇定自若而又十分热情。双方正式会谈时，他显得机智而谨慎。他穿着一套做工精细的灰色中山服，上衣口袋上方别着一枚"为人民服务"的小徽章，端坐在谈判桌对面，身子稍向前倾，双臂放在桌子上；有时，他双手交叉置于胸前，右臂显得有些瘦弱——这是长征途中一次受伤留下的永久性的纪念。他已是 73 岁的人了，但他那向后梳的头发仅仅略呈灰白，而且有一点弯曲；黝黑的肤色则差不多与地中海人相似，和其他的中国人不大一样。

在正式的会议上，他轮廓清晰的面部表情始终比较严峻；在听我讲话时，头总是侧向一边，同时两眼紧盯着我。亨利·基辛格曾经把周恩来比做眼镜蛇：静静地蜷伏着，保持着出击的姿势，以便伺机猛扑过去。曾经用来描述查尔斯·帕纳尔这位19世纪爱尔兰伟大爱国者的警句，完全可以用到周恩来身上：他是重冰覆盖下的一座火山。

周恩来懂英语、法语、德语、俄语和日语。所以在他听完翻译之前，就已经知道我所说的意思了，这是一点也不奇怪的。他偶尔还纠正翻译的译文，使之能够更精确地表达他的思想及各种差别细微的词义。他讲话时不用提纲，并且很少带他的助手参加讨论。他讲话很有逻辑，完全使人信服。为了加强话语的分量，他有时还降低声音，或点头以示强调。

周恩来身材瘦削，似乎显得有些虚弱。然而，他精力之充沛却超过他许多年轻的助手。由于肩负了大量的工作，他工作很长时间，总是起早睡晚，在他担任总理兼外长时尤其如此。他经常利用清晨的零星时间会见外国来访者，谈话继续到日出，谈话结束时，精神却仍然矍铄如初。

随着非正式的宴会和观光活动的增加，我们的互相了解加深了；周恩来的姿态也更加开朗，表情更加丰富了。他经常靠在椅背上，用富于表现力的手势来增强谈话效果。当要扩大谈话的范围，或是从中得出一般性结论时，他经常用手在面前一挥；在搁浅的争议有了结果时，他又会把两手放在一起，十指相对。在正式会谈中，他对一些俏皮话暗自发笑；在闲聊时，他又变得十分轻松自如了，有时对善意的玩笑还发出爽朗的笑声。他开怀大笑时，两眼闪射出快乐的光芒，脸上皱纹显露，显示出这是发自于内心的真正的喜悦。

在国宴上，周恩来和我彼此都用茅台祝酒，而不用这种场合中常用的传统饮料香槟酒。茅台是一种烈性酒，用粮食酿成，含酒精高达50度以上。曾经有一个笑话说，有一个人由于茅台酒喝多了，饭后点香烟时，他爆炸了。在一次宴会上，周恩来点燃了一根火柴，放在装有茅台酒的杯子上来证明它的可燃性，这杯酒果然不久就燃光了。

我们谈话的内容涉及政治、历史和哲学。所有这些周恩来都很在行。周恩来是一位由学者转变成了革命者的人，但从未失去学者敏锐的头脑和深刻的思想。

周恩来的敏锐机智大大超过我所知道的其他任何一位世界领袖，这是中国人独有的、特殊的品德，是多少世纪以来的历史发展和中国文明精华的结晶。在谈话中，周恩来仔细地分辨每个词语的不同含义及它们之间的细微差别；在谈判中，他用迂回的办法，避开争议之点；在外交上，他有时善于通过似乎不重要的事情来传递重要的信息。

周恩来也具有另一种罕见的本领：他对琐事非常关注，但没有沉湎于其中而不能自拔。我们在北京的第三天晚上，应邀去观看体育和乒乓球表演。当时天已经下雪，而我们预定第二天要去参观长城。周恩来离开了一会儿，我以为他是去休息室。后来我才知道，他是亲自去关照人们清扫通往长城路上的积雪。第二天，路上洁净得如同不曾下过雪似的。这个例子是很典型的。

我还发现，在机场欢迎我们的仪仗队是周恩来亲自挑选的。这些士兵身体健壮、魁梧，穿着整洁。周本人还亲自为乐队挑选了在晚宴上为我们演奏的乐曲。我相信他一定事先研究过我的背景情况，因为他选择的许多曲子都是我所喜欢的，包括在我的就职仪式上演奏过的《美丽的阿美利加》。在结束这次旅行后，国务卿威廉·罗杰斯告诉我：有一次，在他与周恩来会谈之前，进来了一位年轻的妇女，递给周恩来一份报纸清样请他过目。这是周为第二天报纸编排的头版。

对于周恩来来说，任何大事都是从注意小事入手这一格言是有一定道理的。他虽然亲自照料每一棵树，但也能够看到森林。

周恩来还具有其他中国人的品德——不可动摇的自信心，它来自中国人民享有的几千年的优越的文化传统。

周恩来的才智和吸引人的魅力，使许多人为之倾倒。但他们没有意识到周恩来的这些品格与冷酷的政治活动家的品质是同时并存的。记者弗雷德·厄特利说，周恩来是一位"难于抗拒的……机智的、有魅力的、讲究策略的人。"西奥多·怀特承认，他"对周恩来的品德几乎没有任何怀疑，对周的判断也没有任何疑问"。一位在日本的中国记者说："应该说，他是我见过的给人印象最深刻的人物。"

在延安就认识周恩来的西奥多·怀特许多年后写到，他过去对周恩来的信任是绝对的。他将周恩来的两种形象联系在一起，概括地说：周恩来"与本世纪共产主义运动史上出现的任何一个英明而又无情的人物一样，在行动时果敢而机智，像猫扑老鼠一样。他非常果断，能够凭自己的行动冲出一条道路。与此同时，他又是一位具有高度热情的、和蔼而富有同情心的、彬彬有礼的人。"

周恩来把儒士的个人品德和列宁主义革命家的冷酷无情结合在一起。因此，他的个性特别适合于他所扮演的政治角色。他像合金钢一样——融合在一起的合金比其中的任何一种金属都要坚韧。共产主义制度总是奖励善于施展诡计的人，同时毁灭进行妥协的志士。周恩来的政治天才，在于他能够成功地同时扮演斗士和调解人的角色。

中国人怀念周恩来，可能是把他看做一位把党和国家拧在一起的伟大的调和者。然而，世界上的人怀念他，则是因为把他看做中国第一流的外交家。他是中国的梅特涅、莫洛托夫和杜勒斯。在谈判中，天生的灵活性、对国际权力斗争原则的熟悉和热切坚定的思想信仰这些品格集于周恩来之一身。此外，他对外国情况也十分了解，具有高瞻远瞩的历史洞察力和极其丰富的经验。所有这些，使他成为当代最卓越的外交家。

周恩来也能够进行破坏，但他很有才干。他不是光能管理废墟的人，而是能够进行建设，这在革命领导人中是罕见的。他既能维护过去留下的最美好的东西，又能为未来建设一个新社会。

（摘编自尼克松著：《领袖们》，刘湖等译，知识出版社 1984 年版）

第二部分

1978—1992

科学在中国的再生
——反知识分子的"四人帮"的兴起和覆灭

[英国] 李约瑟[*]

去年（1977 年）4 月和 5 月，与我的主要合作者鲁桂珍博士一道，我在中华人民共和国停留了一个多月，对中国人的科学、技术和医学现状做了特别的研究。我们在这第五次访华中的兴趣，集中于去年 5 月召开的重要的全国科学大会上——重要的是这个大会标志着科学技术和医学在中国的气氛已完全变化，这应已引起《自然》（*Nature*）杂志读者的注意。

然而，如果不知道在普遍称为"Gang of Four"（"四人帮"）的这个帮派当政时中国的政治状况，就无法理解这次科学大会。汉语"帮"这个词在英语正规表达中应当是"group"（集团），最好是用"cabal"（秘党）。他们在毛主席晚年、"文化大革命"后期（1974—1976 年）在中国有显著影响，而于去年 10 月被推翻。

"四人帮"成员中，在西方唯一最为熟悉的是江青——被疏远的毛主席的第三任妻子，从前的上海女演员，某些时候在文化事务上突出。与她

---

[*] 李约瑟（1900—1995 年），剑桥大学李约瑟研究所名誉所长，著有《中国科学技术史》。1994 年被选为中科院首批外籍院士。

结成帮派的有理论家张春桥、控制所有出版和广播等大众媒体的宣传家姚文元和一度是上海纺织厂安全警卫的王洪文。他们的活动在西方曾被大为误解，例如认为江青与"妇女解放"有关。但他们肯定宣传一连串极"左"的看法、要求和做法，而且在中国今天普遍认为，他们这样做主要是为了追求个人权力，而不顾将其追随者引入悖理的荒唐之中。通过左右摇摆，极"左"派本来是反对明显"右倾"的刘少奇，刘一度是国家主席和技术与行政部门中业务尖子的保护人，而于 1967 年下野。作为毛选定为其继承人的军队将领林彪，后来成为与其集团发动未遂政变的领导人，此人所推行的极"左"做法与江青及其集团的极"左"没有什么不同。然而他们一伙没能达到个人目的，这个集团在林彪于 1971 年坠机身亡后已停止活动，于是江青集团取而代之，虽然在贪求权力方面这两个集团没有什么不同。

只要回顾一下就会看到，类似公元后最初几个世纪中令人讨厌的基督教会的某种异端派那样，"四人帮"的活动无疑应称为毛泽东思想的真正的异端。我应当毫不犹豫地将其称为 cultus ignorantiae（愚民派），在倾向上与欧洲历史上众所周知的愚民运动极其类似。人们会想到诺斯替教派（Gnostic sects），或五世纪初亚历山大里亚的西里尔（Cyril）僧侣对新柏拉图主义者的迫害，或形而上的方济各会派，或中世纪某些不可思议的教条派。新教徒的传统也可以表明更多的反理智论，就像威克利夫（John Wyclif, 1320？—1384 年）和德尔（William Dell）的思想那样。

事实上，"四人帮"在本质上是反知识分子的，且尤其敌视科学家和技术家。他们充满着农业中国见识最窄小的边远落后地区的偏见，几乎使人想起 20 世纪初最初反对修铁路、通电报而保护"风水"的那类人。正如华主席在这次大会的讲话中所说，"四人帮"坚持说"知识越多越反动"，他们的一个口号是"宁要工人没有文化"，只要他们关于阶级斗争的想法符合"四人帮"宣传的正统观念就行。他们竟走得这样远，以至说"知识是私有财产和资本主义的一个方面"，因此中国不用现代科学而只用传统技术，就会更好地面对世界。

在他们统治下，有"黑九类"分子名单。其中前五类在毛主席时早已划定，即：①地主，②富农，③反革命分子，④坏分子，⑤右派。此后：文化革命时又加上⑥叛徒，⑦特务，⑧走资派。但"四人帮"又在这个名单中，加上了他们称为"臭老九"的知识分子和科学家。今天在中国，人们会毫不犹豫地告诉我们说，"四人帮"已经把经济带到即将明显出现的经济崩溃的地步。总之，"四人帮"肯定同意绞死化学家拉瓦锡时法国政客的说法："革命不需要科学家"，但他们可能从不知道这些话。

人们会要问，中国的反科学浪潮与西方反对文化的反科学论是否能有关联？是否担心环境污染的危险或是与西方反对核霸权和核武器相类似的某种东西？答案是没有关联。在中国，人们很难听到这些东西。现象是很不同的，而且是自生的（sui generis）。这自然对响应在20世纪末实现中国社会现代化和达到与世界先进工业国家相等的号召，有很大的消极思想影响，因此"四人帮"看到他们可以指望群众会对这件重大但必须实现的事表现出自然的冷漠。这是一种孤立主义，几乎是鸵鸟"将头藏在沙中"的一种倾向。

"四人帮"的坏影响是颇不协调的，在北方省份——如辽宁和西部各省——如四川、甘肃和贵州影响特别坏，而反常的是，在高度工业化的上海也有恶劣影响，这无疑是因为上海是江青和王洪文的个人基地。最坏的一个事件发生于吉林省长春市的国立光机研究所中，在这里有200名科学家和技术家相继被逮捕，其中某些人在监狱中受到拷打，而另一些人被逼自杀。在"四人帮"覆灭后仔细进行的调查揭露说，对"特务"等所有罪名的指控都是捏造的，每个人又重新得到工作的资格，而在该所组织逮捕的那个人调到司法部，但研究所工作（其实也是北方科学工作）的倒退是可以很容易想象出来的。我们的经历是，"四人帮"对科学研究所破坏的程度大不相同，例如在海南岛的国立热带作物研究所似乎受到很坏的影响；而另一方面，华南农业研究所和广州的农学院还能从事很好的研究和教学，甚至可以搞非实用性课题，如历代农史研究。

"四人帮"摧残科学与技术的某些最坏影响，以两种相关的方式发生，他们坚持要有立竿见影的实际效果而又有强烈的排外偏见。18 年前，当俄国人突然撤退其所有在华技术专家时首次提出的著名口号"自力更生"，很容易曲解成僵硬的仇外。例如，上海造船业几年前已瘫痪了，因为当 10% 或甚至更少的装船部件需来自外国时，却禁止进口，因而生产只好停顿。还有，对这个口号的牵强附会还用于所有实验室工作中，因为进口任何一件仪器都不行，甚至为了制造它，很早就得做准备工作。

同样，"四人帮"反对学习与讲授外语，以至例如在医学界中为受西方近代教育的外国医生讲课，也只是在"四人帮"垮台后才开始。此外，因强调"自给自足"，在海南岛已造成可悲的结果。"四人帮"把大多数咖啡种植园铲平，为的是加强橡胶生产，但又以毫无道理的方式蛮干。他们坚持每天放两次胶液，虽然应当是每两天放一次；而下雨时也照样干，虽然明知道这会使胶树枯萎。所有的专家都被赶走，而该岛只是在现在才恢复。同样，在上海周围有种错误理论，即所有农村公社应当自给自足，结果农民要种粮食作物，使上海市一连几个冬天几乎吃不到蔬菜。

在"四人帮"时，切断了对高级研究所的经费资助，这就使上海的国立生物化学研究所新楼的竣工至少推迟了两年。与此相关的必定是普遍藐视科学和科学家。这里我们听到一件最引人注意的事，它与造成这么多破坏与丧失生命的可怕的唐山大地震有关。某些在辽宁地震观测站提供信息的人，在大地震发生前一天已看到地壳运动的证据，据说他们逐小时地把情况报告了北京，但高层不采取任何行动。当地震到来时，华主席立即乘直升机赶赴出事现场，在人民中间得到很大称赞，但据说"四人帮"对此嘲笑说，死了几百万人比起在道义上反知识分子的正事还算小事一桩。我们后来又得知，来自七个地震站的报告都被置之不理，这不只是因为"内阁一级"的气氛，还因为"四人帮"在中国科学院内有追随者，这种突然间被提拔的人没有向上转达所有这些地震警报。另一方面，又应该祝贺中国地震学，事实上它已在某种程度上预测出唐山地震，只是由于政治上的情况，才没采取任何行动。

"四人帮"的另一项政策包括过于看重在中学和大学把时间用于体力劳动和政治讨论中，包括完全不切实际的"地头上办大学"、"开门办研究所"之类的想法。"下放"是把大学生、知识分子和行政工作者遣送到农村或工厂从事一段时间的体力劳动，自古以来就是中国社会的一个很重要概念。当然，没有理由反对在进入大学之前有一两年在工业或农业部门为国家服务的想法，也没有必要只看到机关工作者和知识分子定期转向各种实际活动的不利方面。本质上这是好的想法，但"四人帮"却将"下放"用做对知识分子和科学家的真正的惩罚。一位年高德望的病理学教授被要求向正在摘棉花的医科大学生做关于致癌物质产生的报告。一位世界闻名的生理学研究所所长被下放去"治疗农民的弯背痛"，而一流的生物化学研究所副所长被下放，没有任何实验室设备却被迫"在人民公社就地解决植物病毒问题"。许多最近成为大学生的人，谈到在大学里大量时间都用在政治讨论上。但所有这一切现在已完全整顿了，像我们所看到的那样。

中国重工业的下滑在很大程度上是因推行错误的人事制度而引起的。例如贵阳有个大水泥工厂，但"四人帮"在其中挑动群众斗群众，以致四年间完全停产。如果将社会的或伦理的正统观念当做促生产的唯一准则，而忽视技术技能，机器就要被破坏，而这正是整个中国发生的一切。计划工程也被迫处于混乱之中，例如贵阳的"煞星"（calamity）禁止在乌江峡修建一座新大型水电站。倘若有篇幅可以叙述的话，许多其他重要之点这里也应引起注意。"四人帮"反对的不只是重工业、高技术和先进科学，还反对军队的现代化。正如邓小平所说，"四人帮"荒谬地声称"四个现代化彻底实现之日，就是资本主义复辟之时"。他们及其追随者还在博物馆中到处扰乱，攻击作为一个很大文化学科的考古学，其部分原因无疑是这方面受到已故的周恩来总理的有力支持。"四人帮"还大力发动批儒运动，并过高估价中国历史上的法家。他们还不时反对科学技术史和医学史，但这些研究自从他们覆灭后有了可喜的复兴。

我们现在走到中国任何一处，都发现有一种轻松的气氛，充满对未来的信心，这是过去两年的巨大政治变化的结果。每个人都不受拘束地谈论起"科学的春天"，谈到走向成为先进科学国家的"新的长征"，甚至谈论起"新的解放"。全国科学大会正是所有这一切的保证，而这将是下一篇文章的报道题材。

（摘编自潘吉星主编：《李约瑟集》，天津人民出版社
1998 年版；原载伦敦《自然》杂志 1978 年第 274 卷
第 5674 期）

中国是社会主义
竞赛的胜利者

［苏联］ A. 普拉托科夫斯基 *

"奇迹"曾经有过吗

在中国开始改革时并没有任何玄妙的方法。一切关键性因素来自当时匈牙利和南斯拉夫曾经进行的试验：允许多种经济成分，其中包括私人经济、解放经营积极性、建立市场结构。但是与此同时国家所有制仍然保持统治地位，整个经济集体仍然受中央计划和资源分配的控制。

显然，成功的秘密在于准确无误地选择主攻方向。选对了，进行全面改革的战略突破口也就有了保证。改造工作是从农业开始的。因为大约有8亿人从事农业，而国家的命运也取决于农业的状况。他们坚决地打破了与我们的集体农庄大同小异的"农业生产队"体制。而以"人民公社"形式出现的吞食一切的官僚主义上层建筑也与它们一道不复存在了。一块块土地根据出租原则分给农户或个人耕种，开始时期限为5年，后延长到15年。实质上，这是全国性的非集体化。允许农民在完成国家收购计划

＊A. 普拉托科夫斯基，苏联《共青团真理报》特约专栏作者。

之后将所有的东西拿到市场上去。还作出一项英明决定：地方工业企业，各种传统经营项目转为集体、承包者或农业地区个别农户所有。

市场眼看着就活跃起来，就好像有人在施魔法、念咒语。不到几年的时间，农村就养活了城市——1986年谷物总产量增加了一倍。不但如此，农村使城市有衣穿，向城市供应短缺的日用品。

不难理解，由于农业有了突破，中国改革的另一个重要组成部分——吸收外资、建立合资企业和经济特区——也取得了成就。经济形势稳定了，于是海外的投资者就亲自来敲门了。

保卫社会主义成果

西方专家几乎一致地作出判断："中国的改革走进了死胡同。"人们在很有兴趣地继续观察有吞掉社会主义成果的"市场原则"与仍然坚信生产资料公有制具有历史优越性的中国领导之间的争夺。其实，北京正在本着中国谚语"光着脚，摸着石头过河"的精神积极寻找摆脱目前形势的出路。看来，财产的股份所有制是人们越来越有意采取的拯救性方案之一。

（摘自苏联《共青团真理报》1991年12月7日）

21世纪中国可能成为
全球二、三号大国

［苏联］尼古拉·伊万诺维奇·
雷日科夫[*]

计划与市场的结合

中国的经济成就给人留下深刻印象。俄罗斯的宣传机构一提起这些成就就把中国的高速度同运用市场机制联系起来。但我们知道，这种高速度在中国是与计划方式结合在一起的。那么，国家调控今天在中国起何种作用呢？计划方式与市场方式的结合是中国与今日俄罗斯的根本区别。当年在与《500天计划》制定者争辩时，我和苏联部长会议的同事们所建议的正是中国现在所做的。中国顺利地将计划方式与市场机制灵活结合已有15至17年之久。他们总是在寻求一种最佳的平衡方式，以便使市场因素不被计划方式抑制，计划方式也不被市场因素抑制。与此同时，计划仍然是保证经济以及国家发展方向的核心。在每一个阶段都要对两种方式的比

---

*尼古拉·伊万诺维奇·雷日科夫（1929—　　），俄罗斯联邦委员会自然垄断委员会主席。
曾任苏联部长会议主席，苏共中央政治局委员。

率加以修正，以适应形势变化的需要。

我们知道，中国是一个多种所有制结构的国家。国有制经济占48%，集体所有制占30%—35%，而私有制经济约占20%。与此同时，私有制经济中既包括那些不使用雇佣劳动的农场，也包括那些以剥削雇佣工人为特点的企业。计划方式兼顾到各种所有制形式并以之为依托。在集体和私有企业的经济活动中，市场因素表现出的力量较强。国民经济的骨干是国有制，计划方式在其中占据主导地位。在能源和冶金部门中，国有制无疑占据主导地位。但即使在这些部门中，中国也不再采用过于详尽的计划方法。

计划调节在地区关系中也很突出，在这方面尤其需要计划调节，因为各地区间存在巨大的社会经济差别。中国当局对此给予了足够重视。采用至今的五年计划的做法就有助于克服地区差别，只是做起来不像以前那样繁琐了，而是从大处着手，视野更宽。五年计划的主要目的是在国民经济的主要部门间确定一个适当的比例，及时克服高速发展所必然引起的比例失调现象：有时能源落后一步，有时交通又跟不上。要知道中国年生产增长率稳定在15%。

而俄罗斯自1992年起就完全放弃了计划，把国家引向了货币主义之路。这一"试验"产生的灾难性后果大家有目共睹。而且这一做法也不会有更好的结果，因为国家不顾一切奔向市场。中国领导人从1979年起就毅然否定了"休克疗法"，而采用了市场机制。需要指出的是，1989年戈尔巴乔夫访华时，中国人曾警告他"休克疗法"、货币主义的方子会产生灾难性后果。当时，中国人还以本国"大跃进"的痛苦经验做了例证。

1990年，与《500天计划》一类的冒险主义观点相对立，苏联政府提出了一个与中国目前实践相类似的现实主义的纲领，即循序渐进地进行经济改革，合理地、适量地运用市场因素。我1995年访华期间曾询问中国领导人，他们为什么否定了货币主义的方案？所听到的回答几乎与我在1990年为政府纲领辩护时所用的论调一模一样：国民经济的规律，硬性的计划体制由来已久的传统，缺乏使用市场因素所必需的基础设施，以及在全民所有制占主导地位条件下，国家想最合理地使用其并不富裕的资源而自然导致的垄断制度。

中国改革的渐进性

莫斯科崇尚西方资本主义化方案的人士坚持说像中国那样慢慢地走进市场、适量地使用市场机制更为痛苦、更为可怕。那么，中国经验的特点是否只在于它的改革速度呢？为回答这个问题，让我们从价格政策说起。1992 年年初，根据俄罗斯政府的货币主义构想，放开了所有价格，结果是众所周知的。再来看看中国的经验。他们一步步地改革，既改变经济结构，又改变各种所有制的比率，还改变价格构成机制。中国 90% 的价格由市场确定，然而有 10% 的价格由国家严格调控。这一比率是十几年经济改革的结果。中国上一次价格改革是在 1994 年进行的，目前它还令中国人感到满意。但是，他们也不排除进行新一轮价格改革的可能。

在中国根本不可能发现类似俄罗斯私有化那样的事情。如果说中国正在建立私人企业的话，那么这些企业成立并进一步运营所需的资金是应该由其创建者、所有者筹集的。现在中国正在寻找一种模式，以便使市场机制（也包括在价格构成方面）的作用在国有企业中得到提高。至于所有制比例，他们认为目前的比率是最佳的，能够满足中国经济的需求，因而无需改变。

中国在进行改革时采取谨慎态度，这一点起着重要作用。改革分阶段进行。全中国都知道有三条原则，那就是发展、改革、稳定。发展是目的，改革是手段，而稳定既是推行改革、也是实现发展的条件。访华期间，中国同志策略地、婉转地提醒说，导致 8 月悲剧发生及随后苏联解体的1990年至1991年的形势是因为社会中缺乏稳定这一任何改革都需要的条件而造成的。

至于以发展为目标，中国人不把提高人民生活水平与增强国力对立起来。中国改革之所以得到人民支持，是因为随着改革进行，每个人的生活都得到某种程度的改善。而与此同时国家也逐步繁荣富强，并日益走到世界经济的前列。

对社会主义的新认识

让我们搞清"市场"这个概念。在俄罗斯，市场成了一块遮羞布。在叶利钦、盖达尔、切尔诺梅尔金、费多罗夫等人的口中，它是资本主义的同义词。那么中国呢？中国是仅仅把它视为商品关系发挥作用的手段还是有更广阔的含义呢？在中国，与中国领导人的几乎每一次会见都离不开改革与社会主义的相互关系问题。1979年之前，中国与苏联一样，社会主义建设是严格按照当时占主宰地位的对该进程的理解进行的，一切都是按照当时对经典学说的解释完成的：第一，无条件地承认全民所在制的主宰地位。第二，硬性的计划分配体制。第三，在贯彻"按劳分配"原则时存在平均主义倾向。

但是在1979年，一场对建设新社会的现实进行理论思考的进程开始了，其成果就是3年之后形成的"有中国特色的社会主义"的思想，我想知道，中国的特色究竟何在？但我没发现有什么明确的理论观点强调指出中国社会主义的特点。在这种"特色"中，很难找到某种不适用于中国以外的东西。中国社会主义的特点至少在现阶段与下列因素联系在一起：承认多种经济结构和所有制形式，放弃硬性的计划，改变收入构成体制，市场因素开始对该体制施加影响……

尽管中国人对社会主义有新的认识，但国力和人的社会保护仍然是其中最为重要的因素。因此，中国人民的福利在逐渐地、一步一步地得到改善。由于人口众多，完成这一项任务需要很长时间。但这几年来人民生活水平已经提高了一倍，购买力明显提高，而这必然导致整个经济的繁荣。

中国政治形势高度稳定，因为当局刻意维护这一稳定。虽然中共中央和地方关系之中也存在一些问题，较为贫穷的西部各省与较为富裕的东部省份之间甚至出现地区分立主义的苗头，但这种情况能被及时发现并采取相应措施，或许这是因为共产党在政治生活中扮演着主要角色。

如何借鉴中国经验？

在运用中国经验时应当记住，俄罗斯不是中国，中国也不是俄罗斯。因此，应该以批判的态度对待经验，只借鉴那些适合在俄罗斯运用的经验。这样的经验为数不少。不过，盲目的照搬是有害的。为此我们只需回想一下俄罗斯当今的无能改革者照搬西方模式的尝试就可以了。大家知道这种尝试的后果是令人失望的。但是，即便是持最严厉的批判态度，也应该向中国借鉴其改革的渐进性、保留国家调控以利于社会、对人民的社会保护等几个方面。

地缘政治形势也不应被忘却。俄罗斯与中国是应当和睦共处的两大邻国。但遗憾的是，存在于苏联时代的那种地缘政治体系已不复存在，这种体系要重新建立。今天在这方面出了很大的偏差。北约在向俄罗斯边界推进。巴尔干半岛在上演一场空前的悲剧。谁又能保证这场悲剧不会在俄罗斯重演？答应俄罗斯某些"民主派"的建议是不可能的。这些人要求与西方联合、把四岛交给日本，目的是要对抗中国。毫无疑问，这条路线危害极大。无论从人口数量或领土面积，还是从经济实力上看，中国正迅速跻身世界先进国家之列。21 世纪初，中国可能成为全球第二、三号大国。

在贯彻外交政策时不能不注意到这种情势变化。但即使在处理与中国关系时，俄罗斯无疑也应当从本国利益优先的原则出发。这一点应该向中国人学习。

（摘编自牟卫民主编：《外国政要眼中的中国》，
中国社会出版社 2000 年版）

32年后的重逢

［德国］ 恩斯特·舒马赫[*]

二次访华的印象和感受

32 年前即 1956 年 5 月到北京时，见到机场很小，建筑物绝大多数也都是平房，当时我总的印象是，北京是个巨大的、不断扩展着的村庄，或者说是个仍保存着农村特征的、正在成长中的城市。今年（1988 年）3 月来北京，我见到的是现代化的机场，一片又一片的高层建筑楼群，宽阔平坦的公路。但是，在我的印象中北京的风貌依然是新旧并存。就在新建成的豪华旅游饭店近旁，仍然不难见到旧北京小胡同里的生活。我感到今天的北京像是 1871 年前后繁荣时期的柏林，正经历着空前的发展。北京的面貌正在彻底改观。毫无疑问北京正在全面奋起跟上工业化时代的要求和水平，正在真正和我们这个世纪并驾齐驱。

今年夏收期间我曾重访过河南洛阳市，在市郊的农村里我看到农村的结构也在变化中。和 30 年前相比，农民的生活富裕起来了。如今的农民已不仅仅是种田人了，他们正在开拓多种经营的可能性并从中受益。前所

---

*恩斯特·舒马赫（1911—1977 年），民主德国戏剧理论家。

未有的乡镇企业发展很快，有些农民已住进了楼房。不过农业生产已从当年的集体经营方式倒退为一家一户的个体经营了。园林化的农田管理给我留下了难忘的印象。农田里几乎见不到杂草，精耕细作的水平实在令人赞叹不已。这充分显示了农民们对土地的热爱之深和他们当前的生产积极性。但田间劳动主要还是依靠人力，依靠手工操作。特别是在打谷场上，我注意到，两三千年前古老的做法仍在一成不变地运用着。当然，有些场院上也可以看到小脱粒机和扬场机，那自然标志着现代化和进步。但总的看来农业生产还在沿袭着古老的传统。当时我曾想，"四化"中的农业现代化真该马上或者退一步说也应尽快在这片富饶的田野上实现才好。可我也清楚，在现有条件下"马上实现"还办不到，中国一下子还制造不出那么多农业机械来。依我来看，现行政策是要尽快实现现代化。

与中国人接触交往过程中感受到的变化

30 年前，在北京、上海、沈阳和广州等地街头所见几乎全是被人称之为"蓝蚂蚁"的人群。男女老幼大都穿着式样画一的蓝制服，戴着工人帽。而今天普通市民，特别是年轻人的衣着真可以说是色彩缤纷，样式各异了。衣料的质地也比过去强多了。现代中国的年轻人不单是穿着打扮大变了，举止态度也与以往不同了。说到了举止态度，我的印象可不全是好的了。记得 30 年前，在北京的公共汽车、电车上乘客彼此间很客气，现在外国人乘车没有人再像过去那样马上有人让座了，我以为这倒没什么不好，对外国人是不该有什么和对自己人不同的优待。我要说的不是这个，而是中国乘客之间的关系变得令人感到震惊了。每次上车都是一场肉搏战，没有人顾惜年老体弱者。最不顾他人的总是那些体力矫健的年轻人。车少人多，谁都急着乘车，这完全可以理解，但对他人不管不顾的行为则是我在 30 年前绝未见过的。这种动辄挥拳相见、恶言相对的情景实在叫我感到心寒，这完全是一种以强欺弱的实力主义。我不清楚，这是什么缘故造成的。可能是文化革命期间青年人可以轻易地占有一切所留下的后遗症？或者是在改革政策影响下人们都只想多为自己争得尽可能多的实利吧？但愿这些只是一种暂时的现象，我感到中国传统的和睦友爱精神，相互关心的美德和集体主义精神在新的发展中受到损害。但不管怎么说，这种损害不仅表现在乘公共汽车上，在其他一些场合我也有所感受。

和50年代相比，今天中国的年轻人已告别了传统的拘谨态度，变得十分开放、坦诚和活跃了。他们敢于无所顾忌地说出自己的看法来，又乐意吸收各种新的信息。他们渴望了解外部世界，渴望到国外去，去亲自见一见野蛮的或者说自由的西方，这是他们往往同时运用的两种不同的概念，我所接触的青年人多是大学生和研究生，他们的态度大多是：我们知道资本主义有不少弊端，但我们也清楚社会主义国家面临着不少问题。今后的道路应怎么走，是个牵动着他们的问题。对此他们既准备倾听旁人的观点，也喜欢发表自己的看法。我认为值得注目的是他们没有什么激进的想法。他们对社会主义已经实现了的一切或还可能达到的一切还不十分清楚。对西方资本主义可能也有些不正确的想象，但他们信息很灵通，接触到的新东西很多。与此同时，从他们身上也不难察觉到一种非政治化倾向。我曾与几位研究生、大学生深谈过，他们都说："我不想表现得太积极了。我是学生，要好好念书，要当好学生，要争取好分数来使自己的未来得到可靠保证。"我不无遗憾地感到，积极的政治表态和参与意识在北大并不突出。在这里更多、更普遍的是一种小心翼翼地观望和等待的态度。

在我看来，这是一个问题。与此有关系的，我又产生了另一个问题即整个知识分子的境遇问题。1956年在北京，我曾应冯至教授的邀请来北大访问过。当时我接触过一些教授，自然也有机会谈起他们的生活状况和社会地位。我那时看到的教授、作家、艺术家由于他们在精神生活中所起的作用受到社会的尊重，物质生活水平也处在比较优越的地位。当时教授的月薪是300元至350元，与欧洲水准相比，这当然不算高。但我记得当时中国工人的平均工资不过 50 元左右，相比之下教授的收入就相当可观。今天我接触的教授们很少有工资上 300 元的了。他们的平均工资为 150 元，讲师是 80 元至 120 元，研究生只有 60 元。这意味着教授们的物质生活非但没有改善，而显然是下降了。这种情况使我感到不安。

我非常赞同中国实现四个现代化，拥护邓小平的领导并把这定为中国发展的纲领。我深信，不实现四个现代化中国是不可能成为一个与其地位相称的社会主义强国的。无论以数量或是质量的要求来看，这条总路线都是完全正确的。但是，我不禁要问，没有一个相应的知识分子队伍，没有一批高水平的专家、干部，这条总路线能够顺利实现吗？对知识分子只靠意识形态，靠理想和精神去发动呢，还是必须同时予以必要的物质保证和刺激呢？我知道，自实行了改革政策以来，农民已经能从他们生产的农产品中为自己保留更多的份额了。他们的收入比过去增加了。工人的收入也随着分配制度的改革而改善了。我听说，现在一个技工的工资差不多与教授相等，而出租汽车司机的收入也远远超过了教授。我以为这是不正常的，这里存在着问题，我确信这是需要认真加以考虑和彻底解决的。

现在政府推荐知识分子、教师从事第二职业。这种做法当然有它的道理。但我不禁要问，人们能把第二职业和他的本职工作同时并行而不损伤他们的劳动力吗？这种做法能坚持多久呢？为什么知识分子、科学工作者和干部们在改革中没能像其他阶层一样在经济物质方面明显受益呢？

我很清楚，在 10 亿人口的大国，要解决这些问题是相当艰巨的。我承认，中国现在已有能力跟两个超级大国那样经常把火箭、卫星发射上天；我承认，中国现在已有能力用自己的核装备去捍卫国防了；我也承认，中国在生物工程、电子科学及其在生产领域的应用方面取得了巨大的进步，但我要问的是，在知识分子的境况得不到彻底改善和尊重的情况之下，上述的成就和进步能导致整个国家和人民素质的根本改变和飞跃发展吗？当然我不是部长，不了解全盘情况，也不是党的领导干部，没有统揽全局的战略眼光，只能谈谈个人的印象。

就我们所能理解的看，中国在 1978—1979 年间开始的经济改革是在尝试用各种手段把自己和先进的生产方式联系在一起，同时又不放弃社会主义结构。特别是在深圳的访问给我们留下了深刻的印象。当地的企业家、领导干部和科学工作者都表示他们进行的是一种实验。他们说，如果他们在深圳的实验在经济上、理论上成功了，自然可以推广，就是不成功的话，在深圳的失败也不会给整个中国带来灾难性的影响。这种实验是很有价值的，令人感兴趣的，因为这是在探讨社会主义制度下的经济或者说有计划的商品经济的发展到底还能有什么新的可能性。

自改革开放以来，人们对外部世界的了解大大改善。通过亲自出国考察和在中外合资企业中的合作，人们对资本主义的经营管理经验也了解并掌握了好多，但对社会主义国家自 70 年代以来的改革尝试和经验好像知之不多。当然，有人谈起过匈牙利的改革经验，但像民主德国早在十多年前就在联合企业中推行经理、厂长责任制等却知道的很少。各个国家的情况不同，实在不能简单的进行比较。

（摘编自覃火杨著：《海外人士谈中国社会主义》，
晔梅摘译，北京大学出版社 1990 年版）

"我被中国人吸引住了"

[英国] 费利克斯·格林*

　　一个民族风俗的改变，一种根深蒂固的习惯和态度的改变，是一个非常缓慢的过程。它不能通过立法来实现，而只能通过耐心的教育来完成。我不愿指责中国人在摆脱过去枷锁方面太迟缓，而宁愿对他们能这样迅速而广泛地摆脱旧习惯而感到惊奇。更重要的是，中国人自己也已日益意识到过去遗留下来的风习仍然严重地阻碍着他们。我试图这样来考虑，中国人对他们历史枷锁的认识，可能比我们对我们自己的历史枷锁对我们的束缚了解得更深。

　　中国人知道，我在中国毫不犹豫地、有时极其坦率地向中国人直接说出了我的担心和批评。然而我必须承认，即使我在中国向中国人提出批评时，我有一种极不自在的感觉（倒不是怕中国人会误解我的话），觉得我并没有批评的权利。我有什么资格去告诉中国人说他们正在犯错误呢？各民族的中国人，经受了几个世纪的剥削和不可想象的苦难，他们丧失了千百万为建设新中国而牺牲的儿女，而我，一个外国人，从来没有进行过斗争，受过苦，却告诉他们应该做什么或不该做什么！我钦佩他们的宽宏大量。

　　每个国家的人民都有他自己丰富的民族特征，不管是法国人、意大利

---

*费利克斯·格林，英国著名作家、记者。

人、日本人、巴西人、还是中国人，都一样。有的西方人极其喜欢印度人，有的喜欢意大利人，等等，这些都可根据自己的爱好而定。由于种种原因，我被中国人吸引住了。特别是他们认为最宝贵的人与人之间的关系。我钦佩他们远大的历史观、他们固有的彬彬有礼的行为、他们对友谊的特大度量以及他们对朋友的忠诚（他们永远不忘记别人做的好事）。我佩服他们民族的无畏精神和他们几乎不惜任何代价维护原则的坚强决定。我欣赏他们深沉而热烈的感情，这种感情常常隐藏在容忍的品质之中。他们信守诺言——现在哪里还有这样的真诚呢？我佩服他们对别人的感情反应敏锐，佩服他们那自然而又高雅的礼貌、对老年人的尊敬和对年轻人的亲切。他们高雅博学而又天真无邪，经常使我感到惊讶和愉快。如果我处在一个紧要关头或遇到真正危险的时候，我情愿要一个中国朋友和我站在一起而不要任何其他人。

这些就是我和中国人在一起的原因。在这里，我不谈那些政治分析家、学术理论家和总爱挑毛病的人，我只用最简单的人类语言来表达我对中国人的感情：我站在他们一边。当然，如果中国的一届政府证明它是个专制的政府，或者企图控制其他国家的话（尽管他们今天在国外没有一兵一卒），我就会反对它。但即使发生这种情况，我也不会比"谴责"我自己更强烈地去"谴责"中国人民。我认为这一点也不矛盾。

因此，那些报道和谈论中国的人，怎么能够既对中国人表示诚挚的友情同时又同样诚挚地进行批评呢？对中国有基本上有友好感情的人自然没有这个问题。中国人能够听得出友好的声调，因为他们对不必明言的感情上的细微差别有着特别敏感的耳朵，能很快地判断出这位评论家是不是朋友。

作总结吗？对一些既对中国人民友好，又对中国的发展感到难于理解、烦恼、甚至失望的人，我将作这样的建议：有些人只看到他们认为是错误和反面的东西，这可能反映了他们自己的失败感；另一些人只看到美好的一面，这也是感情上的一种盲目性。这两种人都是错的。要看清楚中国是什么样子，就要敢于触及尚未言明的真理。但始终要记住，历史是一条川流不息和滚滚变动的长河。不要把一个人或一个国家圈在我们可能认为的、他们过去或现在的错误之中，好像有些错误是永恒的。因为每一个明天都会带来一个新的起点。

（摘编自覃火杨著：《海外人士谈中国社会主义》，
晔梅摘译，北京大学出版社 1990 年版）

中国和西方相互怀疑的时代已经过去

[英国] 玛格丽特·希尔达·
撒切尔*

中国历史源远流长

我们有幸在伦敦大英博物馆里珍藏着我们大家已参观过的最珍贵的古代中国工艺品，这些珍品足以告诫我们，历史上没有任何其他国家能像中国这样创造出如此杰出的、文化灿烂的社会，而这个社会又跨越如此宽阔的地域，又经历了如此之长的时代。中国也是世界上唯一一个3000年前的书法仍在当今文字中使用的国家。这告诉我们现代中国在弘扬其民族文化和传统文化方面积累着巨大力量。除了公认的智慧，中国的文化还有诸多杰出的发明创造，其中的炼铁术、指南针和火药的发明，多少世纪以来成了欧洲取之不尽的技术。中国的文明灿烂光辉，也一度存在着黑暗的一面，那就是有人认为中国可以自立和闭关自守。幸运的是在我们的有生之年里，这种思潮被修订，是邓小平先生的长远眼光和毅力最后将中国送上

---

*玛格丽特·希尔达·撒切尔（1925—　　　），1979—1990年任英国首相。

了对外开放的大道，而这一对外开放事业目前正得到邓小平的接班人的保持和继续。

几个世纪中，中国因将自己排除在席卷世界各个角落的大变革之外而付出代价。西方国家对此也有不可推卸的责任，其中包括19世纪他们为中国带来了不少耻辱以及20世纪前半部日本对中国的血腥战争。

随着21世纪即将来临，内向与闭关自守的年代已经成为过去。未来将是一个全球充满市场、政治、金融无国界的世界，这一新的世界将迫使中国向外看，使中国更加密切地与世贸体系接轨，参与多边金融机构、区域防卫和安全事务。

在未来的过程中，怎样才能使中国的历史使命的巨大转变对中国和整个世界都有利？这个世界应当创造条件让中国这个拥有重要战略利益的世界强国根据其国力、历史和经济实力而发挥作用。中国怎样发展呢？我们怎样才能避免以前曾经发生过的中国与西方世界之间的对峙？

全球化与中国的发展

当今我们经常听到的一个词是全球化。这个词的实际意义是一个国家的经济不再仅仅受到国家或地区条件的影响，而是所有国家的经济都暴露在世界大市场力量的影响之下。这其中首先是在乌拉圭回合的谈判中，随着关税减少、贸易壁垒的消除和投资增加而形成的市场开放对经济发展的影响，其次是飞速发展的将世界各国连接在一起的现代通信的非凡能量的冲击，这些均是我们几年前还不敢想象的，其结果是我们全都处于同样的境况压力之下，这些竞争压力又迫使我们有效地产出更多的东西。

这一进程是不可阻挡的，因为它为经济增长和繁荣提供了不可抗争的刺激因素。这一进程对拥有勤劳的人民、用之不尽的劳力资源和努力提高人们生活水平并赶超本地区其他国家的中国来说，应该受到双倍的欢迎。

中国是否能在全球化中受益？回答是肯定的，过去几年里中国所取得的令人鼓舞的增长率就是最好的证据。那么中国在全球化中是否能得到更多的好处？其回答仍是肯定的。只要中国实施正确的方针政策。

中国处在世界发展最快的区域的中心，而这一地区的成功来自于允许市场合法的自由行动。散居在中国香港、新加坡和本地区其他地方的华人证明了没有什么是不可获取的。中国香港的例子更为突出。在香港，当地中国人依法所经营的企业加之英国提供的高水平的公共管理，使香港在不毛之地和荒坡上创造非凡的财富与繁荣，使香港的生产总值和人均收入远远高于英国本土。

邓小平先生和他的接班人在中国的经济改革和促进非国有经济发挥更大的作用方面已做了很多事情。如果中国想满足其人民的期望和继续吸引对未来发展起关键作用的外资，那就应该做到：必须制定一个对人人来说都公正和平等的法律体系，而这一体系的实施对人人来说应是公正合理的。

必须为确保合同的实施和解决商业纠纷制定一个有效的制度：进一步改革中国的金融体制和开发中国的资本市场，一个完整的金融体制对中国从增长的贸易和投资中获取最佳效益是至关重要的：

私营部门需要继续扩大，并尽可能的将成功的私人企业的经营方式用于影响经营不利的国营企业。对中国领导人来说，国营企业的改造任务艰巨。80年代，我们英国的国有化工业面临过同样的问题，后来通过私有化解决了这一难题，私有化目前在全世界也是尤为普遍的发展模式。

经营者必须能直接快速接收并研究国际互联网和其他系统所提供的信息，所有延误使用这些信息的国家将发现他们会错过机会并影响了发展，在现代的业务经营中，决策速度是相当关键的。

有关知识产权的国际准则必须严格予以执行。

总之，如果中国将充分利用和得益于正在上升的亚洲繁荣，那么也需要进一步加速开放市场，创造一个可靠的业务经营体制。采取一些措施会使中国在加入世贸组织方面变得不可抗拒，这也是中国参与世界经济的最后一步，也是中国自近 20 年前邓小平先生倡导中国改革开放以来所迈出的又一大步。

香港，新的开端

对中国国际声誉可能产生直接影响的是 1997 年中国恢复对香港行使主权，香港为香港人争得了世界上最高的生活水准，同时也是世界上有名的金融中心之一。香港今后与中国内地不同的发展体制就是邓小平先生的创造性论点"一国两制"。记得他 1984 年向我解释这一设想时指出："香港的继续繁荣和成功对中国是极其重要的，维持香港的繁荣只有保持创造香港繁荣的那种制度和允许港人治港。"这也是当年我同意签署有关香港未来联合声明的基础，尽管在随后 12 年里我曾对"一国两制"是否能真正维持香港人的生活方式产生过怀疑，但至今我对邓小平先生的保证以及他的接班人决心实现邓小平先生的这一保证深信不疑。

我在访问香港时发现港人对 1997 年充满信心，更明显的是他们对自己是中国人和国内所取得的成就感到自豪。因此，尽管 1984 年后港英双方在香港问题的谈判中存在争议，我对香港的未来充满信心，我深信香港今日的繁荣在 1997 年后会得到继续。

中国在世界上所处的地位

伴随着中国国内的巨大变化，我们面临着把正在崛起的中国纳入国际社会这一艰苦而又重要的任务。首先的一点我们没有异议，那就是我们西方国家希望中国保持开放、稳定和繁荣，并成为国际大家庭的一员，同时西方国家必须对中国这个世界上人口最多、在联合国拥有否决权、拥有核武器和拥有巨大市场的国家采取理性的政策。如果西方对中国采取遏制不合作政策，那将迫使中国在包括裁军、环保和联合国事务等一系列国际事务中与西方不合作。遏制是自欺欺人的，只能使中国在我们希望她成为朋友时远离我们。

同我们西方一样，中国同样有自己的正当的战略利益，同样有权得到别国的尊重。近几年来，西方对中国的政策缺乏一致性，特别是美国，其对华政策总是模糊不清。因此，我们西方国家的对华政策必须是继续同中国建立友好关系，并设法消除我们与中国之间的分歧，同时中国切不可只保持守株待兔的姿态。

鼓励中国在地区事务中发挥积极作用同样符合西方国家的利益，这在亚太经合组织及亚欧首脑会议中已得到充分体现，中国在解决柬埔寨问题和影响朝鲜方面同样发挥了积极作用。

鉴于中国的外贸规模，中国应该成为世贸组织的一员，中美就战略问题、地区安全和裁军而开展定期对话是避免双方误解的有效途径。此外，更加重要的任务是避免二次世界大战的再发生。这将要求全世界为此而作出巨大的努力，否则，代价将是惨重的。中国和西方相互怀疑的时代已经过去，我们必须捐弃前嫌，共同面对未来。

（摘编自牟卫民主编：《外国政要眼中的中国》，中国社会出版社2000年版）

中国在开拓崭新的前景

［法国］ 埃莱娜·马纪樵[*]

　　今年（1984 年）夏天，我率法中友协代表团，对中国进行了为期 3 周的访问。我们一路南下，从北京至广州，横跨河北、湖北和湖南。这些地方，过去我曾多次参观访问过：因为，1959 年，在庆祝中华人民共和国成立 10 周年的前夕，我就同家人来到了中国，做法语教学工作。近年来，中国发生了变化，这，我是了解的。在今年的访问中，我目睹了这些变化，有时，我竟情不自禁地对同行的法国朋友说："变化太大了！难道这便是我昔日所见的那个中国吗？"然而，只要认真地看一看，想一想，就会知道，中国的变化的确是显而易见的。譬如，河北省有一条路，贯穿若干县，以前我来这里访问时，在这条路上行驶的车辆寥寥可数，如今，这条路变成了柏油路，往日那条漫长的黄土路已不翼而飞，汽车扬起的团团尘雾也无影无踪了。公路上，男男女女，川流不息，有的手推满载的小车，有的肩挑沉重的货担。卡车、拖拉机、手扶拖拉机，随处可见，一些路段因此而显得狭窄，不时出现堵塞。

　　中国乡村的变化更是一目了然。农贸市场遍布各地，农产品的品种之多，供应之充足，简直令人惊叹不已。一位农民，手提一条大鱼，面带微笑地冲我们喊："1 公斤 9 毛！"卖炸糕的，卖月饼的，货摊一个挨着一

---

*埃莱娜·马纪樵（1923—　　　），法中友好协会全国委员会成员。

个。饭馆里，从早到晚座无虚席。农民的衣着也比过去漂亮多了。一幢幢新建的房屋拔地而起，有砖砌的，有土垒的，平房楼房，交相辉映。几年前，一个村子的富裕程度，要根据自行车、缝纫机和手表的多少来衡量，现在，则是以电视机或收录机为检验标准。不过几天的工夫，我们便发现，中国的面貌焕然一新。每当乘坐火车或轿车时，我们总是把脸贴在车窗上，睁大了眼睛，凝望着这一切变化。

在我们的交谈中，农民们不止一次地流露出某种忧虑："国家的粮仓都满了，要交粮，需等些日子。"粮仓匮乏，毕竟不是件好事，但粮食大丰收这一事实，与 60 年代初甚至 70 年代相比，该是多么了不起的变化呀！由此，我联想到不久的将来，粮食的大丰收，特别是对畜牧业来说，将开拓何等崭新的发展前景！

在我来中国工作后的那几年里，我们曾梦想看到中国农民的生活得到改善，中国的乡村能够繁荣昌盛。今天，中国终于变了，它每走一步，都取得了辉煌的、显著的成绩，有哪一位中国的朋友不为之感到振奋和欢欣！

这次，我们无暇参观最偏远、贫瘠的地区，因此，我们不禁要猜想：那些穷乡僻壤，那些干旱的山区，究竟发生了什么变化？那里的变化肯定不会如此引人注目，因为，任何事物都不是同步前进的。然而，我们仍然想知道，这些地区是否也有所发展和取得了怎样的发展。

对中国的巨大变迁，我由衷地高兴，但高兴之余，我也想坦率地谈谈美中不足的地方和我的一些看法。

中国的开放政策，表现为对外国人比以前更为热情友好，我率领的代表团成员均为他们在中国城乡受到那种纯朴自发的友好接待所打动。但还应指出的是，尚有一些做法令人十分不快。有位刚抵京的外国人，在机场上人生地不熟，机场却未能尽力提供信息服务，有些饭店则对旅客未能尽到责任。这虽然不是普遍现象，例如广州就不是那样，但这样的事时有发生。作为中国人民的老朋友，我还记得，60 年代时，中国的外事接待既讲究热情友好和效率，又不卑不亢。现在对有些外国旅游团的接待只顾商业规律，忽视严肃认真的服务工作，这是憾事，会使外国游人感到一切是为了向他们要钱，不然就得不到相应的服务。不少首次来华或平生难得有机会来华访问的外国人对中国留下这样的印象是多么不幸！

让人不解的另一点是，在同一些中国青少年接触中，我们还有种感觉：他们仿佛把"物质文明"看得高于"精神文明"。这使我感到不安，更使我想起60年代的大学生，他们有股火一般的热情。

同中国人民25年的友好交往，使我懂得了许多。初来中国时，我的想法很天真，认为中国所走的道路是笔直的，是不费力的，但现实使我幡然醒悟。经过这25年的风风雨雨，我懂得了对中国应抱有信心，在中华人民共和国成立35周年的今天，我心中涌动的正是这样一种感情。

（摘自《人民日报》1984年10月6日）

社会主义命运在很大
程度上取决于中国

［匈牙利］ 包拉日·约瑟夫*

中国目前在国际事务中已经发挥了重要作用，今后中国在国际上的地位和作用将进一步增强。这一点不取决于中国的主观意志如何，这是世界形势的发展所决定的。希望中国同志对此作好充分准备。

今后在世界范围内社会主义的命运如何，将在很大程度上取决于中国，取决于中国能否在顺应人民意志的情况下建立一种对其他国家人民也有吸引力的现代社会主义。这是中国的一项重大的历史使命和责任。在这方面中国将继续发挥其历史性的作用。

社会主义在东欧已经遭到了失败，教训十分深刻。希望中国认真研究东欧的情况，吸取东欧形势变化的经验教训。当然我并不想把我们自己的工作转交给中国同志，首先是我们东欧的左派应当认真总结过去40年的经验教训。但中国有句俗话，叫做"前事不忘，后事之师"，能从别人的失败中吸取教训的人才是更聪明的。我不希望东欧的失态在中国重演，我相信这种情况也不会发生，因为中国与东欧不同。我希望世界上有一个独立、强大和坚持社会主义道路的中国。

我认为，随着国际形势的发展，中国今后应当调整自己的国际关系，

---

*包拉日·约瑟夫，《匈牙利外交政策》杂志主编。

我不敢肯定中国等距离的外交政策在 20 年之后是否还会继续坚持下去，因为历史在发展，世界在变化。我相信在短期内中苏不可能结成战略同盟。我也清楚，中国目前在世界上还不能取代苏联的地位。我并不主张取代苏联的地位，但我认为中国应当在世界上发挥其一个社会主义大国应有的作用。

今后中国应确立自己对欧洲的政策，特别要考虑到在欧洲将出现统一的德国这一新的力量中心。在德国统一问题上已经出现了一些倾向性的东西，从现在起就要给予充分注意。就像教育孩子应当从小注意一样。

今后德国同日本建立什么样的关系对世界特别是对中国并不是无关紧要的，应当引起充分注意。日本的强大经济必将刺激它的政治和军事欲望。总有一天日本将在新的世界政治体系中发挥更大的政治作用。

美国历来喜欢干涉别国的内政。正是它，在指责别的国家为平息游行示威所采取的措施的同时却武装占领了一个主权国家。由于世界格局的变化，美国将很快把中国看做是它的重要对手。如果欧洲形势进一步变化，戈尔巴乔夫的地位继续下降，苏联的地位进一步削弱，在这种情况下谁是美国的对手呢？卡斯特罗吗，也许有可能，但古巴毕竟太小了，所以中国很有可能成为美国的对手。

今后 10 年内许多国家将非常重视同印度的关系，同它套近乎。我并不是说中国要有求于印度，我知道两国之间有矛盾，特别是边界问题和达赖喇嘛问题。但正如在今后的世界发展中不能忽视巴西和阿根廷的作用一样，也不能忽视印度的作用。

我也认为中国和越南之间的问题应当得到解决，这不光是为了两国人民的利益，也是为了世界的社会主义事业。

（摘编自刘洪潮、蔡光荣主编：《外国要人名人看中国》，
中共中央党校出版社 1993 年版）

创造中国奇迹的
四项原则

［罗马尼亚］扬·伊利埃斯库*

中国人所拥有的东方式的含蓄并没有妨碍他们及时总结自己的成功经验：第一，实行科学的计划经济；第二，充分利用自己的力量和智慧；第三，在每项重大措施出台之前首先必须进行广泛的调查研究和小范围的实践检验。这听起来像是天方夜谭，但在中国却是活生生的事实。对于这一点，任何人都没有理由持否认或怀疑的态度。那么，中国是如何取得上述成绩的呢？我认为中国经济的腾飞主要得益于以下四点，也可以说是四项战略原则：

第一项原则是土地政策上的"坚定性原则"。中国政府为外商提供了最优惠的投资条件和最好的投资环境。在这些条件中，土地是最根本的条件。中国政府向投资者提供了条件优越的地段，并及时为他们配置了水、电、通信网络等一切必要的基础设施。投资者们得到了令其满意的土地，但他们并不拥有这块土地的所有权，而只是得到了该土地90年期限的使用权。依靠这项原则，中国有效地保护了自己的土地财产。

第二项原则是引进外资上的"保守原则"。中国接受外商投资的先决条件是中方与外方拥有同样的股份，"平等地与外方合作"以及由中方领导合资公司。中国企业家很得法地回答了他们这样做的理由："我们认为

---

*扬·伊利埃斯库（1930—　　　），罗马尼亚前总统。

这样很好。只有在这种条件下，我们才能够更有效地保护自己的利益。"这项原则对拥有 500 亿美元外资的亚洲第一大国意味着什么是不言而喻的。正是由于制定和遵守了这项原则，中国国有企业才能够从一开始就立足于和外商平等互利并由中方来掌握公司的最后决策权，这一点至关重要。所以，十几年来，中外双方不但从没在决策问题上发生过冲突，而且中方企业家们还以自己的能力、信心、敬业和守法等优良品质完全征服了他们的合作者。这就是中国之所以能够迅速吸引大量外资的关键所在。

创造中国奇迹的第三项原则是大大提高了中国在外商心目中地位的"简单化原则"。比如，在申请成立合资公司的审批过程中，审批权力是逐步下放的：投资额在 10 万美元以上的投资项目由国家政府审批，而投资额在 10 万美元以内的项目则由国有企业自己的管理委员会作主。这样就有效地避免了官僚主义。

最后一项原则就是关键的法制"二 F 原则"，也就是"既稳定又灵活"的原则。中国政府在协调这一对似乎相互矛盾的概念时表现出了非常高超的艺术。在这里，第一个 F 指的是政策的稳定，是指中国经济改革政策 50 年不变这个最根本的战略方针；第二个 F 是在坚持基本原则的前提下对所有投资者采取的灵活政策，包括对一切有志于为中国经济改革作出贡献的中国大陆以外的投资者所实行的优惠政策。所以，无论在中国的其他城市，还是在北京，港商和台商的投资额分别占中国外资总额的50% 和 10% 以上。除此之外，外国投资者的顺序依次为美国人、日本人、加拿大人和新加坡人，他们在中国的投资额占中国外资总额的 20% 左右。剩余部分的外资则来自欧洲和其他大洲。

独立自主、自力更生是中国人的一贯骄傲，它在改革的成功中所起的作用也是决定性的。无论现在和将来都没有哪个国家能与中国相提并论，中国在世界上的地位是独一无二的。

（摘编自牟卫民主编：《外国政要眼中的中国》，
中国社会出版社 2000 年版）

中国改革成功证明了社会主义制度的生命力

[塞浦路斯] 季米特里斯·赫里斯托菲亚斯[*]

东欧社会主义国家的垮台和苏联的解体是对国际共运的沉重打击，对有七十多年社会主义历史的苏联来说是一场悲剧。这些党的领导人应对此负责，尤其是苏共领导要负主要责任。社会主义国家进行改革和实行民主化是必要的，但必须在坚持社会主义的前提下进行，并应在进行科学研究的基础上有计划地实施。1991 年 5 月，劳进党代表团访苏时曾向苏共领导阐述了上述看法，但苏共领导人令人失望，他们对苏联解体犯下了不可饶恕的重大罪行。各国党应从中吸取教训。劳进党过去在国际问题上照抄苏联，我们党员愿意公开对此进行自我批评。在国际反共势力加紧对社会主义进攻的情况下，我党认为有必要加强反帝进步力量的协调与合作。

中国在坚持党的领导和社会主义方向的前提下，成功地进行了政治、经济和社会改革，不仅避免了苏联所出现的灾难，而且使经济得到了巨大的发展，改善了人民的生活。中国改革的成功证明了社会主义制度是有生

---

* 季米特里斯·赫里斯托菲亚斯（1946—　　），塞浦路斯共产党劳动人民进步党总书记，2008 年获选为塞浦路斯总统。

命力的。劳进党认为，世界社会主义运动的领导责任已经历史地落到中国党的肩上了。

（摘编自刘洪潮、蔡光荣主编：《外国要人名人看中国》，中共中央党校出版社 1993 年版）

中国对美国的重要性

[美国] 小亚历山大·梅格斯·
黑格*

　　近年来，特别是最近几个月来，中国为了维护中美关系所做的努力比美国多。中美双边关系有所改善。中国在贸易、知识产权保护、导弹及其技术控制制度、核不扩散和地区等问题上与美国合作得较好。中国的经济发展迅速，1992年上半年的增长率是10%。南斯拉夫和独联体部分国家和地区的战火以及洛杉矶的种族骚乱，说明那里的人权问题更严重，对中国是个帮助，人们对美一味指责中国人权的做法提出了疑问。尼克松、基辛格和我本人以及美中协会都认为这本来可以成为布什在总统竞选中的资本，因为如果布什能利用竞选机会宣传他的对华政策是正确的，而那些主张对中国进行惩罚的人是错误的，则这点会有助于他的竞选。然而尽管布什对中国友好，却没能在这个问题上发挥好领导作用而坐失良机。目前，民主党出于政治上的需要，攻击布什的对华政策；但如果民主党上台，他们就会改变目前态度，采取正确的对华政策。民主党在传统上对中国是友好的，如前总统卡特、前助理国务卿霍尔布鲁克等人都是中国的朋友。我对民主党的副总统候选人戈尔和独立竞选人佩罗都很了解，一旦上台，他们都会

---

* 小亚历山大·梅格斯·黑格（1924—　　），军人、政治家，曾任美国白宫办公厅主任、美国国务卿。

重视与中国的关系的。因此，即使布什落选，中美关系也不会受到影响，我对此十分乐观。11 月份前的这段时间十分关键，希望中国不要采取出售导弹和核试验等意外行动，以免在美引起争论，给中美关系带来新的困难。同时也希望中方对佩洛西这类人的叫嚷继续表现出耐心，她要对延长中国的最惠国待遇附加条件，布什总统肯定会加以否决，其否决不会被国会推翻。

目前旧的世界秩序还存在着，谈不上已进入新时代，美国国防部都没能提出一个前后连贯的国家安全战略。美国政界有人认为世界形势已好转，期望超过了现实，盲目乐观。在俄罗斯还保存着 2.8 万件核武器、还有上百万武装力量时，提出美方单方面裁军是不负责任的。美在第一次、第二次世界大战和朝鲜战争、越南战争后都有过教训。美国防部长切尼提出在 5 年中将驻欧部队减少到 15 万人，而参院军委会主席纳恩主张应减少到 10 万人甚至 5 万人，这是一种很愚蠢的看法。美国可能成为唯一的核大国，但不是唯一的超级大国。美国已不能控制世界，在政治、经济和军事上均不占支配地位。美强调加强北大西洋公约组织的目的不仅是为了对付俄国，而且也是为了遏制德国；美在亚太地区，包括在韩国的驻军不仅是从军事考虑，而且还有新的经济政治方面的意义，美如大量裁军，就会在亚太地区出现真空，日本就会来填补。日本目前的军费已达到英、法、德军费的总和，中美都应注意这一发展趋势。中美关系在这一点上显得非常重要。美国在该地区应保持与中国在战略、政治和经济上的合作，我已告诉美国的同事们，如果美国仍不负责任地批评中国就会损害美国的利益，因为在经济方面如中国会加强同日本和德国的合作，必将对美不利。

关于美国未来潜在的敌人是谁，我不想说是萨达姆·侯赛因和卡扎菲等人，因为这些人是疯子，他们过去、今后都会制造些麻烦；美潜在的敌人只能是第二次世界大战时的旧的敌人，当然它们现在不会故意与美为敌，但客观形势可能把它们逼到墙角，它们可能不得不采取敌视美国的行动。

（摘编自刘洪潮、蔡光荣主编：《外国要人名人看中国》，
中共中央党校出版社 1993 年版）

中国经济顺利
发展的原因

［日本］ 木村一三[*]

1992 年 1 月份我有一种感受，在中国经济改革遇到的几个障碍中，有一个障碍正在得到排除。

从结论说起，我认为国民经济业已出现良性循环。总之，计划经济的控制力已经削弱，市场经济也从还不成熟这一探索的状态中摆脱出来，市场经济机制已开始发挥作用。也就是说，中国经济的素质已发生相当大的变化。我的感触是，中国今后需要按照这一方向进一步推动改革，并由政府牢牢地掌舵，强化宏观控制。

第一是证券热。说证券，其实在市场上流通的有价证券的 90% 是国库券、金融债券和大企业债券，股票还仅仅是开始。然而，就像上海的大股票公司以时价向外资发行了 7000 万美元的增资新股票所表明的那样，我想，通过证券筹措资金的做法今后很可能迅速增多。

第二是物价。通货膨胀已经消除，物价稳定。官定物价上涨率极低。石油、煤、粮食等许多商品已经提价，但令人钦佩的是价格改革并没有引发物价上涨。

第三是民间企业生机盎然，它们的蓬勃发展已迫使那些过去一直飘飘

＊木村一三（1917—2006 年），日中经济贸易中心名誉会长。

然的国营企业必须奋起直追。乡镇企业在农村雇佣了 9500 万人，约占工业生产的 30%，外资企业已有 4 万家得到批准，乡镇企业和外资企业已经扩大了它们在中国国内市场所占的比重。

最大的障碍已经排除，今后倘若不继续排除几个障碍，就不会成为中等发达国家。譬如搞活国营企业的问题也是一大难题。当前的焦点是通过把资本与经营分离开来的办法明确经营责任，与确立企业自主权相辅相成，降低法人税率（现行为 50%），把企业担负的社会保障责任移交给政府，引进技术，大幅度地更新老朽设备，为搞活企业而进行综合治理。这样一项综合治理企业的工作正在正式开始。民间企业日益强大，今后十分重要的事情是政府发挥调整能力。

制定改革和开放的路线，并且通过 80 年代的实践，邓小平业已取得辉煌的成就。譬如，国民收入翻了一番，农民收入也增长了一倍，对外贸易额是以前的 6 倍，外汇储备飞跃地增加到 400 亿美元。

一言以蔽之，就是："开放与改革是中国的必由之路"；"不许反对改革开放，反对者应该辞职"；"市场经济不等于资本主义，不拘泥于姓资还是姓社，要大胆去做。判断政策的唯一标准不是姓'资'还是姓'社'，而要看是否有利于国民经济的发展和提高人民的生活水平"；"要以西方发达国家的经验和成果为样板，大力加以吸收"。

邓的这一见解立即作为中央政治局全体会议的要求下达到全国。我想，这更加明确了中国的发展方向。

只要共产党掌握政权，在社会主义初级阶段的中国，恐怕就需要经历这一过程。

不过，这种看法似乎也有矛盾。这一点姑且不谈，我想，最终将成为无限接近资本主义的社会主义。这也就是符合中国实况且有中国特色的社会主义，亦即中国式的现代化。

在这一点上，我认为，中国正在进行史无前例的世纪性伟大实验，我希望中国能够按照邓小平的构想顺畅地实现软着陆，在中国现代史上留下光辉灿烂的一页，并为世界作出贡献。

中国今后能够继续维持中央集权制吗？中国的现实是，即便想改变体制改革与开放，也是终止不了的。从改革开始算起，已经历 12 个春秋，业已尝到改革、开放的甜头，群众对现状是肯定的，他们强烈支持改革、开放政策，目前已发展到无法逆转的地步。

日中两国政府无论如何都需要建立起一种撇开外交辞令而能够讲真话的外交关系。因此，有一个问题是无法回避的，这就是对于日本过去对以中国和韩国为主的亚洲国家所进行的侵略，日本的整个政治要加以正视，并作为今后的借鉴。必须向国内外阐明，要采取这种诚实认真的态度。

即使加害者忘记了，受害者也绝没有忘却。回避自己历史上的耻辱，就不能得到国际信任。应该拿出勇气加以正视。离开这一点，就不会有心心相印的、讲真话的外交。近来，对此我是深有感触的。

（摘自日本《财界》杂志 1992 年 4 月 14 日）

中国特色的社会主义
显示了优越性

〔日本〕 中曾根康弘 *

近20年中，尽管中国面临很多困难，但仍取得了令人振奋的发展，证明邓小平先生的路线不可动摇。中国将在新的20年中迈出更大的步伐。日本将尽所能给予充分的合作。

近年来，中国的外交获得巨大成功。同印度尼西亚复交，同新加坡、文莱、沙特、以色列及原苏联各共和国建交，正如大鹏展翅，为亚洲地区的稳定作出了巨大贡献。日本要实现和平与稳定，必须同各国协商，建立多元化格局。

冷战结束后，世界的和平不能由一国来实现，而要通过多元化的合作来共同实现。同动荡的国际形势相比，东亚地区比较稳定，柬埔寨问题解决虽有不少困难，但正在朝和平方向努力，中韩建交等积极因素为东亚的和平奠定了重要基础。东亚各国认识到多元化的现实，相互尊重，进行了卓有成效的合作。

亚太地区应建立起包括中、日、美在内的合作机制。欧洲一体化进程使美国感到不安，为防止美国孤立主义的发展，应把美国吸引到亚太合作进程中来。这种合作应以现存条件为基础，如《日美安全保障条约》等，

---

* 中曾根康弘（1918—　　），日本政治家。第71—73届日本内阁总理大臣。

但不能只是日美两家合作，因为两个人见面容易发生对立，而三个人交往就易于达成妥协。因此要进行多边合作，形成四加二（中、日、美、俄及韩国和朝鲜）以及东盟各国参加的合作框架。要实现这一点，有关各方应进行平等协商。

日本在同周边国家交往过程中易于使人产生疑虑。中国是具有 12 亿人口的大国，也容易使周边国家感到威胁。因此日中两国共同加入亚太合作的框架对双方都有好处。

此次访华正值中日邦交正常化 20 周年，20 年来两国关系发展很快。如把日中关系比做火箭发射，那么这 20 年就像第一级火箭，而现在正要点燃第二级火箭。

日中两国虽然彼此的文化和社会制度不同，但双方互相尊重，以大局和共同利益为重，所以关系发展得很好。冷战结束后，世界上各个地区都在努力发展自己的力量，在这种形势下日中加强合作对亚太地区和世界和平具有更加重大的意义。

中国改革开放的成就显示了具有中国特色的社会主义的优越性。中国今后发展过程中有两个问题很重要：一是要保持长期稳定的局势，坚持改革开放；二是希望日本能为中国的发展提供帮助，双方进行全面的合作，这是对双方都有利的。要教育两国人民日中友好要世代相传。

很高兴听说邓小平先生倡导的改革开放政策一百年不变，我一定把这个消息传达给日本人民。

由于前辈的努力，日中关系最终获得了正常化。由于各界的努力，20 年来，两国的关系发展得很快，很好。日本应不忘过去，但更要着眼于未来，使各方面的合作关系能达到一个新的高度，日本将把这 20 年的关系作为一个新的起点。

（摘编自刘洪潮、蔡光荣主编：《外国要人名人看中国》，中共中央党校出版社 1993 年版）

中国坚持改革开放
不会再走回头路

［新加坡］ 李光耀*

中国已逐渐开放和受到外界的影响，加上苏联和东欧的经验，它是不会再走回头路的。北京市民听香港来的粤语歌曲，为了唱广东歌他们学习粤语词汇。同样地，福建省人民接触到台湾的录音带。接触面已不只限于商业和亲人间的互访，而是文化上的交流并认识到对方的生活方式。

因此，我不认为中国政府可以走回头路。往前走意味着解决之道会自然演变。资讯的传播、工作上有更多的选择以及现代科技带来的生活方式，迫使旧制度不得不让路。

将来中国城镇工业的发展趋势，也不是北京企划人员控制得来的。他们不能停止而又不给自己带来麻烦，因为这一来税收将减少，更要紧的是许多人失业，生活水准将降低。广东省现在有300万广东人在香港人开的公司工作，福建省有50万人在台湾公司工作，并且人数还在增加。再过10年，如果从香港到广州甚至长江的公路建好，整个华南将会开放。

自然演变的一个结果就是共产党对中国的控制将消散，而这正是他们所担心的。他们认为中共将会千方百计保全其政治主宰地位，一个方法是

---

*李光耀（1923—   ），新加坡前任总理、前任国务资政，以及现任内阁资政，"新加坡国父"。

138

增选和吸收不同的意见，只要这些意见不是向一党专制的共产党地位挑战。但随着越来越多的非共人士出任高级职位，要保住共产党专政将越来越难。

西方不应把民主自由的价值观强加于人

西方把他们对民主自由的价值观强加在他国身上可能产生后果。戈尔巴乔夫就是因为接受了西方的条件和他们对多党制、人权和民主的定义，跟西方进行对话，结果非但没有给国家带来繁荣和自由市场，反而带来了分裂。相对之下，中国却设法防止分裂，以免带来混乱。

中国知道，分裂只能带来动乱，使社会陷入无秩序状态。不只是中国共产党人担心分裂，连中国的异议分子也不想看到中国分裂。我最近很感兴趣地阅读了《华尔街日报》的一篇文章，作者访问了美国普林斯顿大学的中国异议分子。他们最害怕的是权力中心垮掉，使中国陷入无秩序和动乱之中，并造成地方主义和军阀主义重新抬头。这显示双方面都承认是危险的。就像德国人一样，他们很害怕通货膨胀，所以他们不惜一切防止它发生。

这就是亚洲社会的一个基本原则：人民不要混乱，他们不希望局势失去控制。而这种情形通常不会发生，除非有人向中国、越南和朝鲜施加经济或其他压力，强迫他们接受西方式的人权和民主条件。

现实情况是，亚洲要花很长时间才能赶上欧美的经济发展水平，而要赶上它们的自由人文思想以及讲究个人权利和个人自由的价值观念则需要更长的时间。我并未说它们不是可取的理想，我所要说的是，亚洲今天的现实情况是，我们必须分清事物的先后轻重。应先搞好衣食民生，有足够的医药、办足够的学校，训练人民争取更好的前途。

关于亚太地区的前途

只要美国对本地区的政策没有突然的转变，而美日关系又保持稳定，亚洲新兴工业经济体将取得 6%—8% 的增长率，第二代新兴经济体包括泰国、马来西亚和印尼，则可取得 7%—9% 的增长率。到了 2000 年，东亚的国内生产总值将超过 5 万亿美元，跟欧洲不相上下，并直追美国。但是，一旦美国改变它对日本和亚洲的政策，这一切将化为泡影。

其中一个危险是中国人权与民主及贸易最惠国地位引起的困难。那会带来许多无法想象的后果。香港将受影响，中国将变得难缠。控制核扩散将更加困难。朝鲜可能不会停止核计划，因为对中国来说，设法维持本区域和平对它并没有好处。最惠国地位年复一年成为美国国会的政论性课题。中国方面可能以输出飞弹科技为要挟，以换取最惠国地位，否则将把核力量输出到伊朗或利比亚。同样地，如果美日防务关系破裂，日本重新武装，将引起连锁反应，后果将难以预测。

因此，如果美国继续稳住局面，我相信亚太地区将会是最和平、最有活力和欣欣向荣的地区，会对世界的福利作出贡献。

（摘自新加坡《联合早报》1991 年 12 月 22 日）

一个觉醒的巨人

[印度] 帕特瓦丹*

人们常说，中国像一个沉睡的巨人。经过短暂的访问，我得到的印象是如果把它比做朝气蓬勃、具有打破各种清规戒律的力量并已完全觉醒了的巨人，则更为贴切、合适。

在中国官员的热情陪同下，我对 4 个城市进行了 12 天的简短访问，这种访问充其量只能获得一个浮光掠影的印象，但是通过粗略的观察所得到的印象往往比长时间接触所形成的见解更为鲜明。

中国拥有世代相承的丰富传统、悠久的历史和灿烂的文化。近年来，它正从动乱中恢复过来。它拥有巨大的资源，也有决定而且纪律严明。为了搞活经济，中国有选择地求助于市场力量和自由企业，改革之风正在劲吹。中国仍是一个马克思主义者的社会，当然还不能排除另一动乱和政策逆转的可能性，但很明显，只要现在的势头继续下去，经济就会迅速发展。到 2000 年，我们将会看到中国成为经济最强大的国家之一。

虽然官方数字的准确性肯定有某些不可信的成分，但是毫无疑问，这个国家已经满足了人民对衣食住行、保健、教育的基本需要。尽管生活水平即使不算艰苦但也不很高，人们已看不见乞丐和露宿街头者，没有我们在印度所见的那种贫民窟，也没有人衣衫褴褛。

---

*帕特瓦丹，印度《金融快报》特约专栏作者。

　　无论按照什么标准，一个生产 1.06 亿吨石油、7 亿吨煤炭、4 千万吨钢、3.7 亿吨粮食（指原粮）、3500 亿千瓦电力的国家的确是非常强大的。这些项目分别相当于印度的 2—5 倍，而人口比印度只多 43%。

　　中国的外汇储备（包括黄金在内）超过了 200 亿美元。根据 1983 年世界发展报告的数字，中国的国民生产总值已达到 2970 亿美元。

　　中国的可耕地，面积相当于印度的 60%，但中国粮食产量增加较快，这表明中国农业生产率很高。据说按不变价格计算，中国在过去几年中，国民生产总值每年增长 8%。人均寿命是 67 岁，识字率为 69%，计划生育工作已见很大的成效，人口增长率每年为 1%。如果这些数字可靠，人们就应该相信，中国的经济建设已卓有成就。

　　由于巧合，中国和印度都在执行第六个五年计划，制定第七个五年计划。中国已经确定到 2000 年使国民生产总值翻两番的目标。这是一个雄心勃勃的计划。如果要达到上述目的，中国人有哪些实力和弱点呢？

实　　力

　　中国在工业和农业方面具有强大而广泛的基础，在石油、煤炭、电力和钢铁等基本工业方面已经取得了巨大的进步，虽然除主要城市之外，电力普遍短缺，控制人口的方法尽管在一个开放自由的社会里不可能实施，中国的人口增长却是有控制的。人民非常勤勉，领导人已经承认需要降低集权的程度，减少清规戒律，各省已经得到更大的自治权。中国已经有选择地引进自由市场原则，奖励私营企业。根据农业生产责任制，允许农民保留或按照市场价格出售 30% 的产品。据报告，这已经取得巨大成功。初步的成效颇令人鼓舞。

　　中国的大门正向外国企业和投资者开放，以便引进新技术、外资和其销售方法。"利润"不再是一个肮脏的字眼，一些官员和《中国日报》上的文章开始赞扬利润和奖金的好处。

弱　点

刻板的官僚主义和认为只有北京才能对一切具体问题作出决定的信念，是未来经济发展的主要障碍。这种思想方式很难摆脱。改变态度，以便放宽自由，这需要很长时间。行政机构不能克服硬性规定和有选择的自由之间的内在矛盾。即使是对有限的自由含义和较大的自由的要求，都存在心理上、感情上的严重障碍。

中国缺乏英语知识和因中国文字的复杂性而造成的困难，是现代化进程和大力扩展对外贸易的严重障碍。中国的很多技术，据认为，即使不是过时的，也是即将过时的，因此现代化的任务十分艰巨，技术人才的短缺也十分严重。

中国农业采取精耕细作，几乎每一块可耕地都已开垦利用。植树造林也取得很大成绩。鉴于密度和产量已经达到较高的水平，未来农业增长的潜力似乎很有限了。中国一直进口粮食，而更高的生活水平则要求增加动物蛋白的摄取量。对进口粮食的需求，看来还要增加。

中国承受着没有先进武器的400万军队的沉重负担。防务系统的重新装备和现代化要求巨额资金。

随着某些政策和自由的放宽，贪污腐化、犯罪和穷困阶层的嫉妒也出现了。这使人们会对政策产生危险的误解。日益增长的失业也是一个问题。就领导层而言，则担心"正统"观念会导致政策逆转，他们为此花费了很多精力。

开 放 政 策

为了获得最新技术和外国资金，中国希望吸引较多的外国投资者。它已经开设了 4 个经济特区，并已确定另外 14 个开发区，欢迎外国企业投资。他们的主要方式是合资经营、技术合作、加工订货和补偿贸易。

在有选择的基础上，甚至允许外资达 100%。税率很低，资本入股可以用设备和技术折价计算，周转资金可以按较低利率在当地筹集。经理必须由中国人担任，管理人员可以是外国人。外国合作者可以带进自己的技术人员，进口设备实行关税优惠，可以提出进口替代和出口促进的各种计划，当然中国人更乐于接受后者。

中国人非常强调平等互利，这几乎成了一句再三重复的口头禅。他们在要求竞争性的价格的同时，强调把提供现代化技术和向中方提供特惠待遇联系起来。他们打算在第七个五年计划期间使 40 万个中、小企业实现现代化，今年计划建立合资经营的企业 1000 个，明年将达到 1500 个。

所有这些，都将大量贸易和投资带来吸引力。据说，里根总统签署的核合作协定将给西方带来 200 亿美元的订货。在饭店、电站、数字电话、光纤、电子、耐用消费品、石油开发、煤炭开采等方面的合资企业都有着很大的好处。

贸易条件发生了有利于农业部门的巨大改善。少数农民成了"万元户"。工厂的工人每月收入达到 80—100 元，最高与最低工资之间的差额幅度很小。大学毕业生工资从 40 元开始，很快增到 60 元，以后逐渐增到 100 元或更多。工人或可通过加班得到额外收入。每月收入 800 元以下的不缴所得税。衣食住行和教育方面的基本需要都可得到补贴，如在北京，每月至少得到 5 元补贴，农民通常按照较低价格向公社缴纳一定数量的产品或提供服务，额外的部分可按市场价格出售，作为他的个人收入。这种制度已取得很大成功，农民增加了产量，也相应增加了收入。一些公社社员也有参加服务部门的，如从事农机修理等。甚至在高等学府，也允许教师通过业余讲课、翻译来补充收入。如果这个计划普遍实行，收入就会提高，消费者的需求也就将增加了。

社 会 风 貌

蓝色的毛氏上衣显然比预料的要少得多，大城市的姑娘们穿着漂亮入时。大街上的行人，像在印度一样，多得不可胜数，数以百计的自行车、小汽车在马路上通行。中国有许多野餐者、摄影者，在很多名胜古迹，如长城、十三陵和故宫，人声鼎沸。公园里有精心设计供人们观赏的湖湾、楼台、亭榭和雕塑，各种建筑都很富丽堂皇和古雅。政府机构和会议室里布置精美，会议期间提供热毛巾和绿茶。中国人的暖水瓶看来比印度更普遍使用。

在农村看不见黄牛，但水牛很多，农业机械则显然不多。很少看到在天空翱翔的鸟类，可能已把它们看成害鸟，或者当成美味送上了餐桌。宴会上有很多道菜肴，席间要发表很多祝酒辞。橘汁是经常替代饮用水的软饮料，啤酒和可口可乐也很多。

中国人喜欢运动和锻炼。清晨在街道上或公园里通常可以看到做健美体操的个人或集体。他们的动作舒展、刚健、优美。即使是由翻译陪同，仍有很多感情交流的障碍，往往不能保证彼此理解。不同个人对某些问题的回答是令人惊异的相同。一个很平常的问题，中国人可能置之不理。

中国的儿童，活泼可爱，他们引人注目，惹人喜欢。人们很少听到孩子们的啼哭吵闹。印度人往往不容易听懂中国音乐，但戏剧舞台上却始终热闹非凡，趣味盎然。彩电正在普及。国家不支持宗教，但实际上允许信仰自由，宗教礼拜已可公开举行。

人们能够看到关于失业、贪污和犯罪的报道。据说，近几年有6000人因经济和政治犯罪判处死刑。西方报道说，党的上层人物拥有很多特权，但在短期访问的过程中我不能判断这是不是事实。人们肯定也心怀疑虑：领导层是否会改变，或者核心领导的过时会不会导致政策逆转。

结　　论

中国拥有一个强大的经济。它已经满足了人民的基本需要，而且已经建立起大规模的基础结构。人口增长已经得到控制。它已经给人民以很大的自由，在某些方面已开始依赖市场经济。对某些部门的外国投资深表欢迎，他们非常渴望通过关键领域的技术更新和现代化，实行经济上的大跃进、以弥补损失了的10年时间。更为重要的是，它把平等互利作为对外经济关系的指导方针。中国已经确定到2000年时国民生产总值要翻两番的雄伟目标，由于实行严格的纪律，他们得付出艰苦的努力以发挥中国经济所蕴藏着的巨大潜力。这种努力能否成功，就要看能否继续放宽限制，避免政治动乱，解决内部矛盾。

如果他们不能对官僚机构进行必要的改革，以便向更自由、更有效的经济进展，就可能功亏一篑。如果他们获得成功，中国可望成为世界上最强大的经济国家之一。

（摘自印度《金融快报》1984年5月29日，马加力摘译）

我心目中的中国

［泰国］ 颂汶·沃拉蓬 *

中国，在我心目中已经存在很久了，记得我开始学习泰文和中国历史时就已经知道：中国是一个古老的国家，有着几千年悠久的历史和文化。我对中国的这个印象一直珍藏在心间。我长大之后，通过学习我又知道了：中泰两个民族还有血缘关系，情同手足，泰国人的祖先，有的就是从中国境内移居到黄金半岛去的中国云南傣族人。从那以后，我很注意和关心有关中国的消息。我进一步了解到，在中国近代历史上有成千上万中国人起来为争取独立和自由而反抗官僚地主的剥削和压迫，把自己从腐朽没落的封建社会的奴隶地位中解放出来。

后来，我便没有得到多少有关中国的消息了。直到1979年，中国解放之后30年，我才有幸目睹了我心目中的中国。

1979年9月，我访问了中国。在罗湖火车站，在从与香港接界的一方跨入中国大陆的第一秒钟，我甚至还不敢相信呈现在我眼前的是一个充满和平和幸福的友好国度，那些来接待像我这样的外国人和旅游者的青年男女的笑脸，向人们显示出他们是在新的社会制度下成长起来的年轻一代。

我在访问中的所到之处，不管是在火车上、飞机上，还是在宾馆、商

＊颂汶·沃拉蓬，《泰叻报》基金会秘书长。

店和公园里，我都看到这样一些年轻人。他们为中国带来了希望，他们是新的社会制度的代表。中国的希望就在于中国已经彻底抹去了那种被认为是一个落后民族的耻辱。

后来，我还曾多次访问中国。在中国的东部、西部、东北部我都看到了一些不同特点的风景和文化，积累了不少有关中国朋友的印象。我看到在富有牺牲精神的中国领导人的带领下，10亿中国人艰苦奋斗30年，不仅在经济上振兴了自己的国家，而且使自己民族的文化、教育、科学、艺术事业更加繁荣。我同样清楚而又具体地感到：工农业生产的发展使中国人民摆脱了贫穷落后的生活，正在步入世界先进民族的行列。我认为中国的成就至少可以归纳为三条：一、中国人有为祖国牺牲自己的高度觉悟；二、为使自己的国家繁荣进步而团结奋斗；三、中国领导人富有牺牲精神。他们执行的是一条和平外交政策。他们致力于国内经济建设，而从不去侵略别人。

每次访问中国归来，我都学到不少东西。我常常思考：中国政府是用什么方法让这样多的人都过上幸福、安宁的生活的？

有一次我住北京饭店。一天早晨，我到北京饭店后面一条小巷中散步，我想亲眼看一看普通中国人的生活。我达到了目的。清晨，一天的生活从这时开始。上班的人急急忙忙走出家门去上班。老太太们则走出家门，各自打扫门前的卫生。在中国人看来，这一切也许很平常。但是我认为，这说明他们每个人都清楚自己的任务，而且干得兢兢业业。另外，我还看到：中国人的尊老敬老之风至今未变。记得有一次我路过中国东部地区的上海市时，曾参观过一位老人的家，这个家庭受到很好的照顾。按西方国家的宣传，在中国，人老了就要被遗弃了。其实，中国的老人有吃有穿，生活得很幸福。

在青少年教育方面我曾有机会参观过上海的少年宫，欣赏了孩子们出色的表演，他们的演技和他们的年龄相比令人感到吃惊。他们的表演不仅姿势优美、活泼可爱，而且还表现出他们都受过良好的教育。

每当有人问我："这次去中国访问你有何感想？"我都会立刻回答：

"我还有我学不完的东西。"因为我每次去中国访问，即使就在首都北京也会发现不少新变化。譬如：1979 年我访问中国时，还看到不少老式住宅——四合院。但是，第二次去时，发现有不少四合院被拆掉了。经过打听才知道：为了兴建 20 到 30 层楼的现代化高层住宅，许多老式的四合院不得不拆掉了。那些新建的摩天大楼沿长安街两侧排列成行，一眼望不到头。毫无疑问，这些高楼是中国四个现代化改革不断取得成功、中国不断进步的标志，这件事一方面说明了中国的经济日益繁荣，另一方面也说明了中国政府十分重视改善人民群众的住房条件。人们还特意告诉我：为了保存过去的文化传统，北京市政府还特意划定了一个地区，那里的四合院不仅保存完好，而且还进行了修饰，成为了一个文化保护区。中国的形象古老而又年轻。中国古老的一面和年轻的一面结合得是那样自然而又协调。

一个拥有 10 亿人口的大国何以能生活得这样井然有序？我以为中国的老百姓都具有主人翁精神和对国家一切事情的认真负责态度。这就是答案。

我为中国人民的成功感到由衷的高兴，为中国领导人调动 10 亿人民的积极性共同奋斗，推动各项事业稳步前进感到由衷的高兴。我心目中的中国是什么样子呢？简言之：10 亿人民各显其能，群芳吐艳，气象万千。

（摘自《人民日报》1988 年 11 月 13 日）

第三次看中国

[尼泊尔] 郭宾德·帕塔*

　　25 年前，我就同中国人民建立了联系。1966 年，我以尼泊尔作家代表团成员的身份第一次来到中国，进行了为期 6 周的访问。1972 年至 1980 年我有幸得到在这个伟大的社会主义国家居住、工作的机会。第三次，也就是 1985 年，我又以外国专家的身份再次来到中国。我在中国居住的近 10 年时间里，这里发生了许多历史性变化，这些变化不仅对中国，就是对当今世界也有重大意义。

　　我这次来中国，第一个引起我注意的是人民群众的生活水平比原来有了很大提高。他们给人以生气勃勃和充满自信心的感觉。我同这里的农民、工人、职员、知识分子、学生、店员等进行过交谈；乘坐公共汽车挤在他们中间；我也同一些学者、教授进行过理论方面的探讨；有时站在路边仔细观察来来往往的行人。此外，我还同来这里的外国旅游者聊天，从他们的口中了解他们对中国的认识。我感到：中国现行的经济政策和开放政策，对广大的中国人民是有利的，对国家的发展是有益的，对巩固世界和平会产生积极的影响。

　　我第三次来中国才 1 年时间，但我所接触的中国人，所看到、了解到和学习到的东西比原来在中国的 8 年还要多。这可以说是反映现今中国开放的明显例子。从前，我向不同的中国人问及某个问题时，得到的要么是

————————————

*郭宾德·帕塔，尼泊尔作家。

雷同的回答，要么是支支吾吾的搪塞。而现在，人们敢于清楚地表明自己的观点，有时还能在一起开玩笑。如果说以前人们说话像背书本，现在人们说话则给人以深思熟虑的感觉。

我深有体会，中国人民的天性是心胸开阔、乐于助人、诙谐有趣、亲切好客的。他们吃苦耐劳，他们有发明创造的才能，由于现在实行的经济改革和开放政策，他们的创造性得到了发挥。我的一位朋友是位经济学家，他到过世界许多国家，当他不久前来到中国，看到这里的人们衣着色彩缤纷、款式新颖，商店商品丰富，人民购买力强，饭店和餐馆生意兴隆的情景时感叹说："完全出乎我的预料！"在社会主义制度下，人民富裕而自由。这是件具有深远意义的大事。

我发现，旧北京城已经成为现代化首都。这里的街道比前几年更宽敞、更干净。过去这里除了少数高大建筑外，都是低矮的平房，现在排排高楼拔地而起，街上的路灯也显得格外明亮。城里开辟了许多街心公园，整个环境有了很大的改观。过去公路上车辆不多，而今奔驰着成千上万的各式小汽车。以前偶尔在街上看到几个外国人，人们不是围观就是远远地观望。现在，外国旅游者、代表团将饭店住得满满的。大家看到外国人也就习以为常，不足为怪了。对于中国人同外国朋友之间的友好交往不再怀有过去那种疑虑和担心。不仅在北京如此，在外地的上百个城市也都如此。这对增进国际间的了解和世界和平来说，实在是值得欢迎的事。农村也开始了建设的热潮，现在农民有钱了，不仅住上了结实的砖瓦房，而且能够买得起电视机、电冰箱、洗衣机、录音机、电风扇等高档消费品。

现在，中国由于自己的经济力量有限，有必要利用外资，同外国公司合资和鼓励外国投资，这些措施只要能很好地、合理地实施，无疑将受益匪浅。

中国是一个具有悠久历史的文明古国。进入80年代，它真正开始了自己的发展和现代化建设运动。中国已经在正确的道路上迈开了第一步，这本身就是非常重要和有意义的。

（摘自《人民日报》1987年3月31日）

全世界的共产党人
把希望寄托在中国

［越南］ 阮文灵*

中国改革开放的经验值得学习

我这次访华的目的很明确，就是为了了解和学习中国改革开放的经验。在邓小平同志的倡导下，中国的改革开放事业十分成功，取得很多经验，你们走在越南前面，我是专门来学习你们的经验的。我想要了解的情况，要问的问题很多。不仅要了解中国自 1978 年实行改革开放以来的成功经验，还要了解中国在此过程中遇到哪些困难和问题，你们是如何克服和解决这些困难和问题的。你们在农业、工业、商业、财政、银行、价格等方面的改革，建立经济特区，与资本主义国家打交道等方面的情况和经验，我们都想了解。

---

* 阮文灵（1915—1998 年），又名阮文菊、十菊，时任越南共产党总书记。

全世界的共产党人都把
希望寄托在中国身上

目前越中两国人民的传统友谊正在得到巩固和发展。苏联、东欧发生变化后，要求中国和越南更好地把马列主义的基本原理同本国的具体实际情况结合起来，坚持社会主义建设，并找出适合于本国情况的发展路子来。如果我们的改革开放取得成功，不仅使帝国主义无法对我们推行和平演变战略，而且也为国际共运和第三世界国家树立了榜样。中国把经济工作搞得更好，不仅成为越南的依靠，而且成为老挝和其他许多国家的依靠。

苏联、东欧社会主义国家的瓦解，除了帝国主义的破坏以外，一个很重要的原因是国内政策犯了错误；经济建设没搞好；党脱离群众；党的根基不牢和理论上、组织上、思想上没有建设好。这是我们的反面教材。我们认为，尽管苏联、东欧各国共产党已丧失了领导地位，遭到了失败，但在那些国家里还有许多真正的共产党员正在同反对势力进行斗争。世界上还有各种革命力量，正在捍卫祖国的独立，发展自己的国家，特别是世界上还有一些坚强的社会主义国家，除了坚强的中国外，还有朝鲜、古巴、老挝都坚持社会主义。在当今国际形势出现复杂变化的情况下，一个强大的社会主义中国的存在具有重大意义。相信全世界人民和所有共产党人都把希望寄托在这几个社会主义国家身上，尤其是把希望寄托在中国身上。因为中国是个强大的国家，有着坚强的共产党的领导，如果中国和其他社会主义国家把社会主义建设好，就会给世界人民带来希望，增强他们的信心。

我们亲眼看到，北京发生了巨大变化，人民生活得到明显提高。中国搞改革开放比越南起步早，在建设具有中国特色社会主义的事业中已取得巨大胜利。越南也在搞改革开放，建设符合越南国情的社会主义，也已取得了初步胜利。实践证明，我们两党两国执行的路线都是十分正确的。中国在办特区、发展乡镇企业、吸引外资等方面都取得了成功，积累了丰富的经验，越南从中受到很大启发。你们办经济特区的经验对我们很有启发，你们的办法是不给钱，但给政策。我们刚开始建立出口加工区，我们是既不给钱，也不给政策。在我担任总书记的时候，地方上要我给政策，我也没给。

（摘编自刘洪潮、蔡光荣主编：《外国要人名人看中国》，
中共中央党校出版社 1993 年版）

中国是整个亚洲的
稳定因素

[吉尔吉斯斯坦] 阿斯卡尔·
阿卡耶维奇·
阿卡耶夫*

中吉关系有两千多年的历史，我们这次是独立主权的吉尔吉斯斯坦第二个访问中国的代表团。第一个代表团是在 1500 年前访问中国的（注：公元 648 年，黠戛斯首领俟利发失钵屈阿栈曾"亲至唐朝"，并被封为左屯卫大将军、坚昆都督）。我们这次访问的目的是加强中吉两国睦邻、友好、合作关系，使我们在政治、经济、文化等各个领域的关系达到一个新的水平。

世界上的民族有大小，而中国人民占有特别重要的地位。如果说中国人民对世界作出了巨大的贡献，我想，任何一个国家都不会有意见。中国在很多领域占据第一位：第一个发明了指南针、印刷术、纸和火药。吉尔吉斯人民也有悠久的历史，但吉尔吉斯斯坦独立只有一年。中吉两国人民的友谊源远流长。吉尔吉斯斯坦处在丝绸之路上，伟大古老的中国文化给吉尔吉斯斯坦产生了很大的影响，丝绸之路把中国同地中海国家连接在一

---

* 阿斯卡尔·阿卡耶维奇·阿卡耶夫（1944—　　　），政治家，苏联解体后始任吉尔吉斯斯坦总统。

起，吉尔吉斯斯坦在丝绸之路上起着重要的桥梁作用。令人感动的是，在7—10世纪，吉尔吉斯斯坦第一批青年在中国接受了良好的教育，这都为吉中两国的合作奠定了基础。我们非常珍视吉中两国人民的友好合作关系，我希望具有几千年历史的吉中友好合作关系能迅速得到进一步发展。我感到非常高兴，中国愿意在国与国关系通用的原则即和平共处五项原则基础上发展同刚刚独立、年轻的吉尔吉斯斯坦的关系。我们对此表示欢迎，并尊重这些原则，即互不干涉内政、尊重主权和领土完整、尊重各国人民自由选择自己发展的道路、国与国之间的问题不应诉诸武力，而应通过谈判加以解决。我们尊重中华人民共和国的和平外交政策。我们是邻邦，两国人民应友好、和睦相处。龙凤呈祥，斯民相安，贵国杜诗里就讲到这层意思。是的，邻居应当友好相处。我们真诚地希望与中国友好，这一点对我们特别重要。

目前，世界已由两极转为多极，这对建立世界新秩序、稳定世界局势具有重要的意义。我们认为，伟大的中华人民共和国在世界新秩序中是能够保证稳定的一极，是整个亚洲的稳定因素。我们感到高兴的是，吉尔吉斯斯坦是中华人民共和国的邻国。我们愿意为中国所主张的世界新秩序、为保证亚洲的稳定作出自己力所能及的贡献。

现在，对我们十分重要的是加强与中国人民和中华人民共和国的合作、友谊。在同中华人民共和国主席和中国总理的会谈中，我们相互理解、愿望一致，这使我们感到很满意。

我们非常尊重、理解中国奉行的以著名的和平共处五项原则为基础的独立自主的和平外交政策。令我们高兴的是，中国愿意同独联体中与中国接壤的国家建立密切关系。我们认为，中国是亚洲大陆稳定的保证。

我们高度评价中国共产党的工作。她保证了稳定，顺利领导了经济改革。我方在座的人都曾经是苏共党员。但遗憾的是苏共瓦解了。列宁说过，只有勇于承认并纠正自己的失误的组织才是一个强有力的组织。苏共实际上是被从内部的腐化、贪污腐蚀掉了，又不承认和纠正失误，因此导致了瓦解。中国共产党作出了榜样，她不只一次地勇于纠正自己的失误。

我们认为，这正是中国十多年来一直进行经济改革的重要原因之一。

学习中国经验是吉尔吉斯斯坦经济改革的方向。我们正在建立多种形式所有制，在建立私有制的同时，主张国营企业、集体企业和私人企业并存。我们也开始了大规模的土地改革，我们非常认真地研究和借鉴中国在这方面的经验。中国成功的经验对我们是极大的鼓舞。我们的经济改革才刚刚起步，而中国已经取得了巨大的成就，并且是改革的先锋。你们的经验对我们很宝贵。我们希望通过对贵国的访问能加深对中国的了解，促进我们的改革事业。

我们优先重视农业改革。中国的改革经验表明，首先应该搞活农业，才能保证经济改革顺利进行。

我们在经济生活中引进市场机制。我们认为，市场不是目标，而是手段。我们的目标是为居民提供正常生活的条件，让居民吃饱，商店里有商品可卖。应该指出，我国与独联体的许多国家不同。我们搞的是社会市场经济。我们的改革方向更接近于中国的改革方向。可以很明确地说，我们不走资本主义道路，不搞资本主义制度。现在有些人试图把我国的意识形态与中国的意识形态对立起来。用中国的一句话可以形象地说，这是"画蛇添足"。我们仍在按传统的方针办，首先是关心人。我们希望借助市场机制调动人的积极性。我们要引入竞争机制。中国已成功地进行了这一工作并取得了辉煌成就。我们认为，中国改革的经验对我们来说是独特的、相近的、亲切的。我们要借鉴这一经验。我们对你们的以下经验非常感兴趣：

首先是建立经济特区的经验。按照你们的经验，我们已经建立了几个经济特区，但这还处在萌芽状态中。

我们已经广泛利用中国农村改革的成功经验。

我们对改革生产管理、灵活管理生产特别感兴趣。遗憾的是，我们继承了旧的僵化的管理方法。我们对中国把国家计划管理与市场机制合理地结合起来的经验当然感兴趣。遗憾的是，我国的市场是自发产生的。我们担心会失去控制。

我们也重视中国迅速发展工艺的经验。我们已经从中国得到了加工农产品的工艺。

当然，我们遇到了很多困难，也有过失误，我们还不能制止生产继续下滑。但我们在困难的时候常常想起尊敬的邓小平的话。他说过，在改革过程中错误是难免的，不要怕困难，不要半途而废，要有勇气去克服困难。我们不会半途而废，我们有勇气继续走下去。希望中国在我们的经济改革中给予帮助，使我们能顺利地进行下去。

（摘编自刘洪潮、蔡光荣主编：《外国要人名人看中国》，中共中央党校出版社 1993 年版）

中国经济发展成就
对世界的意义

[澳大利亚] 鲍勃·霍克[*]

我坚信，中国历史中的这一最新篇章对于中国、对于澳大利亚、对于亚太地区乃至对于整个世界来说都具有深远意义。从 1978 年以来，澳大利亚和其他国家一样，怀着浓厚的兴趣关注着中国开始实行的大胆的现代化政策。我们认识到这种政策所具有的潜力，它可能成为当代十分有益的、划时代的发展计划之一，其观念是富有想象力的，其影响是非凡的。

中国最近的经济发展的成就给人留下了深刻的印象。宏观经济数字能部分说明问题：在去年结束的一个五年计划中，中国的国民生产总值年均实际增长率高达 10%，而且这个增长速度是健康的。农业和工业的相应增长率分别为 8% 和 12%。当然了，对中国人民来说，这些不是抽象的数字——他们直接转化为日常生活水平的提高和对未来的希望。

如果说我们澳大利亚人对中国作出的良好开端印象深刻，我们也知道，中国自己把这些只看做是一个极其漫长过程的开始阶段。你们的目标是到 20 世纪末使产值翻两番，那将是一个巨大的成就。但是，正如刚才所说的，这仍然只是三级跳远中的第一跳。

当然，三级跳远不是最容易掌握的运动技艺。我们都是现实主义者。

---

* 鲍勃·霍克（1929—　　），澳大利亚第 23 任总理。

我们知道制定计划不等于实现计划。中国作为世界上历史和文明最源远流长的国家，具有高深的智慧，因而必定会懂得：即使是制定出的最好的计划，也会迫于事件和形势的变化而作出必要的调整。经济发展和增长必然涉及不断调整和完善政策以适应新形势和新问题而带来的不确定状态，有时甚至是痛苦。

作为政治家，我很了解这一点。我知道中国在保持收支平衡、获取外汇和控制国内经济活动等方面遇到了一些问题。

但我也很了解中国的领导人。我知道他们具有克服这些经济困难的决心和致力于现代化进程的坚强信心。这一点于我在北京、成都和南京的会谈中又一次得到了证实。现代化的构想须是一个长期的规划，需要人们在今后的岁月中作出不懈的努力。

中国的发展对澳大利亚来说不仅仅是一种学术上的兴趣，我们不是以超然的旁观者姿态来观察你们的进步的。你们的发展对我们有至关重要的意义，因为我们和你们都是亚太地区的一部分，而且我们有能力成为你们发展进程中的伙伴。

（摘编自盖兆泉编译：《外国领导人看中国》，
外语教学与研究出版社 2001 年版）

北京——时代变迁的缩影

[新西兰] 路易·艾黎*

　　我第一次到北京是在我来中国两年后的 1929 年夏天。当时，中国四处受灾的报道引起了国际上的关注，一位新西兰人问我为什么不替华洋义赈会帮点忙。我那时在上海公共租界工部局任普通职员，经在上海的一位美国人建议，我利用年度休假到灾情很重的内蒙古萨拉齐去帮助华洋义赈会修渠。

　　我乘坐一列难民坐的火车路过北京，正赶上下大暴雨，雨水顺着破裂的车顶流进车内。在站台上，我第一次遇见埃德加·斯诺，他是铁道部副部长的客人，坐在贵宾车厢里。埃德加邀请我和他坐在一起，但遭到那位副部长的断然拒绝。我乐得回到难民中间，坐在地板上，直到半夜到达目的地。

　　在北京短暂停留期间，大尘暴使我患了眼病，发炎很厉害。

　　第二次到北京是 1936 年。当时我已在上海加入了一个国际性的马列主义学习小组，并在孙夫人宋庆龄的鼓励支持下，与地下党组织建立了联系。九月，西安传来消息，希望我接受一项任务：将红军在山西缴获的巨额地方钞票，兑换成当时中央银行发行的钞票。这项工作是分别在太原和

---

*路易·艾黎（1897—1987 年），新西兰著名作家、教育家、社会改革家。

北京完成的。在北京，我设法将那些被枪弹穿孔或血污沾脏的钞票弄干净，然后拿到火车站前的小钱庄去换。这时的北京给我的印象是穷人很多，到处是要饭的。

30 年代末和整个 40 年代，我一直为组织以生产救亡为目的的"工合"运动和创办培养青年技术人才的培黎学校而奔忙。1951 年初，我为参加解放后第一次"工合"会议从甘肃的山丹县来到北京。这时的北京发生了巨大的变化。城市变得明亮，公共建设有了明显的进步，书店里挤满了人。我再次见到周恩来总理，告诉他在山丹办学的事。他像往常那样鼓励我说："干吧，把事情办起来，就照这样办下去吧！把那些外国技术人员留下来，你要是有办法，就别让他们走了！"

一天，我到公安局办理一个手续。国民党时期的警察局是个乌七八糟的地方。警察和地方上的歹徒勾结在一起，为非作歹，可在有钱人面前则毫无权威，你只要有钞票，甚至可以踢他们一脚。但这次我来到公安局，穿过悦人的庭院，看到的是下了班的民警正和孩子们为春季种花做准备，妇女和孩子们还不断地进来。从后院传来一阵掌声，那里正在开会。这里有一种友好的集体气氛，很像个群众活动中心。

三月底的一天，我沿街走去，看见两个骑自行车的人相撞而摔倒在地上。其中一个是战士，另一个像售货员。这事如果发生在旧社会，两人都会因感到有辱尊严而长时间地对骂不休。但是，现在，那战士向年轻的售货员说的第一句话是："你碰伤了吗？"那小伙子说："没事。"战士又说："你的车没坏吗？"然后，他们彼此一笑，便蹬上车走了，谁也没有像过去上层人士那样鞠躬作揖，可他们的行动都表现出了对自己和对别人应有的尊重。

1953 年秋，我作为新西兰和平理事会的代表，再次应邀来京，担任亚太地区和平联络委员会委员。最初住在旅馆里。1958 年搬入现全国对外友协院内的一套房间，以后一直以此为家。

今年是我来华工作 60 年。我迄今生命里程的三分之二是在中国度过的，其中又在北京生活了多年。我很喜欢外出旅行，但一想到在北京有个舒适的家，总感到十分宽慰。由于战争年代的动乱生活和紧张的工作，我没有结婚，可我收养了一些中国孩子，他们有的在北京，有的在外地。我在北京一点儿不感到孤独，生活充满了情趣。从1958年起，我与美国记者安娜·路易斯·斯特朗同住在一栋楼里，我们在同一间餐室里用餐达11年之久，直到她去世。我们经常在天坛公园散步，那里有一条小道，两边丁香簇簇，是她心爱的去处，我和马海德至今称它是"安娜·路易斯小道"。

居京期间，我每天都要写作，现已出版了有关中国的诗歌、散文、游记等60多部。在我看来，中国的各个方面都值得写，都值得翻译出来介绍给外国读者。因此，我译了中国古诗又译中国现代诗，写了京剧又写了人民生活。此外，我还写了大量信件，向世界各地的朋友介绍新中国的变化。

我一生中重要的事业之一是在山丹办学。这是个非常偏僻的地方，要改变这种地区的落后面貌，光靠内地的支援是不够的，必须培养当地人。三年前我重访山丹归来后，提出希望在那里再建一所新的培黎学校（老校已于1954年迁往兰州）。在甘肃省政府和国际友人援助下，我的愿望已经实现。现在，新校舍已经竣工，学生开始上课了。我在北京家中，不断地收到国际上的捐款和听到学校传来的好消息。

从70年代初期起，我在北京最老的朋友马海德医生和另一位八路军老医生汉斯·米勒每星期来我这里两次，与我共进晚餐。后来我邀请我们共同的朋友北京医院名誉院长吴蔚然大夫和全国对外友协会长章文晋一起来欢聚。这是我们快乐的时刻。

一直到去年，我每天下午都要去公园散步，北京所有的公园我都去遍了，包括许多年轻人没有去过的。我在新西兰的三个弟妹近年访问北京时，我完全有资格做他们的导游。我还对北京新建的旅游饭店感兴趣。我计划每星期去一家饭店，边喝茶，边欣赏美丽的建筑，这也是一种享受。

我非常感谢来自中国各方面越来越多的关怀和照顾。邓小平同志1977年出席了我80诞辰的宴会；前来祝贺我85岁生日的有邓颖超、廖承志、胡愈之等老朋友；胡耀邦同志也在我 1983 年住院期间来医院看我；北京市政府还授予我北京市荣誉市民称号，这是设立这个称号以来的第一次赠授。今年 6 月，我再次因病住院，北京医院正在建新的大楼。医生护士以及友协的工作人员怕我受不了机器的轰鸣声和工地的嘈杂，常把门窗关严，我却对他们说："没关系，这不是烦恼，这是生机勃勃的象征，它鼓舞人心！"

（摘自《北京日报》1987 年 11 月 13 日，祁林整理）

世界需要中国

[摩洛哥] 艾哈迈德·布斯库勒*

中国是我崇敬的一个国家。我对中国有美好的感情。1988 年，我在中国逗留了十天，见到了充满信心、幸福自豪和勤奋勇敢的中国人民；看到了一个改革、开放、日新月异的新中国。使我很受感动的有两点：一是中国人民的自豪感和幸福感；二是中国男女在劳动与责任方面的平等。

40 年来，新中国选择了一条符合本国实际、有中国特色的社会主义道路，这条道路是符合中国人民的愿望和要求的。

中国发展和进步的新经验在于：它继承、发展和丰富了中国的传统和智慧，同时又吸收了世界进步的东西，以自己独特的社会主义新面貌出现在世界上。

中国的建设成就充满了教益，丰富与发展了第三世界发展的理论。它向世界人民展示了一条行之有效的发展道路。

改革与开放政策的选择与执行，表明了中国领导人的勇敢精神，这项政策使中国在建设方面取得了重大成就，超过了世界上工业发达国家的发展建设。中国正在变成一个经济强国。

西方资本主义国家对中国实行经济制裁的阴谋注定要失败，这是因为：第一，中国已经向世界证明，中国有自己建设发展的经验，过去在几

---

*艾哈迈德·布斯库勒，摩洛哥拉巴特大学教授，摩中友协秘书长。

乎没有外界的帮助下，照样取得了发展；第二，如今，能够对付各种挑战；第三，利益的不同决定了资本主义国家根本不可能采取一致行动。

西方资本主义国家对中国实行经济制裁，目的在于对中国施加政治压力和挑动中国国内某些人对政府的不满情绪。但是，西方资产阶级这种做法是徒劳的，因为世界需要中国，没有中国，世界和平就没有保障，任何人封锁不了中国。

（摘编自覃火杨著：《海外人士谈中国社会主义》，
北京大学出版社 1990 年版）

中国政府正在创造奇迹

[坦桑尼亚] 阿里·哈桑·姆维尼*

此次访华非常成功，中国给我留下的印象非常美好，非常深刻，感到非常满意。中国是坦桑尼亚的全天候朋友，友谊深厚如兄弟，今后双方领导人应经常互访，以不断巩固和发展这一友好关系。此次来华，想看的都看到了，坦桑在很多方面都应向中国学习，我本人也不失时机地注意向你们学习。

1987 年访华时曾与邓小平进行了长谈，那时我第一次听到关于改变吃大锅饭的想法，从中受益匪浅，回国后就在坦桑加快了经济改革。我们要坚持社会主义，我们要发展经济，我们要改善人民生活。几年后的今天，当坦桑的 8 个邻国都处在动荡不安之中时，坦桑经济年增长率却从原来的 0.6% 提高到约 4%，人民生活亦有好转。这些都是从我们共同的领导人邓小平同志那里获得启迪的结果。坦桑尼亚现仍有人坚持旧思想、旧观念，不愿改革。这次实在应把坦桑尼亚革命党全体中央委员（相当于中国共产党政治局委员）都带到中国来。1987 年我路过深圳时，深圳建筑还是星点稀落的，城市尚不成形，现已成为人间天堂。中国的惊人成就表明邓小平的远见卓识已把中国的社会主义变成了具体的、不断向前发展的社会主义，而不是那种死抱教条、空喊口号的社会主

---

*阿里·哈桑·姆维尼（1925—   ），1985—1995 年任坦桑尼亚总统。

义。社会主义不是分配贫困，而是分配财富。中国发生的令人难以置信的伟大变化，毫无疑义地证明：中国政府实行的改革开放政策是完全正确的，且正在创造奇迹。

（摘编自刘洪潮、蔡光荣主编：《外国要人名人看中国》，中共中央党校出版社1993年版）

邓小平：中国的改革家

［德国］ 赫尔穆特·施密特*

　　当毛泽东在 1976 年逝世的时候，没有人能够预见得到，由于邓小平重新掌权，中国这个人口众多的大国的经济自 1978 年以来会取得如此快速的发展，其实际经济增长率达到了 9%，这是世界上最快的增长速度。邓是又一个足以表明在共产主义制度下具有"英雄创造历史"可能性的例子，这同时也表明，绝不是每一部历史基本上都是阶级斗争的历史。

　　我认识邓小平是在几乎所有中国人都不得不穿毛制服的"蓝蚂蚁"时代。当时，邀请德国政府首脑的周恩来已经重病在身，不能再接待我，而毛泽东由于得了一次中风，说话能力受到很大的损伤。因此，作为东道主的主要负担就落在了邓的身上。我们谈了很多，其中对中苏之间发生战争的担心在谈话中占了重要地位，此外还谈到了国际政治中的几乎所有问题，也对中国今后的发展交换了意见。邓在任何一点上都没有偏离党的路线。我感到，对于这样一位年龄比我大、经验比我丰富、凭感觉我就对他有好感的七旬老人来说，他是忍辱负重，不得不小心翼翼地遵从当时流行的党八股口径。关于他自己在政治上或者经济上的设想，他一点也未涉及。不久以后我们听说邓下台了，而这并不是第一次。

---

*赫尔穆特·施密特（1918—　　），德国社会民主党政治家，1967—1969 年任西德社会民主党主席，1974—1982 年任西德总理。

15 年内我见到邓 4 次。第二次是在 1984 年，他的成就已经清楚地显示出来。他担心中国未来可能有失业，设想怎样才能防止人们从迄今以农业为主的地区流入十分繁荣的沿海地区。在那些天，为庆祝中华人民共和国成立 35 周年，他稳健自信地站立在过去的紫禁城城楼上检阅三军。我觉得，他达到了掌握这个大国的权力的高峰。但是，不久以后这个印象证明是错误的。因为此后邓虽然放弃了他的一切职务，但是他的领导威信直到 90 年代都在继续增长，尽管人民通过电视已经可以看出他的体力衰弱。儒家的传统在中国比共产主义的传统更深，否则就无法理解人们对一位九旬老人最高决策权的尊重和在他领导下达到和谐的愿望。

如果没有孙中山、毛泽东和周恩来，邓的成就是无法理解的。但在我看来，人们在 21 世纪回首中国往事时仍然有可能得出这样的结论，正是邓完成了中国的现代化这个最终具有决定意义的使命。如果与戈尔巴乔夫的改革和公开性及其灾难性的结局相比，中国的成功是有目共睹的。

当然，为了能够用适当的标准评价邓，西方每一位批评家都将不得不自问，他自己是否充分了解近三千年的中国历史，是否足够了解儒家学说，或者是否至少充分了解毛的试验和红卫兵的罪过。他将不得不既考虑儒家对骚动乃至混乱根深蒂固的反感，也必须考虑到他自己的西方标准还相对短暂这一事实。西方民主才有二百余年的历史，美国的奴隶制度只是在一个半世纪前才被废除。而在德国，奥斯维辛集中营仅是 50 年前的事。

西方的一个荒唐之处在于，一方面简单地看待车臣几万人的死亡，虽然叶利钦应被看做是个民主主义者；而另一方面又带着厌恶情绪从道义上谴责中国的领导人。四分之一世纪前对毛热情欢呼的西方无数知识分子，今天在他们作为成年人从事政治活动之后却装腔作势，以对邓实行道德裁决的法官自居。

邓有意识地实行双管齐下的政策。在一条轨道上实行进步的经济开放，已大大提高了中国人的生活水平，同时使得中国出现中产阶级和经济上的上层；在另一条轨道上，则坚持共产党对军队的绝对领导。至于没有第二条轨道第一条轨道是否可能，鉴于已有苏联崩溃的先例，人们不得不表示怀疑。随着在第一条轨道上的不断成功，第二条轨道必然会最终导向社会的和政治的开放。这可以说是可能的；无论如何，中国人民大众今天已经比过去任何时候都更自由。

邓小平的伟大功绩

访问了香港或新加坡的人，特别是访问了人民共和国的广东省及其首府广州的人，在姓"社"还是姓"资"的问题上就能与87岁的邓小平有同感。邓小平最近在回答自己提出的这个问题时说："唯一的标准应该是看是否提高生产力，是否改善人民的生活水平，是否增强社会主义国家的综合国力。"

邓利用他在广东省特别经济区的旅行来获取胜利。邓可以感到骄傲的是，1978—1979年他批准实行的特区经济体制发生了根本性的变革，经济得到了大发展，实际收入大增。他不得不感到遗憾的是，没有从一开始就把这个试验铺得更开，例如没有把上海包括进去。

总的来说，今天中国沿海各省高额的和迅速增加的税收是北京预算最重要的支柱。它们同时也是该国外汇重要的来源。它们是北京奉行小心翼翼的和因而也是卓有成效的国际收支政策和国外贷款政策的后盾。因此，与世界所有其他发展中国家相比，中国的外汇储备是很可观的。

当邓小平作为军队实际上的最高统帅在1984年革命成功35周年之际在天安门上检阅部队时，他就骄傲地谈到了"所有炎黄子孙"的伟大未来。他这时又刚好同玛·撒切尔签订了关于英国殖民地香港回归（中国）的协定。邓从70年代末一直使用的"一国两制"的公式在香港协定中第一次成了国际法，50年不变。

（摘编自牟卫民主编：《外国政要眼中的中国》，中国社会出版社2000年版）

邓小平让中国恢复活力

［日本］伊藤正*

1997 年 2 月 19 日，领导中国实现了经济发展的"改革开放的总设计师"邓小平逝世，遗体火化后，骨灰从空中撒到了大海。

这是根据邓小平夫人卓琳和子女们在邓小平逝世 4 天前，在致党中央的信中转达的邓小平的"遗志"而采取的措施。书信指出邓小平是彻底的唯物主义者，将一生毫无保留地献给了祖国和人民，要求以最简单和严肃的方式表达哀悼之意。

这是符合合理主义者邓小平性格的遗言。邓小平讨厌个人崇拜，以公平、无私作为座右铭，并且批评为出生地谋利益的倾向。因此，他没有批准地方政府修复自己故居的申请，也拒绝了各地提出的建立纪念馆和雕像的申请。

在邓小平逝世后，他的故居才被修葺一新，变成了一处壮观的纪念设施。根据家人和有关人士的证言，邓小平重视家庭，经常关照部下和朋友。

1978 年在邓小平的主导下开始的改革开放，仿照毛泽东革命，被称为"第二次革命"。两者在建设富强国家、让国民过上富裕生活的理想方面是一致的。

---

*伊藤正（1941—　　），日本著名的中国问题专家，《产经新闻》中国总局局长。

　　20 世纪 60 年代初，共产主义化、"大跃进"的政策失败，经济发展陷于停滞状态，邓小平为了增加粮食产量，允许农民进行部分个人生产。"不管黑猫白猫，抓住老鼠就是好猫"就是那个时候说的话。

　　改革开放就是"猫论"的复活。计划经济原则逐渐被打破，人们从物质贫困和精神压制中被解放出来，中国眼看着恢复了活力。

　　富裕与自由，这是每个人都会追求的正常感觉，也正是第二次革命的精髓。

　　邓小平是一个富于立意的现实主义者。改革开放初期，在深圳等地设立了 4 个经济特区，作为市场经济的实验场，并且提出了"一国两制"的创意，承诺维持 19 世纪以来作为英国殖民地的香港的制度，成功地恢复了主权。这还成为向台湾呼吁统一的武器。

　　邓小平在身体还健康的时候就从现职引退。他顽强地活过了战争、革命、斗争的中国现代史。

（摘自日本《产经新闻》2008 年 2 月 14 日）

第三部分

1993—2001

中国改革开放成就
"最令人瞩目"

［俄罗斯］ 欧福钦*

现在我们越来越经常地听到东亚是世界经济增长的发动机这种说法。这首先是因为战后 1960—1980 年出现的日本奇迹。之后是"亚洲四小龙"——韩国、新加坡、中国的台湾和香港续写日本的辉煌。但最令人瞩目的是邓小平 30 年前确立改革开放路线后中国的迅速崛起。

上面提到的国家和地区都有各自的成功秘诀，但它们又都有某种共性，这就是新加坡内阁资政李光耀所说的"开明专制"模式。从这一术语可理解为"可控民主＋市场调控"。"开明专制"模式的坚定捍卫者认为，政治改革之前必须要有经济改革。只有在国家积极干预条件下所形成的市场关系使多数民众的生活得以改善、贫困范围缩小之后，才能向社会的民主化过渡。

日本在二战失败后，并未抛弃其军事化经济中所固有的中央集权制的优点。政治家、官员及企业家之间的传统的密切联系得以发挥作用，共同确立国家的优先发展方向。议会通过并由政府实施有利于资本流向优先部门的法律，但采用的不是行政手段，而是市场杠杆。

＊欧福钦（1926—　　），原名弗谢沃洛德·奥夫钦尼科夫，俄罗斯著名记者、中国问题专家，《俄罗斯报》政治评论员，俄中 21 世纪和平友好委员会理事。

中国改革的设计师邓小平依靠的也是内部消费需求，把内需作为拉动经济增长的引擎。不是从城市开始，而是发轫于农村，首先让人吃饱肚子，使向市场过渡的社会代价减到最低程度。不急于进行国企的私有化，尤其是自然垄断企业。代之以在沿海省份建立经济特区，吸引外资，发展出口型生产，提高国家的总体技术水平。这种依据中国国情从计划经济转向市场经济的战略和技术已被证明是正确的。

邓小平为中国现代化作了明确的"三步走"的规划。如今，前两个翻一番早已如期实现。2007 年中国 GDP 已达 3.4 万亿美元（位居世界第四）。这意味着，中国将大大早于中国的百年大庆——2049 年实现 GDP 增加到 6 万亿美元，15 亿人口，人均收入达到 4000 美元。可见，邓小平的愿望将提前实现。

在中国刚走上改革之路时，10 亿中国人口中，有 2.5 亿处于政府所划定的月收入不到 5 美元这一贫困线之下。现在贫困人口已减少到 2400 万，在中国人口总数中所占的比例已经不到 2%。就连很少表扬北京的联合国也称赞这是反贫困斗争中一个史无前例的胜利。

改革开放 30 年后，富裕程度的增长使消费需求也相应扩大。生活水平提高后，中国人买的东西也更多了。相邻的国家和地区曾担心，在中国（大陆）成为"世界工厂"后，自己的市场会被中国商品所充斥。但事实却是另外一种情况：去年，在日本、台湾和韩国的出口增长额中，分别有 70%、90% 和 40% 是靠中国（大陆）市场实现的。

日本战后的经济奇迹和中国改革的非凡成就都得益于同一个关键因素，即国家对经济合理、有效的调控。但同时，中国人口是日本的 10 倍，养活 13 亿人口比养活 1.3 亿要困难得多。即便严格控制出生率，继续实行"独生子女"政策，中国人口每年也要增加 800 万。不过，从一定意义上说，有 13 亿消费者不是祸，而是福，因为内需增长是经济增长的可靠发动机。

（摘自《俄罗斯报》2008 年 4 月 18 日）

"中国特色社会主义"对俄罗斯的经验教训

［俄罗斯］ 阿纳托利·帕夫洛维奇·
布坚科*

　　第一条经验教训：要解决个别问题，必先解决普遍问题，否则在解决具体问题时总会在这些问题上栽跟头。当初，当中俄两国领导人发现再也不能照老样子生活下去时，他们都面临一个问题：要成功地领导自己的国家并采取切合实际和富有成效的措施，首先需要了解什么？依何种次序贯彻上述措施？

　　中国领导人认为没什么东西比理论更为实际的了。因此，他们在分析了中国社会的状况之后得出结论：必须提出"有中国特色的社会主义"的理论。根据这种理论，只有解决了经济问题，保证12亿中国人生存的物质条件，才能着手解决意识形态和政治问题。中国改革的近期和远期目标及其次序就是在这个基础上形成的。

　　而苏联领导人从一开始就忽视了理论，戈尔巴乔夫的改革派及后来取代他们的叶利钦的改革派均没有符合实际的理论，没有明晰的、分阶段的、完整的使俄罗斯向市场经济和政治民主化转变的概念。

---

* 阿纳托利·帕夫洛维奇·布坚科（1925—2005年），苏联哲学家，莫斯科大学教授，"知识"
协会讲课人。

第二条经验教训：中苏领导人从一开始面临的关键问题是：所有困难的起因何在？停滞和萧条的根源何在？如何走平衡发展之路，这一问题之所以关键，不仅因为它包含着（走出困境）问题的实质，还因为对此做错误的回答会导致以破坏代替革新。

中国领导采取了审慎的解决办法。因为在以前的年代里，经济发展长时间卓有成效，他们得出的结论是：没有理由抹杀做成的一切和抛弃过去，没有理由完全脱离所走过的道路并破坏既存体制的基础。任务是要找出拖延机制，消灭它，而代之以增长机制。这样一来他们就完成了一件主要工作——选择了一条进行稳妥改革，即保留原有经济基础、维护既有成果、保护积极事物并消除消极事物的道路，而不是那种进行破坏性的贸然剧变的道路。

而俄罗斯改革的经验则说明俄国领导人没有采取恰如其分的改革方式。苏中两国改革的差别由此产生，其意义及最终结果也都截然不同。无论是戈尔巴乔夫的改革派还是叶利钦的改革派都从未对本国社会的特点，其经济的优势和劣势有相应的概念，因此，对于究竟以何种方式——革命还是改良——来完成改革就没有明确的方法。

第三条经验教训：光解决了一个保留还是破坏现有经济基础即革命还是改革的问题，还不能回答下列问题：要使经济充满活力并能稳定增长，应以何种方式对其中的哪些东西进行改变？

以邓小平为代表的中国领导人认为，在中国，生产和分配、劳动及其刺激因素之间的联系机制已遭到破坏。因此，要改变局面，须尽可能广泛地运用商品价格关系，在保留基本社会成果的同时将市场经济的正面经验运用于中国的生产。

在此基础上形成了"有中国特色的社会主义"的构想，这一构想在考虑到具体情况的同时又保留了原有经济的实质，即以实现大多数劳动者利益为目标的方向性，因此，它依旧依靠大多数劳动者的支持。

与此不同的是，俄罗斯改革的经验说明，俄罗斯那些可怜的改革家们不会正确地评价当时国内经济的性质及其优缺点，他们先是对国家经济加以歪曲和排斥，继而又对国际货币基金组织的谋士们言听计从。后者建议以货币主义的方法把俄罗斯这个独立国家的经济改造成殖民地资本主义经济。

第四条经验教训：无论在哪里进行社会经济变革，都证明经济改革不是国家的资本主义化。这两者之间有极大的区别。经济改革是一整套保证国家增长和使大多数公民地位改善的措施。而国家的资本主义化则完全是另外一种内容，它是一种建立私有制社会基础的工具，它将公民分为贫富两类，是通过多数人贫困化而使少数人致富的过程。

中国的经验说明，拒绝国家的资本主义化不等于拒绝经济改革，平稳地、相对无痛苦地从管制经济转向市场经济是完全可能的，市场经济完全可以保证使社会保障大多数人的利益。

这实际上意味着市场社会主义是可行的，我们应该以中国、越南及其他国家的经验为依据，对这一理论进行认真研究。

中国是创造性地、最少痛苦地从停滞的、非市场的管制经济转向"有中国特色的社会主义"的稳步发展的市场经济的一个范例。它的经验对于面临类似任务的国家来说有着难以估量的历史意义。这个国家顺利实现了向混合的市场经济的转变，其工业生产增长率居世界最高（高于10个百分点）。而且，在这一转变过程中，没有破坏国家有组织的生产，也没有低三下四地向发达的资本主义国家乞求那点儿可怜的经济施舍。

今天，当俄罗斯已错失良机并白白浪费大量的资源时，当它刚刚着手依照中国的正面经验进行改革时，必须权衡当前的新情况，找到自己成功地进行经济改革的方式，建立面向社会的混合经济。在这种经济中，不是对千百万投资者的欺骗、不是腐败和投机，而是千百万人的生产劳动得到奖励，而成为国家兴旺和复兴的动力。中国的有益经验恰恰表明了这一点。

（摘编自牟卫民主编：《外国学者眼中的中国》，中国社会出版社2000年版）

经济崛起与中国定位

[英国] 马丁·沃尔夫[*]

"中国模式"存在弱点

第一，当然是中国经济的持续高增长。过去二十多年，中国的 GDP 增长始终保持在两位数或接近两位数的水平，这是难得的。不过，话说回来，对中国这样一个原先经济底子薄弱的穷国来说，它的基数很低，所以发展潜力应当很大。目前，中国人均 GDP 和国际价格水平还不足一个发达国家的五分之一。因此，它在提高生产率和产出方面，应有很大潜力可挖。

第二，中国非常成功地实施了"门户开放"政策，吸引了巨额的外国资本，中国与全球经济的融合程度已相当之高，一直是很成功的出口平台：它目前是世界第三大贸易国，它正在生产众多数量的商品，正尝试拥有更大的国际竞争力。与脱胎于苏联的俄罗斯相比，中国的国情明显不同：中国生产的商品数量巨大、拥有全球竞争力。同时，人民勤劳，对知识与教育充满饥渴，这无疑是最重要的资产。任何国家的政府都存在缺

---

*马丁·沃尔夫，英国《金融时报》副主编、首席经济评论员。

陷，中国显然也存在缺陷。但它在基础设施的投资以及从全球获得资源等方面来说，它做得还是相当不错。在经济学家的眼中，这些都是经济运作体系中积极的、强劲的因素。

我认为，有三个经济层面的问题，这些弱点彼此关联。首先，中国非常依赖国外的专业技术知识、技能和应用能力，特别是中国出口的成功，它对国外专业知识的依赖程度很高。与日本甚至韩国不同，中国在技术创新上没取得多大进展，在创立世界级企业方面也没有多大建树。实话说，我认为目前的情形仍是如此，尽管有一两个例外。很大程度上，中国目前仍是个出口平台。第二，在于其对投资的极度依赖，不仅仅是高额的投资，而且是不断稳步递增的投资，但是其消费的增长却一直低于 GDP 的增长速度，我不清楚这种情况将能持续多久。第三，是中国对于各类资源使用的高度密集，其程度令人难以置信。如果某类资源的价格变得非常昂贵，那么，其利润就会受到挤压。

我自己的猜测是——不管怎样，只是个猜测：中国经济还有 10 年到 20 年的快速增长期。我很难想象，如果不展开深层次的改革，中国能否在 20 年之后继续保持高速增长。在那个分界线来临前，很多问题可能变得更严重。

中国改革并非偶然

我觉得一些细节可能是偶然，但在大的方向上并非偶然。我认为这种战略甚至在当时就已经十分明确，他们所努力去做的是这样的思路：我们要建立一个强大的国家，一个强大的中国，混乱时期已经过去；历史上，我们曾以一种非常传统的方式建立了一个强大的中国，一个强大的官僚的中央集权国；现在我们必须让中国变得繁荣，成为现代世界的一部分。

我对邓小平的理解是，必须允许市场力量发挥作用，压制市场的力量将是一种灾难。邓小平曾多次受到毛泽东的严厉批评，正是出于这个原因，他总是认为，这种在意识形态上对市场经济的敌对情绪是十分可笑的，并且从某种意义上讲也是非常不中国化的做法，与中国过去的历史轨迹很不一致。因此，他要转向市场经济。那么如何使中国转向市场经济？有两件事情必须要做：第一，必须解放农业，因为农业是中国国民经济中最重要的一个部门。所以，中国的改革就是从解放农业开始的。第二，进入现代市场，融入世界经济。于是，这一切又完全是顺理成章。所以，在我看来，在共产主义的政治体制中，建立一个更以市场为导向的经济、解放农业、全面开放国际贸易，其大方向都是理性的。当然这个改革的行动从未说明为何一定要这么走。而它理所当然地缘自邓小平的发展目标，也就是让中国变得繁荣富强。

中国绝对不要冲突

首先，我猜想，他们一定对中国经济的表现感到惊喜。但当你与中国官员讨论问题时，他们肯定大多会讨论在国内遇到的问题和挑战。他们比其他任何人都要清楚中国国内的诸多问题和巨大挑战，他们知道应当做什么。所以，他们一般不会考虑世界，不会考虑中国对世界的影响。而突然间，因一些偶发性政策决定而带来巨大影响，例如 1997 年至 1998 年坚持人民币不贬值的决定等。随后，因中国增长速度如此之快，使他们突然间意识到了中国的潜在影响力。我想，中国在全球经济中拥有很大影响力，是很合理的事，但是中国官员一开始并不真正理解如何应付这一局面。

但问题是，世界并不会让中国独善其身。我想，他们正面临的问题，既独一无二也是前所未有。虽然美国的崛起有点类似，但是中国面临的问题更严峻。因为中国很大，即使在中国还很不发达的时候，它已经对世界产生了很大的影响力。我想，国际社会加之于中国的责任不断增加，对他们来说是个意外，并不完全是种惊喜，因为我觉得这不是他们自己希望应对的事情；在这个特定的历史阶段，中国的领导人还有很多其他方面的事情要操心，他们不希望承担这些责任，但也无法逃避。

作为一个国家，当一个表现良好的国际公民，支持合作的国际秩序，完全符合中国的利益。不管美国是否如此，我认为这是中国愿意追求的一种模式，而且我感觉到，在中国，考虑过这个问题的人大多数都会同意这个观点。部分原因在于他们不希望冲突，他们想要 20 年的和平。我认为他们绝对不想要冲突，他们近期内肯定想要和平，因为他们需要发展。

中国希望韬光养晦

我认为，从本质上说，这意味着它要维持一个开放的贸易体系，对贸易自由化持开放态度，因为中国将成为世界上最重要的出口国，它需要有一个市场，否则人们就不会接受它的出口。

我认为，这意味着中国在政策上要避免给人留下行为过分等印象。中国的外汇储备非常巨大，似乎给外界留下了这样一个印象：它正拼命试图利用其大规模外汇储备来压低通货膨胀率，以赢得较世界其他国家更大的竞争优势。就长期而言，这是不能为其他国家所容忍的。于是，中国的出口被看作是以其他国家的利益为代价，与此相关的是其不断快速增长的贸易顺差。中国贸易顺差非常巨大。如果它继续增长，我认为这种可能性非常大，也将造成与他国大规模的摩擦。因此，必须从国际层面来考虑贸易政策，以及外汇和宏观政策之间的联系。中国出于自身的利益，应该采取合作态度。

我关注的第三大经济领域是资源。中国采购资源的愿望绝对是合理的，很显然它需要资源。它需要考虑的是（世界上其他国也同样会考虑这个问题），不要让其发展过度依赖于资源，也鄙视能源。我认为，我们在很长一段时间内都将处于能源价格高企的时代。但十分重要的一点是，中国对资源的渴求不要转化为西方眼中对一些不良政权的支持。这里有一个度的问题。界限到底在哪儿？界限的确存在，但是很难作出判断。

与此相联系的是，重要的是每个人都要确立这样一个原则，即能源和其他资源应按照国际价格交易，不能因为对自身有利而夺取资源。

关于贸易，我要谈的最后一件事是，目前正出现一种双边主义的大潮，中国也卷入其中。多哈回合贸易谈判破裂，这种状况必然会愈演愈烈。但是，中国的确需要意识到，它现在正日渐成为开放的国际贸易体系中享受最大利益的国家，自然也就具有了多边贸易的性质。它在贸易中的利益永远不会真正是地区性的，因为它太大了，地区已经容不下它。

因此，我认为，作为负责人的利益攸关方，当然我不是说所有责任都应该由中国承担，还有其他一些更重要的参与者。但是中国的确需要考虑如何支持多边体系，因为这正是我们都想得到的贸易体系。至少在我看来，这才是一个负责任的利益攸关方。

（摘自英国《金融时报》中文网 2007 年 9 月 19 日至 20 日连载文章）

中国人勤奋让西方不安

[瑞士] 比雅特·卡普勒[*]

难道是中国人比西方人勤劳4倍,才造就了中国以每年10%的经济发展速度增长,而那些老牌欧洲工业国家的增长仍徘徊在2%到3%的水平吗?仅仅因为中国人勤奋,就造就了今日中国的经济腾飞,也拉近了与西方大国的差距吗?难道我们欧洲国家也应像中国经济特区一样,引进每天10小时工作制吗?

回顾一百多年来欧洲工业发展史,中国的发展确实令人瞩目。我们所传颂的工业革命时期,英国经济发展速度在1820年到1870年间只有2%,瑞士不足1.85%。中国现在进行的"工业大革命"的确具有爆炸般的威力。但两个地区的区别很大:欧洲工业发展主要基于改进生产设备,这需要大量时间和金钱投入;而中国人从一开始就知道购买现成的先进设备、学习最新科学技术,又有大批勤奋的生产人员做后盾,自然大大缩短了发展进程。若1849年瑞士的公司也能得到先进设备,当时的工人也会立刻提高上千倍的生产效率。而这一点正是中国在过去20年所做的。

中国的经济发展主要是依靠数以百万计的劳动力共同努力的结果。但廉价劳动力所产生的价值总会有枯竭的时候。中国必须要重视产品设备的自行研发。从最初的整套设备进口,依靠劳动密集型产业为主体,到现在

---

*比雅特·卡普勒,瑞士《新苏黎世报》特约作者。

国内专利申请数量已超过德国，这些都表明，中国正在进行从单纯廉价劳动力生产大国到工业国家的转变，而这种转变是和世界上其他国家同步进行的。

当西方还在为延长工作时间争论不休时，中国正把更多精力投入到提高技术和培养人才上。中国人勤奋好学，可这也正是始终让西方人深感不安的地方。调查显示，中国人比黑人、白人和拉美人更加刻苦努力。纵观世界经济发展史，虽不能说勤劳是决定一个国家强大的唯一因素，但也不难看出，勤奋上进的人总会超过懒惰、颓废和缓慢的人。

（摘自《环球时报》2007 年 3 月 2 日）

中国改革为什么
能够成功

［西班牙］ 巴勃罗·布斯特罗*

中国改革取得的成就与第三世界国家最近 15 年的演变形成了强烈的反差，特别是与柏林墙倒塌后的东欧诸国及苏联遇到的困难形成了明显对比。

把中国改革取得的成就和东欧国家及苏联改革遭到破产归结于结构性的因素是令人深省的。当 1978 年中国开始改革以及 1989—1990 年东欧国家及苏联开始转轨时，它们的条件是很不相同的。当时中国的宏观经济并未失衡，农业人口占多数，中国与以市场为指导的国家进行贸易；而东欧国家及苏联当时是宏观经济严重失控，过度的工业化以及外部因素导致的经互会崩溃。此外，中国处于东亚地区、临近发展中的香港及台湾，还有华侨的帮助；相反，东欧国家及苏联开始转轨正是西欧国家经济处于萧条时期，不能吸收许多外国投资。

上述的只是一部分原因，东欧国家及苏联经济的破产和中国高速发展之间的差别还应从改革的进程中去找原因。东欧国家及苏联的休克疗法是一下子就转到市场经济并把国有企业大幅度私有化。而中国是逐步向市场经济转化并保有国有企业。

---

*巴勃罗·布斯特罗，西班牙马德里大学教授、著名学者。

80 年代末，正统的经济学家认为要想有成效地向市场经济转轨至少要具备下列条件：物价要全部放开、全部取消国家补贴、货币要可兑换、无限制地向外国投资开放、解除进口限制和公共企业的私有化。

中国的例子不是一般的，许多经济学家认为中国之所以取得成就正是在于它没有按西方专家所建议的那样去做。那些主张实行休克疗法和在过渡中应采取爆炸做法的人从一开始就宣布中国的道路将遭到破产。而事后仍坚持认为他们的预测有理。如杰弗里·萨克斯在 1993 年写的《波兰向市场经济过渡》一书中说，中国也不是渐进的，它也有过早期爆炸，在1979—1982 年对农业进行改革时就有了土地私有和价格的放开。此外，他还认为中国经济已有相当部分私有化了，因国有企业在生产中的比重已大幅度降低了。一部分企业还没有私有化并不是好事而是一个障碍，因为国有企业仍保持着过去的低效，而国民经济的大幅度增长是靠非国有企业产生的。

他的看法是值得商榷的。首先，中国农业问题专家们指出他所谓的爆炸并不存在。因为土地根本就没有私有化，农民们要根据计划规定缴纳一定数量的粮食。在相当的时间内粮食价格的规定、粮食的分配以及销售都是国家规定的。而且粮食价格的放开也不是一下就全放开的，直到 90 年代初粮食的价格仍是国家控制的。其次，不应把经济私有化同国家企业的私有化混淆起来。中国的情况是首先发展了非国有企业（集体所有制、合资或个体所有），而且是确确实实发展了。产品的销售根据不同的企业发生了变化。非国有企业占工业生产的三分之二，但这些企业并不是严格意义上说的私有企业，而是地方经营的公司。此外，尽管没有对大企业实行私有化，但这些大企业日益感到由于开放进口而带来的竞争的压力。另外一个事实也说明了这一点，产业部门之间的税率正在趋同，重工业企业的生产率也在提高。中国特别研究了东欧国家及苏联一刀切的私有化带来的不利以及把国有资产免费分给老百姓带来的负面影响，实际上产生了没有资本的资本主义。

总之，中国的经验表面逐步地引入竞争和市场机制慢慢地改变了奖励和企业行为概念。一步一步的做法有其优越性，它使得经济没有受到创伤而摆脱了中央计划经济的桎梏，特别是避免了休克疗法带来的不利。

中国的经验与东欧国家相比使人们对所谓原中央计划经济国家逐步转轨必导致破产、只有快速转轨到市场才是唯一可行的观点产生了怀疑。

当然，中国的经济改革还有许多事要做，特别是在1995年11月中国宣布其旨在加入世界贸易组织的宏伟的自由化计划之后更将是这样。

中国进行了史无前例的社会经济实验，直到目前仍是卓有成效的。此外，中国政府是起了保证作用的，它将能严谨而有力对付未来的挑战。

由于有大批的劳动力不断投入经济活动和成本低的因素，中国经济还有广泛的发展能力，因此中国经济还可高速发展。

中国从1978年起在经济方面的变化是惊人的，也对世界经济的演变起了重要的作用。众所周知，拿破仑说过：当中国觉醒时，世界都要震动。所有迹象表明中国正在觉醒，世界其他地方的人应学会与12亿正在从事前所未闻的经济现代化的中国人和睦相处。

（摘编自牟卫民主编：《外国学者眼中的中国》，中国社会出版社2000年版）

中国最有可能成为
社会主义模式的领袖

［美国］ 兹比格涅夫·布热津斯基*

　　当前的发展中国家没有一个可能有资格作为这种模式的领袖。印度本身贫富两极分化严重，因此，即使它的种族和宗教矛盾不使它分崩离析，它也很难享有尼赫鲁时代曾享有过的国际地位。非洲没有一个国家有这种声望，拉丁美洲也没有任何一个国家有这种资格。

　　如前所述，在某些情况下，俄罗斯可能会情不自禁地寻求这一领导地位。地缘政治方面的进退维谷和意识形态方面的混乱可能驱使它这样做。但是，俄罗斯要使自己的领导地位真正被他国接受，而不仅仅是俄罗斯人自己声称如此，这种地位必须建立在行之有效和吸引人的社会经济模式上。如果俄罗斯变成一个准法西斯国家，它必然卷入帝国主义国家的新的斗争中，在这种斗争中它又必然力不从心，这样它就不可能提供上述模式。如果俄罗斯成功地成为一个民主国家，它将面向西方，继续依靠西方提供援助；于是它与发达世界的逐步融合使它根本不可能与前第三世界各民族保持有重要意识形态内容的密切关系。因此，无论俄罗斯成为一个法西斯国家还是成为一个民主国家，如果它抱有这种非分的愿望，那是很难

---

* 兹比格涅夫·布热津斯基（1928—　　），波兰裔美国国际关系学者、地缘战略家、国务活动家。卡特政府国家安全顾问，美国重量级智囊之一。

得到世界上贫穷国家的衷心支持的。

而中国则有可能站出来充当这一领导角色。中国仅仅依靠自己就可以向不平等世界提出挑战。中国是一个大国，有10亿多人口，正在坚持不懈地进行着反对不平等现象的斗争；至少到目前为止，这场斗争是卓有成效的。在一个民族国家世界里，中国又不仅仅是一个民族国家。它是一个民族国家，同时又是世界上唯一一个有真正独特文明的国家。与俄罗斯相比肯定是这样。因此它与世界其他地区的关系颇为特殊，既是它们的一部分，又不是它们的一部分。

许多世纪以来中国与世界其他地区隔绝，这在很大程度上是中国自己要这样做的。中国认为，它不需要外部世界，在许多方面中国超出了它，任何扩张和文化改宗的企图都是毫无意义的。从另一角度讲这也是防御，即一个深信自己文化优越的民族筑起壁垒，锁起国门，以防止野蛮人的侵入。甚至中国的共产主义也与苏联共产主义不同，远不像受俄国乌托邦思想驱使的苏联共产主义那样在全球到处兴风作浪。但是那种隔绝又是距离、地理和语言诸因素起作用的结果，所有这些因素（如日本的情况一样）都强化了中国文明的独立自主性和与外界隔绝性。

那种自我被排除在外的状况正在消失。在当代世界上，中国不可能与外界隔绝。通过大众信息传播，外部世界现在对中国发生着影响，反过来，中国对世界的影响也越来越大。在中国发生的事情越来越引人注目，越来越重要，不仅对与它相邻的国家是这样，甚至对远隔重洋的大陆也是如此。如果中国以其10亿多人口，能够成功地建设成一个政治上可行、从全社会来看又比较富足的国家，它必然日益成为全球注意的焦点，不论它是否希望如此。那些急不可待地想寻求适合本国样板的较贫穷的国家必然对中国趋之若鹜，即使中国不从意识形态角度阐述和宣传中国模式的意义。

因此，关键在于两大方面的考虑：中国国内的实际状况和中国打算在世界舞台上扮演什么角色。就中国自己的前景而言，总的来说，征兆是好的。在长达近15年的时间里，中国执行的政策一直是把马克思主义的外表与务实主义的经济管理结合起来，在实行独裁专制的同时，给各地区相当大的社会经济自主权。其结果是经济逐步非国有化，从农业开始（它使中国在农产品方面不仅做到自给自足，而且成为出口国，与俄国形成鲜明对照），扩展到个体和零售业，以及开放中国沿海地区（那里有2亿多人口），直至通过外国投资和资本主义方式的竞争，直接参加到亚洲各国向繁荣进军的队伍中来。到1992年，国营部分只约占工业产出的一半。

从总体来看，必须说中国取得的成绩是极为令人钦佩的。虽然用全球标准衡量，中国仍是一个穷国，但在20世纪80年代，它的国民生产总值以接近10%的年增长率递增。这相当于当年日本、韩国和台湾的惊人速度。从当前的迹象看，在整个20世纪90年代中国将保持大体相同的高增长速度。在沿海某些地区，例如广东（它有6000多万人口，与欧洲一个大国的人口相当），增长速度甚至达到了每年递增13%。如果这种速度保持下去，到2010年中国将成为全球第四个经济大国，仅次于美国、欧洲和日本。

而且，中国到达那一阶段的途径可能是通过把自由市场体制的主要成分，特别是其竞争性企业家精神（中国人对此驾轻就熟）和向国际金融关系开放，与残存的国家指导作用相结合，包括全民所有制在工业中仍起重要作用。中国的全国信息中心在1992年年中估计，到2000年，在工业产值方面国营企业仍占27%（可能主要是重工业），集体所有制企业占48%，私营企业占25%。假定社会基础结构和个人收入与经济增长速度同步改善，中国很可能会被许多发展中国家的人民，特别是被苏联各共和国的人民，看成是一个越来越有吸引力的替代选择模式，可以用它来代替已宣告失败的共产主义制度和西方式的建立在自由市场基础上的民主制度。

经济蓬勃发展、军事力量强大而又日益成为国际关注目标的中国，面前可能摆着三种全球性战略选择：

（一）中国即使非常务实，实行可以称为"商业共产主义"的政策，但仍称自己属于共产主义制度，在这种情况下，它可能非常有意识地扮演世界穷国领袖的角色，与以美国、欧洲和日本为首的捍卫现状的联盟相对抗。

（二）中国把经济实力变成政治军事力量，执意在亚洲繁荣区扩大影响，向日本的政治权势提出挑战。

（三）中国更明确地放弃其残留的信条，决定成为全球现行社会体制的一部分，假定它被欢迎加入这一俱乐部的话。

第一种选择无疑地将在世界许多地区引起反响。中国目前执行的政策在某种程度上似乎就是朝着这一方向发展。中国已经在向世界上最好斗的发展中国家提供先进武器，中国的言辞也是日益强调不能接受由少数富国主宰世界。中国对世界事务的严肃分析，例如北京出版的1992年3月23日《外交评论》中一篇综合性的评论和预测文章强调，发达国家企图按照西方的价值观念和意识形态建立世界新秩序，发展中国家则反对这种"世界新秩序"，提出建立公正合理的世界新秩序，"双方的斗争可能会更趋尖锐"。

随着发展中国家的某些领导人——特别是前共产主义俄罗斯和乌克兰的领导人——日益想为中国模式喝彩，并鼓动中国人更清楚地阐明他们取得成功所依赖的基本方针，使中国想扮演更公开的领导角色的诱惑力可能增强。毫不奇怪，这促使上述中国分析家不仅强调中国将支持发展中国家的正义事业，而且自信地说，"到本世纪末中国的国际威信将大大增强"。

那时中国可能成为走另一条发展道路的样板，成为在国际上对现行全球力量分布提出挑战的力量源泉。它的魅力可能不会采取以往乌托邦主义的超凡神话形式，但可能仍有某种教条主义的色彩。它可以声称，在苏联共产主义样板和资本主义民主制度之间存在着"第三条道路"。当今世界两极分化现象日益严重，大规模杀伤武器散布到各地，人们渴望有一种方向感，以表达自己的愤懑，同时又作为照亮美好未来的灯塔，在这样一个世界里，尽管中国还比较落后，同时又存在着语言障碍，它仍可以满足可能普遍感受到的渴望感。在这方面它比苏俄更有吸引力和说服力。这样它就能够不仅使国际维持和平的努力陷于瘫痪，而且非常直接地加剧欧亚几个动乱地区的战事。

在估价中国未来的选择时，人们还必须考虑到这样一种可能性：如果中国在经济上是成功的，在政治上是自信的，但同时它又感到自己被排除在全球体系之外，从而决定不只成为世界被剥夺国家的辩护人，而且成为它们的领袖，那么中国就有可能下决心对居于统治地位的三方世界不只在理论上明确地提出挑战，而且在地缘政治上也提出强有力的挑战。于是又产生了这样一个问题：什么样的世界格局最有利于中国实现那一目标呢？对中国战略家来说，对抗美欧日三方联合的最有效的地缘政治格局可能莫过于形成中国自己的三方联盟，把中国与波斯湾和中东地区的伊朗及苏联地区的俄罗斯联合起来，这样一个反对现行秩序的联盟对于不满现状的其他国家具有潜在的吸引力。

在某些情况下，伊朗和俄罗斯也可能出于本国利益的考虑而决定参加以中国为首的这样一种三方联盟。伊朗参加三方联盟可能是为了在波斯湾地区和前俄属中亚地区实现它传统的帝国主义野心，同时在整个伊斯兰世界推行它特殊的政教混合的主张。力量受到削弱而又处处受挫的俄罗斯，如果它为建立面向欧洲的民主制度所做的努力归于失败，有可能认为参加这种联盟有助于它重建前帝国的努力，至少有助于重建该帝国的某些部分。对伊朗和俄罗斯，中国都大有可向其伙伴提供的东西——不仅有武器，而且有相对成功的社会经济制度，因此每一个伙伴都可能出于权宜之计接受事实上的非正式的中国领导。因此，从某种意义上说，这种三方联盟等于旧的中苏集团的死灰复燃，但是正式的意识形态被代之以广义的抵制不公平的全球现状，北京和莫斯科的主从地位也颠倒了过来。

即使中国不扮演这种显赫的历史角色，它也有第二种选择。它可以通过设法确立自己远东主要大国的地位对区域性稳定提出严重挑战。远东已经变成了世界上现代武器最密集的地区之一，密集程度仅次于欧亚长椭圆形地区。该地区的每一个国家，从印度尼西亚到日本，都在努力聚积先进武器。一些国家和地区，可能很快就拥有核武器。因此中国的经济实力可能用于军事方面，而不是意识形态方面。最终这将使中国与日本对抗，形成重要的区域争夺，成为区域的潜在不稳定因素。

说来奇怪，该地区正在成为全世界经济活动的中心，但却没有任何多边安全机制。因此这里易于发生暴力冲突——在讲求实际的亚洲，暴力冲突的导火线不是意识形态，而是利益。美国从该地区的任何撤离行动都会加剧这种危险。没有美国的军事存在，局部冲突——主要由经济利益，如海上石油勘探权引起的——就很有可能爆发，中国就会在这种情况下显示威力，迫使他国承认自己的权力。事实上，在某些方面，上述两种选择不是互相排斥的，更大的可能是把意识形态挑战与军事挑战结合起来。但是，无论发生哪种情况，全球混乱的棘手难题都会变得更难于收拾，全球的政治进程更缺少合作成分。

由此可见，就有利于未来世界局势的发展而言，中国的第三种选择——成为"俱乐部"的一个成员——最为理想。不过，要中国作出第三种选择，不仅需要西方给予积极而合作的响应——实际上，几乎可以肯定地说，西方会随时给予这种响应的——而且要西方承认，中国仍同情并将代表世界上较穷的那部分人的愿望。中国作为世界经济大国，即使到那时，按人口平均计算，仍是一个较穷的国家，虽然情况有很大改善。因此，在一定程度上它将继续与不是发达富裕世界之成员的国家站在一起。中国的样板不仅吸引其他国家，而且诱使中国人宣传他们的经验在更大范围内的意义。中国仍然有时想充当全球民众的发言人，即使不是他们的革命领袖。

无论如何，人类的政治未来将在很大程度上取决于节节胜利的但也颇以自己为中心的西方在哲学和文化方面的演化，取决于前共产主义国家的发展将在多大程度上符合民主模式或与民主模式背道而驰，取决于世界最大的社会实验在多大程度上融入更广泛的全球合作中去或与这种合作格格不入。因此，在意识形态混乱和社会分化严重的世界里，显然游荡着地缘政治分崩离析的幽灵。政治上觉醒的人类在朦胧地渴望其未来有某种确定性，渴望有某种为人类普遍接受的正义标准，全球地缘政治动态正与这种渴望相互作用。这种状况不仅使人畏惧，它也有理由使人们担心，全球混乱的困境可能成为形成新世纪特点的决定因素。

（摘编自兹比格涅夫·布热津斯基著：《大失控与大混乱》，

潘嘉玢等译，中国社会科学出版社 1994 年版）

中国与未来：威胁
还是被威胁

[美国] 安德鲁·詹姆斯·内森*

中国日益增长的实力是否预示着一种威胁？一些观察家指出，中国幅员辽阔、人口众多，中国的经济正在实行现代化，中国的防务预算不断增加，所有这些都表明，中国正在成为一个有能力支配亚洲并对美国的利益提出挑战的军事强国。

但是，中国在亚洲大陆上的力量并不构成对地区安全的威胁。相反，人们普遍认为，目前的力量对比是建立一种稳定的冷战后地区秩序的适当基础。在亚太的四大强国中，中国的力量投送能力依然是最弱的，而且比其他三国弱得多。目前中国的竞争对手在技术上处于领先地位，而建立本国的高技术制造业基础又是极其困难的事情，因此，中国的技术水平和军事能力可能会进一步落后于它的大国竞争对手。

尽管中国的经济规模庞大、增长率很高，它也无法利用经济力量来推行一种侵略性的对外政策。中国在东盟诸国的经济影响同美国和日本的影响相比显得微不足道。中国的安全依然受到一些潜在敌人和一些不可靠邻国的影响。因此，维护而不是破坏地区稳定，赞同而不是反对同潜在大国建立合作关系更加符合中国的利益。这些考虑更能促使中国同意在建立全

---

* 安德鲁·詹姆斯·内森，哥伦比亚大学东亚研究所教授。

球秩序方面拥有发言权，而不是置身于这种秩序之外。

这些年来中国一直是一支被动的力量，它在努力保持而不是改变地区力量的格局。它的外交一直是维护现状的，旨在跨入国际体制而不是破坏这种体制。中国对俄罗斯、中亚各国、印度、南北朝鲜、日本和印支诸国的政策一直是在谋求巩固双边关系和稳定局部地区的力量对比；它在台湾海峡进行军事演习的目的是阻止台湾改变现状，而不是迫使它加快统一的速度；在南中国海，中国是在别国向它历来的领土要求提出挑战时维护自己的领土要求，而不是提出新的领土要求；美中关系产生摩擦的主要原因是美国对中国的贸易和人权等政策不满，而不是中国试图改变美国的行为方式。

（摘编自牟卫民主编：《外国学者眼中的中国》，中国社会出版社 2000 年版）

将中国妖魔化是错误的

[美国] 吉米·卡特*

1949 年春，我作为一名年轻的海军军官首次随潜艇出海时，到过中国的一些海港。将近 30 年后，邓小平和我实现了我们两国关系的正常化。我们那时就知道，即便有了这样一个开端，要使我们这两个差异极大的国家之间的关系变得牢固而不出现意外变故，必须耐心地、坚持不懈地努力几十年。

我认为，在重视把维护人权视为美国对外政策基础的同时应保持美中之间的良好关系，这是我的政府留下来的政策。这两个目标不是不相容的，但只有在我们努力相互理解的情况下才能实现。

美国人一直受益于亚太地区前所未有的稳定和繁荣，而这个地区之所以能有这种稳定和繁荣，是因为美中日三国之间建立了紧密的联系。

中美两国仍有许多共同利益：维护亚太地区的和平与稳定、对大规模毁灭性武器加以控制、防止朝鲜半岛发生冲突和促进开放贸易等。遗憾的是，许多人都缺乏当初使我们走到一起的那种远见。两国不了解情况的评论员都把对方描绘成恶魔，甚至预言两国之间将不可避免地发生对抗。四分之一世纪以来取得的成就有毁于一旦的危险。

自离开总统职位以来，我不时到中国访问，讨论国际、国内局势或到农村去参观。在 1997 年 7 月进行的一次访问中，我见了江泽民主席、李鹏总

_____
*吉米·卡特（1924—　　），第 39 任美国总统。

理、乔石委员长和其他中国领导人，讨论了相互关心的问题。他们对我国领导人鼓励日本重新武装和扩大日本的防卫圈并把台湾包括在内的做法表示关注。他们还对美国向台湾出售 F—16 喷气式战斗机和其他武器深表不满，说这些交易违反了理查德·尼克松总统、里根总统和我本人对他们作出的保证。

双方相互批评是正当的也是必要的，但是不能以傲慢的、自以为是的态度提出批评。我们彼此都应当承认对方已有所改进。

中国各地正在发生着重大变化。自中美关系正常化以来，越米越自由的经济体制已经使中国人民的生活有了改善。现在，农民们在其土地上进行耕作所获的利润实际上已全部归己。许多村民还拥有自己的企业，收入和受教育的机会也大大增加了。

公民们可以以无记名投票的方式在多位候选人其中包括非中共党员的候选人中进行选举。一些公民甚至状告侵犯他们权利的政府机构。公民们现在可以比较自由地从一地迁往另一地，整个国家也已经开放，不再排斥外界的利益和影响了。

江泽民主席于 1997 年 10 月到华盛顿进行早该进行的国事访问，这是 10 年来中国领导人对美国的首次国事访问，必将为讨论各种问题提供一个机会。

西方人强调个人自由，而对中国人来说，一个稳定的政府和统一的国家才是头等重要的事情。这就是说，制定政策的出发点是担心不受约束的持不同政见分子闹事或担心中国被一个独立的台湾或西藏分裂。

尽管中美之间存在分歧，但两国必须继续寻求和平而富有成效的共存之道。除了举行首脑会晤以外，美中两国的普通公民也可以为此作出努力。例如，自 1979 年以来，已经有超过 10 万名中国学生到美国留学，这为两国提供了文化和知识界交流的宝贵渠道。

只有通过在许多级别上继续进行对话，我们才能解决分歧，建立增进理解的基础。

（摘编自牟卫民主编：《外国学者眼中的中国》，中国社会出版社 2000 年版）

中国向开放和自由迈进

[美国] 比尔·克林顿*

首先，那时我所知有限。中国仍是世界上人口最多的国家，但我想人们一来到中国，就会被引人注目的经济增长和向世界各国的开放所打动。在学习方面——是对于信息的渴求。

你知道，今天上午我去参观了网络咖啡屋，看到中国的年轻人在上网，从全世界寻找信息——我想这是一个重要的进展。

我还认为人们掌握自己命运的程度大大提高了。收入增加了，人们在受教育上、在工作上有了更多的选择，自由地旅行。国有产业的重要性正在下降，集体和个人产业的比重在上升。基层人民对领导的选择和政策的制定有了更多的发言权。所以我想中国正真正向开放和自由迈进。作为一个美国人，作为美国的总统，我希望这一进程持续下去，并加快步伐。我认为在道义上这是对的，也是对中国有好处的。

我想——我是有一点意外——是的，有那么两件事。首先，当我到这里时，我没有料到我和江主席的整个记者招待会和后来我在北京大学的讲演都被实况转播了。再后来，当然，昨天在这儿——上海，我做了电台的电话交谈节目。我并没有预期到我能以这种全面开放的方式与中国人民交

---

*比尔·克林顿（1946—　　），律师、政治家，美国民主党成员，曾任阿肯色州州长，第42任美国总统。

流。对此我感到很高兴。我欣赏江主席实况转播记者招待会及他所有的决定。这些都非常好。我想这对中国的领导者也有好处，我的意思是昨天我与上海市长在广播中度过了愉快的时光。

因此我认为让民众参与这些决策的制定，让他们参加这些讨论是非常非常重要的。如果你想一想我们面对着的许多问题——我们可以谈美国的问题，我们可以谈中国的问题——你如何保证国有企业的工人找到好的工作？如果人们不再拥有与工作挂钩的住房保障，你将如何处理住房问题？现在上海有空着的公寓，但你似乎不能把两个联系起来，你怎么解决这些问题呢？

常常并没有简单的答案。但人们只要知道他们的观点和所关注的事儿被人所知，会有这方面的讨论，人们将为寻找答案而一同努力就感觉好多了。所以在我看来，这种民主的进程对于飞速发展的社会正常运转非常重要。

所以在正常情况下，我国人民和中国人民一样——在过去 200 年里，我们一直希望管自己的事情，除非有必要，我们不卷入世界其他地方的争端。但在过去的 50 年中，我们认识到只有在全世界建立良好的关系，我们才能在国内取得成功——这是我来中国的主要原因。

现在我来到了中国，我想说我愿做你们的朋友；我们有着共同的安全利益，我们同印度和巴基斯坦合作，一同解决核试验问题；我们一同努力，禁运危险武器；我们进行环保方面的工程合作；我们知道我们之间有分歧，我想告诉你们为什么我相信宗教信仰自由和政治自由。如果你们想一想，这就是美国的领导地位问题。但这一领导地位取决于与中国的伙伴关系。

我想有几个成果。首先，在整个防止核扩散的问题上，我们同意不把对方作为核武器打击的对象，这是十分重要的决定，其重要性体现在三方面：其一，该协议排除了核武器错误发射的可能性。其二，这是建立信心的措施。它是两国不断增强的友谊的标志，它令亚太地区的国家松了一口气。其三，这个协定重申了我们认为印度和巴基斯坦不应该进行核试验的立场。我们应该远离核武器，而不是向它们靠近。所以这是第一方面。

第二方面，中国已同意与我们合作，共同阻止向那些会滥用科技的国家转让技术的行为，不向没有安全措施的核设施（如巴基斯坦国的）提供帮助，并考虑加入防止危险科技的出口的世界体系。这是很重要的。

我们宣布在能源和环保方面投入更多的精力。你知道这非常的重要。在中国，长期困扰你们的问题包括空气污染造成了第一大健康难题、主要水道受到了污染、地下水位下降。我们必须找到既发展经济又补偿环境的方法。我预测10年后当人们回顾过去时会说这是他们做过的最大的事情之一，那时他们同意付出更多的努力。我们同意加强我们在科技方面的合作，在这方面我们已经取得了很多成果。所以我想这是重要的。

我们正在做的法制项目对于中国人民来说有巨大的潜在利益，因而也就对美国人民有巨大的潜在利益。我们与中国人民合作，建立标准的法律程序，来处理在经济私有化过程中将出现的问题。

所以当你们改变社会的时候，肯定会有各式各样的法律变革。我想如果我们一同合作，我们会找到加强自由和稳定的方法。所以这些是重要的事情。但我想我此行最大的成果是增强了理解和共享未来的概念。我认为江主席和我举行的记者招待会在很长时间里都将会被认为是有历史意义的。他想做这件事、他高兴地做了这件事和被国家电视台转播了的事实本身就是非常重要的。

我们主要的不同意见是在贸易方面，在一些贸易问题的条款和人权领域——我们怎样下定义，中国怎样下定义，我们往哪里走。如果后退3年，我们已在这两方面取得了很多进展，但如果你后退5年，我们在防止核扩散领域仍有许多冲突，现在大多数已经得到了解决。

所以说在过去的5年半中，我们的双边关系取得了很多进展。我想对中国和美国的人民说：我不认为对于两个大国来说世界太小；它是小，我们做事情都应记住这一点，这使我们对我们自己的人民、对我们相互间的伙伴关系和世界的其他地方更加有责任感。

　　我想世界上的任何一个年轻人来到这里都会感到兴奋，他们会为看到中国的年轻一代是多么热切地建设新生活，想更多地知道外面的世界而兴奋。这些年轻人渴求知识和提高自己的做事能力的劲头真是令人惊异。他们的干劲令人惊异，这使我对未来充满希望。

（摘编自盖兆泉编译：《外国领导人看中国》，
外语教学与研究出版社 2001 年版）

中华圈秩序的重建

[美国] 塞缪尔·菲利普斯·
亨廷顿*

大中华及其共荣圈

历史上，中国自认为是兼容并蓄的：一个"中华圈"包括朝鲜、越南、琉球群岛，有时还包括日本；一个非汉人的"亚洲内陆地带"包括满族、蒙古族、维吾尔族、突厥人和藏族，出于安全的原因，他们必须受到控制；此外还有一个蛮夷的"外层地带"，"他们只需要朝贡，并承认中国的优越地位"。当代的中华文明正以类似的方式来建构：以汉族中国为核心，包括中国所属的但享有相当自治权的边远省份；法律上属于中国但很大一部分人口是由其他文明的非汉族人所构成的省份（西藏、新疆）；在一定条件下将要成为或者可能成为以北京为中心的中国之一部分的华人社会（香港、台湾）；一个由华人占人口多数、越来越倾向于北京的国家（新加坡）；在泰国、越南、马来西亚、印度尼西亚和菲律宾有重大影响的华人居民；以及受中国儒教文化颇大影响的非华人社会（南北

---

* 塞缪尔·菲利普斯·亨廷顿（1927—2008 年），政治学家，以《文明冲突论》闻名于世。

朝鲜、越南）。

50 年代，中国将自己确定为苏联的一个盟友。然后，在中苏分裂后，它把自己看做反对两个超级大国的第三世界的领袖，这使它付出了高昂代价，而获利却甚少。在尼克松政府作出政策调整后，中国开始寻求在两个超级大国的均势游戏中充当第三方，70 年代当美国似乎虚弱之时，它与美国结成了联盟，然后在 80 年代当美国军事力量增强，而苏联经济上衰弱并陷入阿富汗战争时，它转向与美苏保持等距离。然而，随着超级大国竞争的结束，"中国牌"变得毫无价值，中国又一次被迫重新确定自己在世界事务中的作用。

中国正在发挥的作用可以从以下方面看出：首先，中国描述它在世界事务中的立场的方式；其次，海外华人在经济上介入中国的程度；第三，其他三个主要的华人实体中国香港、中国台湾、新加坡与中国联系的不断发展，以及华人有着重要政治影响的东南亚国家更加倾向于中国。

中国人的认同开始根据种族来确定，正如中华人民共和国的一位学者所提出的，中国人是具有同样"种族、血液和文化"的人。散居在各地的华人，即具有中国血统的人（以此区别于"中国人"即生活在中国的人），越来越明确地使用"文化中国"这一概念来表明他们的共识。20 世纪曾是西方众矢之的的中国认同，现在正根据中国文化这一持续要素来被重新阐述。

历史上，这种认同与华人国家同中国国家的中央权威的关系之变化是一致的，这种文化认同感既有助于几个华人国家之间的经济关系的扩展，又为这种关系的扩展所加强；这些华人国家反过来又成为促进大陆中国和其他地方的经济迅速增长的一个主要因素；其结果又为中国文化认同的增强提供了物质和心理上的动力。

因此，"大中华"不仅仅是一个抽象的概念。它是一个迅速发展的文化和经济的现实，并开始变为一个政治的现实。对 80 年代和 90 年代的大陆、"小老虎"（4 只小老虎中有 3 只是华人社会）和经济上为华人控制的东南亚引人注目的经济增长，华人功不可没。东亚的经济越来越以中国为中心，以华人为主导。90年代，中国香港、中国台湾和新加坡的华人为大陆的经济增长提供了大量资金。东南亚其他地方的海外华人主导了所在国的经济。90年代初，占菲律宾人口1%的华人却占了国内公司销售总额的35%。80年代中期，华人占印度尼西亚总人口的2%—3%，但大约拥有国内私人资本的70%。在印度尼西亚最大的25家企业中华人控制了17家，据报道，一家华人联合大企业的产值占印度尼西亚国民生产总值的5%。90年代初，华人占泰国总人口的10%，但拥有10家最大商业集团中的9家，并且创造了该国国民生产总值的一半。华人大约占马来西亚人口的1/3，但几乎完全主宰了该国的经济。除了日本和韩国外，东亚经济基本上是华人经济。

家庭和个人关系所形成的"竹网"（即关系网）和共同的文化，大大有助于大中华共荣圈的形成。海外华人在中国做生意比西方人和日本人都能干。在中国，信任和承诺取决于私交，而不是契约或法律和其他法律文件。西方商人发现在印度做生意比在中国做生意要容易，因为在中国协议的可靠性依赖双方的私人关系。一位著名的日本人在1993年妒忌地说，中国得益于"香港、台湾和东南亚没有边界的华人商人网"。一位美国商人同意这种说法：海外华人"有商业技巧，懂语言，他们把来源于家庭关系的关系网带到了契约中，相对于那些必须向阿克伦或费城的董事会请示的人，这就是一个巨大优势"。李光耀也精辟地指出了非大陆华人在与大陆打交道时的优势："我们都是华人，我们共有某些由共同的祖先和文化而产生的特性……人们自然地移情于那些与自己有共同生理特征的人。当人们又拥有相同的文化和语言基础时，这种亲密感得到了加强。这使得他们很容易建立起亲密的关系和信任，而这是一切商业关系的基础。"80年代末和90年代，海外华人能够"向持怀疑态度的世界显示，由同一种语言和文化产生的关系可以弥补法治的缺乏以及规则和法规缺少透明度"。基础经济发展所依赖的共同文化根基突出地显示在1993年11月于香港举行的"第二届世界华人企业家大会"上，这次大会被描述为"来自世界各地的华商为华人必胜信念举行的一次庆典"。像在其他地方一样，华人世界的文化共性促进了经济参与。

（摘编自塞缪尔·亨廷顿著，周琪、刘绯、张立平、王圆译：
《文明的冲突与世界秩序的重建》，新华出版社 1999 年版）

美国舆论对华
偏见的原因

[美国] 傅高义 *

了 解 中 国

我深切地感到，美国媒体对中国片面和感情冲动的报道，使美国公众无法获得有关中国社会较为客观的认识，这种状况应该改变。美国舆论对华存有偏见，原因有三点：

第一是许多美国人包括报刊撰稿人对中国不太了解。我之所以能比较客观地认识中国，得益于对中国的实地考察。自 1979 年以来，我每年都去中国访问三四次，而且每次都到广东省去走一走，看一看。我与有关部门合作，完成了《先走一步》的著作，写的就是广东省改革所带来的变化。但像我这样经常能访问中国的美国人毕竟是少数。经常在《纽约时报》上发表攻击中国文章的专栏作家罗森塔尔，与我一样信仰犹太教，第二次世界大战对其影响很大。在他的脑海里，共产党与法西斯统治没有

＊傅高义（1930—　　），费正清东亚中心前主任、社会学家、作家，著有多部关于中国、日本和亚洲研究的著作。

区别，加上他从来没有去过中国，所以他的文章中充斥着想当然的成分。

第二是驻华记者的意识形态偏见造成了他们专挑中国问题的偏向。虽然中国近年来的改革开放取得了巨大进步，但只有一小部分美国观察家注意到这一点，大部分美国公众却没能受到积极影响。在中国的美国常驻记者既没有经历过中国文化大革命的混乱年代，也没有改革开放前后情况的感性对比，他们更倾向于报道中国的问题，而不是中国所取得的进步。

第三是由于美国的媒体对1989年那场政治风波进行大肆渲染，误导美国公众，严重歪曲中国形象。加上冷战结束后，美国对华战略共识被打破，这一切对后来的中美关系发展产生了严重负面影响。1997年2月美国国内再次掀起对华政策大辩论，一些人鼓吹对华实行遏制政策。不久前出版的《即将到来的美中冲突》一书宣扬21世纪美中冲突不可避免论，就是一例。

与中国共处

为了让美国人更全面地了解未来中美关系，我和一些著名中国问题专家合作完成了《与中国相处——21世纪的中美关系》一书。这本书批驳了中国威胁论，对中美间存在的问题及产生的根源进行了较客观的分析，并就构筑21世纪中美关系提出了许多建设性建议。中国正在向世界性大国挺进是事实，但是即使按照购买力平价法来计算，中国的经济还远远落后于美国，它的人均收入不足1000美元，中国内地还相当贫困，这种状况要持续到下个世纪。中国的基础设施，包括道路、铁路、港口、通信及电力设施等，与发达国家相比还相差几十年，中国军事现代化还有很长的路要走。

中国是一个有影响的大国，中国经济正高速增长。在未来几十年内至少能维持5%的年增长率。日本与亚洲"四小龙"都曾连年保持10%的增长率，对世界经济产生了重要影响，而中国人口是上述地区人口的 6 倍，其影响更大。在日益相互依赖的世界中，中美两个大国究竟是寻求合作，还是对抗，道理应当不言自明。任何大国的崛起都会引起世界的注意。美国的决策者们应该清楚地意识到，中美两国寻求合作以解决跨地区问题至关重要。与中国共处而不是对抗和冲突，是美对华政策的明智选择。中国与美国有着许多共同利益，如保持世界稳定、防止大规模杀伤武器扩散、扩大双方贸易等，中国需要美国的市场，而美国也同样需要中国的市场。

值得庆幸的是，美国政府高层在经历了一系列的外交挫折后，已经认识到中美之间保持对话和高层接触的重要性。尽管我们还经常听到不同的声音，但它不能代表美国对华政策的主流。江泽民主席 1997 年下半年对美国的正式访问对中美关系的发展起到积极的促进作用。中美双方围绕中国加入世界贸易组织的谈判正取得进展，只要双方作出最大努力并寻求适当妥协，中美双方在此问题上取得突破是完全有可能的。

（摘自牟卫民主编：《外国学者眼中的中国》，中国社会出版社 2000 年版）

中国改革开放的成就
和面临的挑战

[美国] 约瑟夫·尤金·

斯蒂格利茨[*]

中国的改革成就

自中国实行改革开放，已经有 20 年历程了。中国制定自己的战略，追寻自己的目标，并取得了显著的成功。我们应该庆祝中国在过去 20 年中所取得的巨大成就：有 2 亿人口摆脱贫困；人均年经济增长率平均达到 7%—8%；从 1970 年起，人均寿命提高了 10 岁。我们需要将上述成就与其他国家进行比较，这有助于我们了解这些成就的显著。在低收入国家中，中国是最成功的国家。从 1978 年至 1995 年间，中国经济的增长占所有低收入国家经济增长的 2/3，而中国在这一时期之初只占低收入国家国内生产总值的 1/4，人口却占低收入国家的 40%。同样显著的是，中国经济增长所涉及的地区非常广泛。当我们分别对 30 个省份同时期的收入增

---

* 约瑟夫·尤金·斯蒂格利茨（1943—　　），经济学家，哥伦比亚大学教员，2001 年获得诺
　贝尔经济学奖，曾任世界银行资深副总裁与首席经济师。

长进行衡量时，我们发现其中有 20 个省的人均经济增长速度要快于世界上其他任何国家。

东亚奇迹与金融危机

无论从什么角度来看，中国取得的成就都是引人注目的。但是东亚出现的金融危机使人们对东亚奇迹产生了怀疑。这些成功是否是人们的虚构？是否更多地是幻觉而不是现实？即使这些成功是真实的，它们是不是建立在一种非常脆弱的经济体系之上，因而经济无法持续增长，并难免会出现逆转？对那些尚未受到影响的国家来说，尤其是中国，遭受金融危机的冲击只是个时间问题吗？

我相信这些成功不是虚构，而且受益范围非常广泛。在 1975 年，10 个亚洲人中就有 6 个人的生活一天不到 1 美元。到了 1995 年，这一数字下降到 2 人。危机造成的经济下滑非常严重（如果及时采取适当行动的话，还不至于这样严重）并使上千万的人重新陷入贫困。即使就如我们许多人开始看到的那样，经济的恢复将经历漫长而困难的过程，我仍然相信东亚奇迹的成就将比危机造成的困难更为长久。例如，教育状况得到改善，人均寿命提高，技术与知识取得进步，这些成就将为今后恢复增长奠定基础。

改 革 问 题

在许多方面，20 年前开始的改革虽然实施起来比较困难，但却是建立在非常基本的原则之上的：个人和机构都需要引进激励机制；有了正确的激励措施，人民将会更加努力地工作，并愿意承担更多的风险。中国需要国外的资金和技术，也需要发展国内储蓄和培育企业家。这两方面中国都做到了，而且合资企业起到了将两者结合起来的桥梁作用。中国不是对现有企业搞私有化，而是注重建立新的企业。标准的经济学理论认为，成功的市场需要产权和竞争。世界上大多数国家强调产权，而中国强调竞争；世界上大多数国家不重视经济组织机构，不重视我所称之为的"组织与社会资本"，而中国则采取了逐步发展的过渡，在改革中转变了经济组织结构。的确，苏联收入的下降要归咎于没有重视上述因素。虽然前苏联的主要资源形势略有恶化，但是人力资本和知识基础仍然存在。既然效率低下的分配体制已被以产权为基础的、更为有效的市场体制所取代，而且这种市场体制利用的是同一资源，为什么收入却下降得如此之多呢？答案是：组织和社会资本不断受到破坏，这一过程实际上在旧体制下就已经开始，在改革后因为对建立新的体制基础力度不足，更加重了这一趋势。的确，一些处理方法可能会使转轨的努力受到损害。无论在什么领域，苏联甚至对建立必要的法律及制度框架都不重视，包括破产、竞争和合同等方面的法律。

中国目前面临的挑战来自几个方面。在经济快速增长时期，往往容易忽视一些问题：如果在两三年内就能收回投资的话，可能就不会依靠明确产权来吸引投资。但这种高收益率是不可能持续的，随着收益的下降，投资者将会更加关注投资的长期安全。这就需要进一步完善体制。

的确，许多东亚国家只是在经济速度放慢时才遇到了问题。像韩国企业那样的高债务率，只有在产品销售逐年增加的情况下才是有效的。如果经济出现滑坡，或者利率增加，将会导致企业无力偿还债务。随之而来的是破产，以及整个国家的经济混乱。

我们不应当忘记经济中的各种复杂关系：公司的大量破产会导致金融机构的脆弱；银行资本的下降或者破产，将造成信贷资金的减少；从而又导致更多的公司破产。任何一家公司的破产，不仅影响到向其提供信贷的银行，而且还会影响到向其购买或销售产品的其他公司。因此，人们非常担心脆弱的银行或业绩不佳的大企业会影响整个体系。

由于今后几十年的经济增长速度可能会放慢，因此有必要对经济进行更好的调整；今后需进行的经济体制变革可能会比在第一步改革中所做的更具挑战性。而且，由于各项改革是密切相连的，因此一项改革的成功与否，要取决于其他改革是否成功。还有一条根本的经验教训：当经济处于危机状态时，改革是很难进行的。危机迫使人们采取早应采取的行动，例如银行体系的重组，但这也使重组的任务更为艰巨。

金融体制改革

现代经济学强调金融体制的重要性。金融体制是经济的大脑，其作用是保证有限的资本能够被分配到最能发挥效率的地方，保证资金能够按企业的承诺来使用。完善的金融市场有助于转移和分散风险，使企业能够承担高风险、高回报的项目，而不用担心破产。现代经济学还强调金融市场的不完善是遭受冲击的主要原因。金融危机频频出现，尤其是在过去的20年里。金融危机给政府带来巨额的预算支出，从占国内生产总值的3%（美国）到55%（阿根廷）。金融危机还会对经济产生巨大的不利影响。过去20年的情况表明，受冲击国家在危机之后的5年内国内生产总值连续下降1%—1.5%；而没有遭受冲击的国家则没有任何下降。

在中国及其他转轨国家，银行和金融体制的改革难度比别的国家要大。在社会主义经济中，所谓金融机构并不履行在现代市场经济中所起的作用。"银行"这个名称本身就可能产生误导——包括对决策者和银行内部人员。在社会主义经济中，银行不参与项目的选择和监督；生产和投资决策是在别处进行；银行只是"根据指示"提供资金。银行只是记账，不是主要的决策者。在现代市场经济，银行是主要的决策者。银行在从计划经济向市场经济的转变过程中，不止是转变所有权或控制权，而是应彻底转变其职能和机构文化。如果认识不到这种转变的重要性，中国的金融部门改革就不会成功。

中国的金融部门改革是一项非常困难的任务，因为这不只是简单的提高银行的能力。如果没有恰当的会计准则，如果仍强迫银行签订贷款合同，要实施商业银行的原则就会非常困难。在进行金融部门改革的同时，还应加强制度建设。

即使在解决这些困难之后，还有进一步的问题：就连那些具有先进银行体系、习惯于商业原则以及透明度较高的发达国家，也常常被怎样建立恰当的激励和监督机制所困扰。个人和机构都需要激励。无论是否愿意像有的国家那样走到一种极端，即让银行信贷员承担贷款损失，但是显然需要有一定程度的个人责任制。如果同时也实行机构责任制，这一目标将会得到加强。我认为利润上的激励可能是最强的激励措施，但要确保这种措施不能走样（不要造成鼓励乱冒风险或获取暴利），监督者要注重银行的资本充足率。

但是仅有激励措施是不够的。虽然激励措施使监督者的任务变得容易，但还是要建立谨慎的监督机制。监督机制的设计需要考虑以下几个因素：（一）监督者能够得到的信息有多少；（二）经济面临什么风险；（三）政府的监控能力有多大。比较一致的看法是，在绝大多数低收入发展中国家，控制是一种比较有效的监督措施，但在发达国家就不太合适，其中包括限制房地产贷款、"速度限制"（即限制贷款增长的速度）、限制银行和企业对外借债的规模。

近来讨论较多的一个话题是：中国的金融机构较弱，需要重新注入资本金。银行确实需要通过补充资本金来满足资本金充足标准。这不仅对保持银行的财务活力，而且对保持银行的积极性都是很重要的。如果能够确定目前银行的净资产是多少，那么通过注入资本金来满足银行资本金充足的标准就比较容易操作，向银行提供资本金可以被看作是一种投资，再加上运用恰当的资本会计方法，这样的投资甚至不体现在经常预算中。而且，如果做法得当，这样的开支不仅不会引起通货膨胀，相反还会避免由于金融失灵及由此造成的信贷萎缩所导致的通货紧缩。

但是应当清楚,最为根本的问题不是银行缺乏资本金,而是银行没有按照商业原则来运作。一是可能没有能力这样做,二是缺乏恰当的激励机制。如果不采取进一步的改革措施来改善激励机制,仅靠注入资本金是解决不了根本问题的。当然,这样做可能会引发另一个问题:如果银行坚持按商业原则提供贷款,那么许多国有企业可能就会得不到信贷。如果发生这种情况,要么财政进行补贴,要么企业倒闭。财政补贴难以持续,除非政府扩大收入;企业倒闭会造成失业,除非建立新的企业。

最终来说,金融部门的一个关键问题是需要良好的企业管理。怎样确保银行有在市场经济中发挥作用的积极性;怎样使银行认识到硬预算约束是有效的;怎样避免因强调失业的影响及需要低息贷款和暗补等政治因素而使银行以为它们"大不可倒"。金融部门重组不仅对防止危机是非常重要的,而且对中国保持快速的转轨步伐也是非常重要的。国有企业的改革和政府财政状况的改善,需要分流劳动力,需要新的企业来吸收这些工人,需要在整个经济中扩展具有活力的企业。但是这种创造就业的过程需要资金。的确,我认为美国在过去六年来所创造的上千万的新就业机会要归功于具有活力的金融机构——1989 年开始的改革显著地加强了银行的资产负债表,这也是对银行的很大支持。

大约 20 年前,在改革初期,我和一些中国经济学家和政府官员一起参加了一次会议。当时,他们正致力于设计向有中国特色的社会主义市场经济转变的计划。我们所讨论的任务是非常艰巨的:如何从一个严重扭曲的价格体系过渡到一个能较准确地反映经济资源短缺状况的价格体系?也许可以设计一套经济模型来确定均衡价格。但即使只做理论上的探讨,即使均衡价格已知,我们也看不清应该如何进行价格转轨。然而中国成功了,采用的是一个天才的解决办法:实行价格双轨制,使计划外部分能得到适当激励。

中国目前必须进行的改革,无论从政治上还是从理论分析上,其挑战性在某种程度上均不亚于 20 年前。在当时,通过建立激励机制来大踏步地推进改革是一个良好的机会，中国抓住了这个机会。而目前面临的挑战既包括在旧机构的基础上建立新机构、从过去有名无实的银行中建立真正的银行、从国有企业中建立真正有活力的赢利企业，也包括建立全新的机构和体系，如社会保障体系。但今天的中国解决这些问题的条件要好得多。中国拥有了更广泛的认识基础，中国的机构状况比以前更强，更加有利于解决这些问题。

挑战是巨大的，但鉴于中国在过去 20 年里取得的显著成就——基于中国的悠久传统之上的成就，包括在这次北京大学百年校庆中反映出来的对学习的长期重视——我对中国以务实精神应付这些挑战的能力充满信心。

（摘编自盖兆泉、贺海龙编著：《外商看中国》，
外语教学与研究出版社 2004 年版）

对中国三大预测和
对世界四新预言

［美国］ 阿尔文·托夫勒[*]

预测一　中国：向第一流的国家稳步前进

我近年来到过中国不少地方，不过都是大城市，这些地方可谓变化惊人。但也有很多地方没去过，那些地方的变化当然不会像城市这么大，中国东部发达地区和西部贫困地区的差距是明显的。我1983年首次访华，去过北京、上海、苏州，这些城市现在与那时相比，简直是像换了个世界。甚至与几年前相比，也是不同的天地。这样的变化不仅仅是指新盖了很多高楼大厦，而是市场上充满着琳琅满目的消费品。

我形象地将中国分成"三个世界"：一是"第一次浪潮"覆盖的人口。这个世界居民是9亿农民，这些生活在第一次浪潮中的人们需要根本性的变革。他们当中很多人恐怕是受到入世冲击最大。二是第二次浪潮所覆盖的人口，人口总数约3亿，他们是生活在城镇，属于大生产的工业化

---

*阿尔文·托夫勒（1928—　　　），世界著名未来学家。曾任罗素·赛奇基金会特约研究员，康奈尔大学特聘教授，洛克菲勒兄弟基金会研究员，IBM等跨国企业顾问。

社会。此外还有一小部分人口，据国家计委的分析，这部分人口比较少，约千万人。我把它叫做"第三次浪潮"所覆盖的人口，是信息时代的人口，或是知识经济时代的人口。而在美国，第二次浪潮所覆盖的人口越来越少，而第三次浪潮人口却越来越多。美国农民只占总人口的2%，但他们并不是农民，他们是用现代技术进行生产。基本上美国大多属于第二次浪潮所覆盖的人口，而中国三次浪潮所覆盖的人口都有。中国政府管理这样的社会，复杂程度要比美国难得多。因为每一个阶层都有各自不同的需求，中国正在努力地改变第一、第二、第三次浪潮的人口之间的关系，再过10年，也许20年，几代人，这个比例关系会变化。中国试图努力在一代人时间内进行改变这样的结构，可是手中的资源有限，如何配置资源成为一个重要的问题。比如，花多少资源去改变生活在第一次浪潮那样人口的生活水平和生活质量；花多少资源用于第二次浪潮人口；花多少资源用于第三次浪潮所覆盖的人口。

　　一个很有意思的问题是，我们能不能使用第三次浪潮中的技术、工具、方法等来改善生活在第一次浪潮中的人口。而传统的发展模式是，处在第一次浪潮中的人离开农村，离开家乡，融入第二次浪潮，进入城市到工厂。问题的关键在于如何利用信息技术、庄稼基因处理技术、宽带技术等所有强大技术的力量，用"第三次浪潮"下的技术力量去改变生活在第一次浪潮中的人口的生活质量，那是一个很大的突破。

　　早在我第一次到中国的时候，就开始有人问我：中国能不能跳跃一下，不经过第二次浪潮，而直接从第一次浪潮跃升到第三次浪潮。我的回答是这样的：历史是不确定的，没有人能够完全准确地预测未来，但是大致方向我们是可以估计的。事实上，也正如我们所看到的那样，这样的跨越式发展是完全可以的，我们完全可以跨越经济发展的某些阶段。在这场第三次浪潮的开始，中国并不占先，中国的移动电话的发展和宽带的发展历程已经充分地说明了这一点。我要指出的是，你可以跨越式发展，但是你不能跨越教育。教育是一个国家发展的前提，而宽带正是提供这种教育的利器之一。我对开始的问题的结论是，确实有新经济存在，这一切对中国改变人口结构，改变第三次浪潮人口，工业和农业人口的结构是有帮助的。我相信中国正在向着成为 21 世纪第一流的国家稳步前进。

预测二　入世：首先还是要依赖国内市场

中国加入世界贸易组织的决定是英明的。入世给中国带来的影响将是多方面的。中国一旦成为世贸组织成员，就会遇到各种各样的挑战，特别是农产品价格下降所引起的挑战最为严峻。那种认为中国能轻而易举地适应入世带来的挑战的想法是十分天真的。

另一方面我们要考虑，入世的时机发生在一个特定的时刻，实际上是中国长期以来的特别重视贸易和以贸易为中心的这种长期政策的成功。让我们把历史回溯到几十年前，日本是第一个实施以出口为导向战略的国家。它很快地掌握了将计算机等先进技术用于产品设计和制造技术，同时又请来了世界著名的质量问题专家——爱德华·德旺。在这之前，日本的出口很糟糕，美国没有人想买日本货。但这位专家把重视质量的观念和最新的生产技术同日本的特色管理结合起来，结果日本经济向前迈了一大步，非常成功。很快，日本就向韩国、马来西亚等地进行投资，后来还投资美国，连美国纽约的标志建筑物——洛克菲勒中心、环球影城也被它买下。日本为什么能成功，而当时世界上再没有其他国家采取这样的策略成功的先例。后来韩国人也说，你看日本多么成功，我们为什么不可以也这样做。马来西亚也说要把注意力集中在出口上。没过多久，几乎所有的亚洲国家都在大张旗鼓地搞出口。实际上，当所有这些发生了之后，才轮到中国开始决定要这样做了。我们很快发现全球整个来讲出口过剩。随着中国成功地向国外出口商品，一些邻国也担心受到冲击。

重要的是，入世后中国要注意学习并汲取别国的教训，而那些国家并没有引以为戒，没有很好地把国内经济搞好。而中国的幅员辽阔，有很多的机会去成功地开发国内市场和搞好国内经济。这样的话，就不必过分地依赖于出口到美、日的市场，减缓来自邻国的压力。中国入世代表着它向前迈出了巨大一步，但同时也充满着风险。日本的问题是在于没有发展国内经济，这样经过一系列的国内经济衰退之后，无法对国内经济进行大量投资，仍然很大程度上依赖于出口。日本把最新的技术应用于制造业，但没有很好地将它应用到服务业特别是金融业，只是把"革命"完成了一半。它说明成功背后也隐藏着巨大的风险。所以中国应当把握机会，避免重蹈别国的覆辙。

中国将继续受到外部世界的压力，这很正常，因为搞贸易就会不断有摩擦，会有其他国家批评中国的贸易政策，中国也会进行反批评，中国对此不应很在意。

预测三　宽带：未来赶超世界的一条捷径

世界上没有几个国家经历了今天中国正在经历着的这种变革，这种变革瞬息万变而且还在不断加速之中；同样，也没有几个产业能够像今天的电信业和宽带接入那样迅速变化。目前，世界各地的信息公司的股价正在急剧下跌，市值不断缩水，在欧洲一些电信公司也被政府吊销 3G 业务的经营许可证，更有不少公司正负债累累，挣扎在破产、合并的边缘而无力自拔。在西方，开始有人对电信和宽带未来表示怀疑，甚至持否定态度，他们认为电信业和宽带接入无足轻重，用户也不需要这些服务。

我对宽带有多年的研究，认为它是一种新文明，将有一个灿烂的未来。尽管目前股票狂跌，但不能由此就断定它没有美好的未来，而应从历史的、长远的观点来观察，宽带的历史性的价值是明显的，毋庸置疑的。

一万年以前，人类引发了一场农业革命。自此后的一万年以来，这个地球上大多数的人以务农为生，依赖土地过活。三四百年前，工业革命引发了第二波革命的浪潮。现在在我们生活的这个时代，一场新的足以改变世界的革命正在进行。现在我们正在向着第三次浪潮前进。每次浪潮都有其不同的信息结构。而随着工业革命，整个信息传递的体制有了彻底的变化。工业革命带来了众多的产品，同时也带来了大众传媒，这就引起了根本性的变革，而当我们迎接第三次浪潮的时候，我们通信和交流的基础设施必须有所变化，必须向前推进。事实上，这种变化业已发生，正在发生。

另外，科学家们正在通过互联网共享他们每天的研究成果，这一切和宽带的传输技术是分不开的。我想这些发展都是以通信、宽带信息传输的发展为基础的，这些公司个人和科学家，正在把我们带入一个全新的时代。

在我看来，宽带将提供更快速的、更便宜的、更方便的电子邮件，更便宜甚至是免费的电话服务；更有用的新的教育工具，使中国和世界其他各地的人摆脱贫困；全新的游戏，有趣的新的娱乐传媒，宽带使这一切成为可能。为了一条短短的消息而在电脑前等啊等，这是每个人都不愿意看到的。宽带还使我们能够进行全方位多媒体的交流，它将成为事实上的标准，将成为生活中的例常现象。宽带是第三次信息浪潮的基础设施的重要组成部分，是第三次浪潮经济的中心。宽带对于将来的电视、媒体、教育至关重要，它可以促进每个领域的变革。麻省理工学院最近的一份技术报告说：随着数字电视和媒体的日益普及，互联网游戏、视频游戏和音频都已成为数字内容的一部分，与此同时，互联网光纤和卫星通讯正在日益连成一个更大的交互的宽带网络。我相信，这仅仅是一个开始，智能化技术、视频中心，终将会把所有的这一切带进千家万户。

电子公司正在努力争取提供具有远程控制功能的电视、洗衣机、空调和冰箱，所有的都彼此可以交互。这需要宽带网的支持。我们现在越来越多地谈论智能化的汽车，用GPS定位的汽车，监控是否有需要更换的轮胎，通知使用者，所有的这些应用都离不开宽带技术的支持。

预言一　新经济还有很长的路要走

说宽带网没有前途的人和说新经济并不存在的人，是同一种人。在西方，当股市下跌的时候，所谓的批评家们就开始说新经济并不存在，而旧的经济体系没有变化。事实是否如此？这是一个重要的问题，不仅仅对投资者、银行、金融业来说是这样，对于政策制定者来说这也是一个基本问题。

时下，有不少人对新经济有极大误解。第一种人认为，实际上大的变化并没有发生，这些证券分析家和经济学家们认为，所有的一切不过是股市上的泡沫而已，叫做"股市过热"，指这是炒作和太多公关运作的结果。他们认为数字革命已经终结，它的重要性也已经不复存在，任何实质变化都没有发生。另一些人则认为，在过去的 10 年中发生的确实是一场革命，一场数字化革命，它将改变一切，这场意义深广的革命将带给我们另一段长期的持续的高涨的经济发展，至少可以持续 25 年到 30 年的时间。但我认为这两种观点都错了。首先，确实有一种新经济，我将解释它何以为新。其次，如果它是一场革命，那么人们就不应期待它将会笔直地线性地发展。如果有人希望革命一帆风顺，那么我说他太过单纯。所以在这场在中国和世界上正在进行的革命中，我们应该期待有更多的激流。如果说新经济没有发生，那么你如何解释下列事实，今天计算机芯片市场高达 3500 亿美元，并且每天又有更多的芯片生产出来。世界上每 13 个人就拥有一台，这个数目还在不断增加。我对互联网用户的数量并不是很清楚，但他们确实是在快速的增长中。是否有人认为这些芯片、计算机和通信设备将会消失？即使今天，部分的 PC 被 PDA（个人数字助理）之类的设备所取代。所有这些设备共同构成了一个越来越复杂的并且彼此交互重叠、层层相关的网络，而且这一切正在全世界各地发生。一个显然的不可动摇的事实就是，确实有一场革命正在进行，而且这场革命的范围远远超出了技术的范畴之外。

现在，美国以及越来越多其他国家的经济已经不是传统意义上的经济，不是工业经济，而是第三次浪潮中的经济，我们需要一种新的经济学的概念，来帮助我们理解现实。例如资本，过去的传统经济学中对之有多种不同的解释。什么是第一次浪潮时的资本？只有一种，也是最重要的一种，是土地。

现在来谈第二次浪潮时的经济，一片片的纸，一份份的股，表明属于我的那部分所有权，是装配线，是铁道线，是卡车，是对企业的权利。这是资本的最基本的形式。请注意，作为所有者，你实际上只拥有一张纸，这是一种象征，象征某些可以触摸到的、实际的东西。同时和土地一样，这些资本，例如装配线，是不可共享的，我拥有就表明着你不能同时拥有它，而且它是实际的可以触摸的，装配线可以使用三年五年，它在那里，你可以看得到。

现在让我们来看看第三次浪潮时期的资本。比如我买第三次浪潮型公司的股票，我拥有什么？我拥有一片纸，作为一种象征，是否有人关心微软有一条装配线？我是否关心微软或者其他任何第三次浪潮公司有没有不动产？我并不关心。我关心的是那些在第三次浪潮公司工作的人，关心他们的头脑。在第三次浪潮公司工作的员工头脑中有的是知识，以象征的形式存在的知识。它们代表的是一种超象征型的经济。这种经济和以前的经济的不同之处在于它可以共享。你可以使用我所使用的知识。你不能使用同一块土地，你不能使用同一条装配线，但是你可以使用相同的知识。如果我们可以创造性地使用这些知识，我们甚至可以创造更多的知识。这是全球化的经济中根本性的变革。三千年前的亚洲，我相信稻米是货币，是一种如果不用于交换，你也可以将它吃掉的东西。工业革命出现了从可以吃的货币到可以使用的货币的转换。在旧的经济体系中，稻米的价值由其重量决定，但是对于纸币，其价值由印在上面的文字决定。现在我们的货币正在越来越电子化。不是我们日常使用的小面值的纸币，我是指信用卡,交易卡正在变得电子化。我们用一条定律来描述这一点,那就是货币正在变得信息化,信息正在货币化。我们意识到信息具有货币价值,将之货币化,同时我们将货币系统信息化。随着计算机和通信系统构建的新信息基础的进步,"在家工作"将成为可能。20 年前,在写《第三次浪潮》的时候,我们谈到电子化的大学,当时《纽约时报》在头版发了篇文章认为,我的著作是在胡说八道,"在家工作"永远不会发生。但是 20 年后,我们确实在家里工作,在任何地方都可以工作。

预言二　服务经济将会走向体验经济

我在《未来冲击》这本书里确实讲到了建立在经验和心理基础上的经济这个问题。实际上,我们现在随处可以看到我在《未来冲击》中所描写的体验经济。比如,大家看电影是为了得到某种经历,大家搞旅游、搞计算机游戏都是为了得到某种经历。在传统经济中,我们去购物中心,就是为了买东西。但现在,这些购物中心都在有目的、有意识地给顾客创造一个让你很难忘掉、非常愉快的经历。在几年前,我在马来西亚的经历可以很好地说明这点。我开车经过一栋低矮的房子,在房子外面,排了很长的队伍。多数是年轻人,经常是两口子。我问导游,他们为什么排队进去。导游说:如果你进去以后,可以经历下雪。因为马来西亚是热带,从来没有下雪。同样,你去迪斯尼乐园,它给你提供各种各样的体验。我在《未来冲击》里,谈到体验经济,也就是说,服务经济的下一步是走向体验经济,商家将靠提供这种体验服务取胜,但这还不属于第四次浪潮范畴。

预言三　下一步生物和信息技术将融合

第三次浪潮下一步将集中在生物、遗传等生物学领域，将是一个"人机世界"。在本周，信息科学家宣布发明了一种建立在 DNA 代码基础上的计算机。在这之前，都是信息技术改变生物技术，现在则是生物技术更好地改变信息科学和技术。据最新的新闻报道，上周以色列的科学家发明了这种基于 DNA 技术的计算机，非常小，细胞组织可以储存数以亿万计的信息，而且准确率达到99.8％。未来，这样的计算机可以在人体细胞内担当起一个监视器的作用，以观察人体内部是否有病变，并提出治疗方案，好让医生对症下药。

所以我说第三次浪潮有两个阶段，第一个阶段是数字阶段，第二个阶段是生物学和信息技术的融合阶段。这些都是第三次浪潮的组成部分，第四次浪潮将在这之后出现。

预言四　第四次浪潮中人类移民太空

在第四次浪潮中，人类开始越来越认真地考虑迁到宇宙其他星球上去，并在某些星球上繁衍生息。我创办的托夫勒公司目前正与美国国家宇航局联合从事一项研究，主要研究宇航生物学。通过宇宙空间站来了解上面生物的变化。我们常常纳闷：有些事情看起来不可思议，按常理以为有些地方生命不可能存在，但我们却发现了生命。如在非常非常深的海沟里，压力很大，但是我们发现了微生物。在北极圈的海洋底下，也同样发现生命的存在。我们研究小组正在研究，生命（不光是指人类）在火星上，有没有可能存在？目前，公司由一位诺贝尔奖获得者领衔的小组正在从事这方面的研究。

在宇宙中，由于引力极小，细胞受到的压力也小，非常有利于做细胞实验，这样产生的医学结果就与地球上实验结果不完全相同。也就是说，在天上可以做到地面上做不到的事情。

（摘自《经济日报》2001 年 12 月 4 日）

中国是多极世界中的
重要一"极"

［日本］羽田孜[*]

人类社会发展到今天，已经进入信息时代了。信息时代的突出特点是信息发出点的多元化和信息接受点的平等化。不可能出现由一个国家，哪怕是像美国那样的超级强国，控制和独占全部信息的情况，仅中国现在就有13亿多人口，而且经济增长的速度相当快，综合国力是相当强的；欧洲共同体经过几年的发展，现在已经有23个国家加入，货币也实现了统一，整体的经济实力是相当强的；我国的国民经济总产值，尽管几年来处于低迷不振的状况下，仍然居于世界经济的第二位；还有俄罗斯，这几年经济恢复发展得很快，加上它原来的经济基础相当雄厚，所以在整体实力上仍是排在世界各国中的靠前位置上的。这些国家，包括欧洲共同体，都能对世界发挥重要影响。所以我认为在21世纪当中，至少日本、中国和欧洲联盟可以构成多极世界中的几个"极"。而相对于"一极"而言，构成世界范围内的"极"的数量越多，世界的和平与稳定就越有保障，世界的经济发展也就越具有理性，世界的民主趋势也就越不可逆转。而在这些"极"当中，日本与中国的地位和作用将会日益凸显出来。

由于日本和中国两国各自具有的不可替代的能力和特征，两国在21

---

*羽田孜（1935—   ），政治家，1994年出任第80届日本首相。

世纪中可以发挥的作用也是多方面的。在政治方面，中国是联合国安理会的五个常任理事国之一，其在世界政治中特别是在发展中国家的信赖程度和示范榜样作用是特别大的。日本是多数担任联合国安理会非常任理事国国家中任职次数多、时间长的国家，在国际政治上，特别是调解地域纷争的活动中，可以有很大的发挥空间。在经济方面，进入 21 世纪之后，东协（东南亚经济协作组织）亚太经合会（亚洲太平洋经济合作会议）、欧盟以及北美自由贸易区等世界三大经贸集团时间的互动发展关系日益密切。中国大陆实行改革开放政策以来，发挥其拥有庞大廉价劳动力与潜在市场的优势，积极吸纳全球范围的资金与技术的投入，已逐步发展成为世界的制造工厂。这对于世界经济，尤其是主要发达国家的经济持续增长及世界范围内的生产资源重新配置以及经济分工都有非常大的影响作用。而且这种作用将随着中国经济的持续发展而日益突出。

日本由于持有数额巨大的外汇储备和国民储蓄，在资金资源要素方面具有明显的优势。现在世界经济贸易中最活跃的就是资本的流通，而日本多少年来一直是为发展中国家、甚至包括部分发达国家提供资金援助数额最大的国家，在这方面日本的优势和起的作用可以说是无可替代的。在科技文化方面，就科技而言，日本现在拥有的 10 名诺贝尔奖学者中，有 7 位是自然科学方面的，这在亚洲国家中是最多的。日本还制定了在未来 50 年中，争取使获诺贝尔奖的人数增加到 30 名的计划。这样，会增加日本经济持续发展的后劲儿，促进日本技术的升级换代，进而带动亚洲乃至世界经济发展。

文化方面或许中国的优势更多些。一方面有悠久的文化积淀和传统，另一方面各种外来文化都可以在中国获得数量众多的消费群体，这在客观上促进了世界文化的发展。况且，中国现在每年也有大量的文化产品传输国外。

1972 年日中两国实现邦交正常化以后，我在 1973 年便访问了中国，当时中国还处于"文化大革命"中，各企业的生产受到的冲击很大，商店里的商品种类也不太丰富，街上看到人们所穿的服装大多是灰色、蓝色和黑色的工作装，再就是绿色的军装，很难看到色彩鲜艳、样式新颖的着装。"文化大革命"结束后，中国实行改革开放政策后，中国的变化特别大，商品非常丰富，人们的服装也变得多彩多样了。日中两国的交流与合作很快地在政治、经济和科技文化等各个方面得到了很大的发展；现在中国是日本的第二大经济贸易国，而日本是中国的第一大经济贸易国。这种经济上的互通、互需、互利、互补，是日中关系不可能出现破坏性退步的基本保障。当然其他方面的交流与合作也是极其重要的。

据历史学者考证和家谱，我的远祖是由中国来到日本的，也就是说我的身上有中国人祖先的血统，对于中国，我始终怀有友好的感情。从历史上看，中国文化是日本文化乃至东亚、东南亚文化的源起国，正是由于受到悠久的、优秀的中华文化的启蒙与熏陶，日本、朝鲜还有东南亚的许多国家才获得了堪称先进的文明洗礼，逐步发展起来。应当承认，中华文化对日本的影响是多方面的，不仅有文化层面的、还有经济层面的、伦理价值层面的，古代最突出的例证就是唐代的鉴真和尚不惧艰险，东渡日本，长期滞留在日本介绍传播中华文明。直到现在，鉴真和尚在日本国民的心目中的形象也是相当好的；还有秦始皇时的徐福东渡日本的事，现在日本好多地方还有徐福寺庙，每年都有许许多多的日本人去那里祭奠。历史上在相当长的时间里，日本是以中国为师的。只是到了近代，特别是第二次世界大战后，由于日本在对中国的侵略战争中给中国国民造成了很大的伤害，也还由于战后相当长的冷战时期，日中两国处于生疏、紧张和对立的环境。也使得两国原有的友好关系，出现了一大段历史空白，直到1972年田中角荣首相力排众议，作出发展与中国的国家关系的决断，才为日中友好关系的恢复与发展，打开了缺口。从那时到现在，已经30年了。可以说，在这30年中，日中两国关系，已经由初始恢复阶段走向日益成熟的阶段了。

现实问题中最突出的是台湾问题。日本政府在与中国恢复外交关系正常后，始终坚持"一个中国"的政策，不与台湾发展政府间的正式外交关系，只进行民间交往。而现在大多数日本人认为，关心本国的经济复苏比关心台湾独立更重要。现实是不论中国大陆或是中国台湾都是处于东亚地域，东亚地区应当争取建立"东亚经济共同体"，由其发挥协调本地区各经济体的相互利益，规范其经济行为，并应对来自经济全球化和地区外其他国家经济体的挑战与竞争，现在大陆和台湾都加入了WTO组织，这就为双方在广泛的范围和更规范化的层次上开展交流拓展了新的机遇和新的舞台，希望双方会把握住。

（摘编自童新政著：《日本高层看中国》，台海出版社2003年版）

我爱你，中国

［菲律宾］拉蒙·埃斯卡尼拉斯[*]

我有许多在北京工作的菲律宾朋友。每次他们回国度假都要给我讲他们在中国的生活。他们的每一个故事都伴随着我无休止的提问。终于，朋友们受不了了，说："既然你对中国这么感兴趣，干嘛不自己去中国看看呢？"这种好奇心渐渐演变成强烈的愿望。那时，对如何去中国，到中国干什么，我心里一点数也没有。直到我接到中国国际广播电台的聘书，成为该台菲语部专家，我的愿望才真正变成现实。

1991年，我第一次来到中国。宽阔的马路上车辆不多，出租车也很少。出门打车，要到离自己住处较近的宾馆去排队。自行车是人们使用最多的交通工具。当时，北京高大的建筑很少，在我的印象中，国际台大楼就算是一个非常高大的建筑了。如果你想喝杯咖啡或买高级化妆品，就得上五星级饭店。那时，夜生活对中国人来说还比较新鲜，各种娱乐活动主要集中在一些大饭店里，而那里所见到的大都是外国人。

在我来中国的第二年年底，中国的发展开始加速，中国的面貌也随之发生了日新月异的变化。汽车渐渐多起来，商品日益丰富，一些高档消费品在中等商场就可以买到。4年后，我已经完全适应了中国人的生活。在众多富丽堂皇的大厦群里，国际台大楼已相形见绌。随着道路增多、加

---

*拉蒙·埃斯卡尼拉斯，哲学家。

宽，车辆也越来越多，尤其是私人汽车的增多更惹人注目。我已是第二次来中国工作了。朋友们问我，为什么一定要去中国。我说，虽然去美国或阿拉伯国家可能挣钱会多些，但是到中国工作感觉更好，那里社会安定，人民友好。

对我来讲，与中国人进行感情交流并不是一件难事。有人问：你就会有限的那么几句中国话，你和中国人如何沟通？语言对做生意来说不可或缺，但在友好交往中却不是障碍。友好交往并不需要太多的语言，我与中国人用心交流。我常到商场购物，起初，那里的售货员称我"朋友"，时间长了，他们以微笑与我打招呼。尽管他们不再以"朋友"相称，但我却从心里感受到他们的友情。

我去过中国许多地方，河北、陕西、辽宁、云南、广东、天津。给我留下最深刻最美好印象的是三门峡。三门峡位于河南省，那里的人们非常热情友好，对我们这些来参观的外国人照顾得无微不至，他们让我们免费住在他们家里，把我们当天使一样对待。

中国的经济正在以令世人震惊的速度向前发展。好比爬长城，当我们还在山腰奋力往上爬时，中国的经济已经达到了长城的顶端。如果没有中国共产党强有力的领导，中国经济不可能长期保持快速发展。中国共产党振兴了经济，改善了人民生活。因为有了共产党，中国人民才享受到他们现在所享受到的一切。我可以毫不隐讳地说，中国共产党是一个久经考验的政党，是为人民的政党，而不是一个政客的党。

中国是我开始后半生的地方，从一个哲学教授到一个广播工作者，我步入了人生新的里程。教师是培育人的工作，我热爱这个工作，从事这项工作我感到身心欢畅。做广播工作同样使我感到身心欢畅。电波把我们与世界各国的听众紧密连在一起。如果让我再一次作出选择，我一定还选中国。

我爱你，中国！

（摘自《人民日报》2002 年 12 月 13 日）

中国人能够创造奇迹

［埃及］ 伊斯梅尔·侯赛因*

亲爱的朋友们：

我想，在座的各位一定与我有着共同的感觉：在短短的几分钟里，表达我对中国的感情，确是一个艰难的任务。

所以说其艰难，是因为中国具有五千年的文明史，她的天空下生活着世界上五分之一的人口，她是绘制 21 世纪的世界蓝图的最大参与者；我说艰难，是因为中华人民共和国的诞生是 20 世纪后半叶世界上最重要的事件之一；是因为中国在最近 20 年中取得的成就，是许多国家和民族在这样短的时间内难以实现的；是因为这个世界应该授予中国最伟大的人权勋章。请问有比把占世界五分之一的人口从穷困和死亡中拯救出来，使其过上体面的生活更伟大的成就吗？

我真要嫉妒自己，嫉妒任何一位生活在中国特别是在这一时刻生活在中国的外国人了。因为，我们目睹了这里目不暇接的发展，身心感受这里惊天动地的变化。如果说我对中国成就的一切是惊叹不已，那并不意味着我诧异不解。因为建筑了万里长城的人们是能够创造奇迹的！拥有如此深厚的文明遗产的人们，决不会因一次跌倒、一次失足而放弃伟大的征程。

*伊斯梅尔·侯赛因，《今日中国》杂志社埃及专家，在华工作 8 年。由于成绩突出，他获得了 1999 年度中国政府授予外籍公民的最高奖——"友谊奖"。该文为颁奖大会讲话。

亲爱的朋友们，

尽管我的出生地——埃及的金字塔与你们的长城相距万里，但是，我从未觉得自己是中国土地上的陌生客，是中国人中的外国人。每当我离开北京时，心中总怀有深情的眷恋和强烈的回返之感。在我与中国的一切之间、与中国有关的一切之间，出现了一种奇怪的关系，使我于1997年7月1日之前背上行囊，前往香港，以把它的回归深深地镌刻在我的记忆之中；也是这种关系，使我非常珍重在1999年10月1日与你们同在，置身于你们中间；还是这种关系，会在今年的12月把我带向澳门，目睹其投向中国怀抱的回归。我真诚地希望能在不远的将来，与你们同庆台湾问题的解决，使中国大家庭得以团圆。就是这种关系，使我在谈起中国时，如我们的一些朋友们所说的那样，感情同中国人一样深厚。

亲爱的朋友们，

50年前，中国的伟大领袖毛泽东在天安门上庄严宣告：中国人民从此站起来了！1982年，邓小平在中国共产党第十二次全国代表大会的开幕式上果断地宣布：我们坚定不移地实行对外开放政策，在平等互利的基础上积极扩大对外交流。到1997年中国共产党召开第十五次全国代表大会时，江泽民主席又郑重宣布：中国决不放弃改革开放政策。此时此刻，我想起了中国伟大的思想家和哲人孔子曾经说过："吾少也贱，故多能鄙事，吾十有五而志于学，三十而立，四十而不惑，五十而知天命。"今天，中国确确实实地知道上天所欲。

亲爱的朋友们，

在中华人民共和国欢庆成立50周年之际，授予我"友谊奖"，是一件意义深远的大事，因为它正式地表明了12亿中国人民的友谊。生活在中国人民中间的人们，都了解中国人民对友谊的崇高和珍视，他们把友谊视为一种生命的价值。作为一个国家，中国将其体现在对和平与发展的呼唤与提倡及其坚持不懈地与其他国家人民建立友好关系。

再一次在新中国成立50周年之际向你们表示祝贺。我要对你们说，是你们伟大的人民使我热恋这个国家，成为她忠诚的情人。在这个国家里，我感受着中国的温暖，享受着友朋的挚爱。最后，我要对你们说：我爱你们，中国人民！

（摘自《人民日报》1999 年 10 月 14 日）

他改变了中国——
江泽民的历史功绩

[美国] 罗伯特·劳伦斯·库恩*

西方对中国的误判和对江泽民的曲解屡屡发生。他们不能正确理解中华民族的自豪感和爱国心，对中国日益强大的国力忧心忡忡。这种误解延伸到了江泽民身上，很多人认为他是一个强硬的独裁者，统治着一个好斗的极权主义国家。这使他非常失望：因为事实并不是这样。

然而江泽民挺了过来，最终保持了社会稳定，放开了经济，加速了经济发展，极大地提高了人民生活水平，扩大了经济和社会自由。他还把握住了中国社会中一些主要矛盾——贫富之间、城乡之间、沿海与内地之间、私有制与公有制之间、劳资之间、精神文明与物质文明之间、中国历来的价值观念与传统的共产主义思想之间、西方文化与中国文化之间、对外开放与保持中国特色之间等等，使之得以协调。

江泽民把忠于祖国、忠于人民、忠于中国的文明放在首位，当他发现19世纪的两条原则在21世纪行不通时，他明白必须加以改变。第一条是一味强调阶级斗争的专政理论。第二条是国家应当拥有一切生产资料。阶级斗争和公有制观念起源于19世纪中叶的工业化时代，不适合21世纪初

---

*罗伯特·劳伦斯·库恩（1945—　　），美国著名国际投资银行家和公司战略家，现任花旗集团公司执行董事，库恩基金会董事长和库恩全球资本公司董事长。

的信息时代。今天知识产权和商业企业是国家的真正财富，而知识型工作者和企业创始人是经济的推动者。江泽民必须为党创立一个新思想，把新的社会阶层囊括其中，否则就无法顺应时代潮流，很快就会失去合法地位。

江泽民的信仰体系可以说是由 4 个层次构成的。

最根本的一层有两大支柱：中华民族的自豪感和爱国主义精神以及中国的价值观和文化底蕴。这对江来说是终身不变的，是一切赖以建立的基础。

第二层是经济发展，在现代世界里，这是增强国力和振兴文化的唯一途径。

第三层是党的领导。江坚信，只有共产党才能保证国家的稳定、统一和前途，这是中国发展经济、弘扬文明和恢复自尊所必不可少的。

第四层是江的社会主义和共产主义政治信仰，如今已经在"三个代表"思想中面目一新。

江泽民绝不是一个空想家。他是一个工程师，有着 25 年解决各种实际问题的经验。如果一家发电厂出现故障，他就必须修复它，用的不是理论，而是要现实地面对生锈的管道和爆裂的锅炉。因此，当事实证明在竞争激烈的全球化市场中，指令性经济和禁止私有制发展是造成国家停滞不前的关键所在时，江必然会遵从邓小平提出的"实事求是"的号召。在庆祝中国共产党成立 80 周年的重要讲话中，江用自己的话转述了邓的思想："要坚持实践是检验真理的唯一标准。"

江努力把共产主义目标、自由市场经济和中国的传统价值观念结合起来，使之适应当代社会的发展。为了加强党的建设，他运用了各种概念，开展了教育运动，其中包括"精神文明"、"讲政治"、"三讲"以及最后的"三个代表"思想。

正如江泽民及其主要顾问设想的那样，江的思想融合了上述所有理论和表述，阐明了他完整的政治哲学。作为其精神财富的核心，江的思想是在毛泽东思想和邓小平理论基础之上"对马克思主义的进一步发展"，而且他要使这一思想成为党在 21 世纪的指导思想。

建立在诸多格言和警句之上的江思想具有三个相互关联的目标——物质文明、精神文明与政治文明——"三个代表"便是实现这些目标的途径。三个"文明"是最终目标,"三个代表"重要思想是其手段。物质文明指的是经济财富,包括各种产品与服务。精神文明包括文化、道德、伦理、哲学、文学、艺术、自然科学与社会科学。政治文明则是最终达到某种民主的社会与法制体系。

第一个"代表","先进生产力",创造性地使用了马克思主义的术语:"生产力"。第一个"代表"是党振兴中国的首要目标,即建设"物质文明"。对江泽民而言,第一个"代表"体现在科学和技术创新之中。如此一来,党就能代表知识分子,并且党自身也会知识化。正因为如此,中国的科技界最先热情拥护并支持江的新理论。

中国的知识分子终于迎来了他们早就该有的翻身日子。在毛的"文化大革命"时期,这些人曾蒙冤含垢。如今,时隔 30 年,他们成了中国新时期的先锋队。20 世纪 50 年代和 60 年代,政治运动接踵而来,作为一名胸怀崇高理想的忠诚的共产党员,年轻的江对知识分子受到严厉惩处感到非常不安,因为在他眼里,他们本是建设中国的生力军。现在,作为同一个党的领导人,江总书记终于能颂扬和重用中国的知识分子了,因为他们是推动"先进生产力"的杰出人才。

第二个"代表","先进文化",把道德、文明同高尚的品格和先进的社会理念、共同的信仰以及所有的艺术形式结合到一起。它是共产党振兴中国的补充目标,涵盖"精神文明"的建设,用江泽民的话来说,就是要"有理想、有道德、有文化、有纪律"。江认为,在先进的文化中,崇尚科学必须蔚然成风。

先进文化还标志着对中国数千年灿烂文明与伟大成就感到满怀自豪。尽管共产党因为解放中国而得到赞扬,但也因为损害,有时甚至是破坏中国传统文化而受到批评。例如,几十年来,儒家思想被作为"封建思想"受到批判。江拥有深厚的文化根基,他力图恢复中华文明的价值观和传统美德，并使之与马克思主义相结合。

第三个"代表"再次明确了党为人民服务的角色，涉及中国所有的社会阶层（"最广大人民的根本利益"）。虽然第三个"代表"只是清楚地表明要为人民谋幸福，但它使党的范畴从传统的基础——工人和农民——扩大到所有人群，包括那些创造知识的人（如科学家），还包括争议较大的那些创造财富的人（如企业家）。

江泽民因为放宽入党的阶级条件，将那些科学和商业领域的创业者网罗进党内而招致批评。在江看来，唯有把创造代社会知识和财富的人吸收入党，才能使党继续执政。

江泽民所塑造的共产党模式是一个生机勃勃、以行动为导向的先锋队组织，它受意识形态远大目标的激励，但不受其教条的束缚。作为执政党，中国共产党以全体中国人民的福祉（包括物质和精神两方面）为己任。在中国的体制中，共产党作为执政党寻求与 8 个规模较小的民主党派的"合作和政治协商"。江模式的共产党还承担着确保国家统一，高举民族主义火炬的职责。江的"三个代表"思想保留了共产主义的旗帜和最终目标，但使其经济结构和社会制度现代化。

为使党获得新生，江泽民在党内倡导一种民主气氛，即"党内民主"，使争论发生在党内而不是在不同党派之间。由于党内政见有所差异的人们各自努力扩大自己的影响，左右政策，推举人选，因此它们发挥着类似于多个政党的作用，形成了相互制衡的民主雏形。

江面临的挑战是如何在同辈人中达成共识，而不是依靠过去的强制措施，而这些同辈人大多长期在中央政府中工作。冷溶说："江泽民使党'正常化'。"江泽民执政时，每一个人，不管是领导还是群众，对重大事件了解得更多了，发表独立见解也更加自信了，在这样一个个人意见越来越多的环境中，只有善于达成共识的人才能获得成功。江的功绩之一就是今天的中国已成为一个正常的国家：几乎没有人愿意退回到过去时期去。

事实证明，江泽民是一名斗士。江的事业是从一系列意外事件中起步的，他能熟练运用自己敏锐的政治本能，最终成为一位给中国带来巨大变化的领导人。江从众多经验丰富的政治家当中脱颖而出，这令批评家大感意外，他们本以为他只不过是一个无足轻重的过渡性人物。尽管是意外就职，而且并没有野心，但江巩固了自己的地位。

江还是一位文化方面的斗士。他常说，如果一个中国人对贝多芬的交响乐和莎士比亚的戏剧一无所知，他就是精神贫困儿。江告诫身边的人说，中国应该吸收外国文化的精华，但是绝不能抛弃自己的传统。他把中国的传统文化称为抵御西方文化侵蚀的堡垒。他担心，如果西方文化吞噬了中国文化，那么中国的完整性将面临威胁。因此，江告诫中国的作家和艺术家要保持自己的活力、品格和独立性，不要让西方流俗淹没了自己。他鼓励学生要通晓中国文学、艺术、音乐、历史和哲学。就像他是一个自豪的政治爱国者一样，江还是一个热心的文化爱国者。

作为中国的领导人，江鼓励振兴中国的科学和艺术。他本人也喜欢与中国著名的科学家、艺术家、作家、音乐家、演员和电影导演共度时光。在他看来，通过知识和文化来丰富中国人民的精神生活是一项终身使命。

江热爱中国人民，他相信自己最懂得如何改善人民生活。他对人民的理想有自己的看法，并努力通过丰富的物质生活、社会主义理想、传统的道德观和丰富的文化生活来实现人民的理想。如果再融入爱国主义、民族自豪感和国际声誉，这可能是中国曾经制订出的最为广阔的未来远景。

作为一名领导人，这位和蔼可亲、想当教授的人从来没有像毛泽东或邓小平那样赢得人们的无限敬畏。街头巷尾流传的一句顺口溜是这样说的："毛泽东的话一句顶一万句，邓小平的话一句顶一百句，江泽民的话一句就顶一句。"这句话或许意在贬江，但事实上却是在赞美他。在江的领导下，中国已经成为一个权力越来越分散的社会，不再仰仗于某个人的心血来潮和反复无常，中国人对此应感到万分庆幸。

有时，江泽民说话幽默，喜欢当众引吭高歌，但是事实证明，他的每一点功绩都有着无比深远的意义，堪与毛和邓的功绩相提并论。泰伟斯教授说，江泽民"所处的执政环境比他的前任（毛和邓）要复杂得多，他不拥有建立在革命基础之上的权威"。泰伟斯指出："江的角色的复杂性"

可以"用西方企业的一个词来概括，这就是'首席执行官'——全面负责大企业各项工作的总经理……他（江）应被看做今日中国的'首席执行官'，即CEO，这样最合适不过了"。从结果来看，江独特的领导方式，以机敏的说服和审慎的行动见长，这正是处于探索时期又强烈希望强大起来的中国所必需的。

或许，最难能可贵的一点就是，虽然江泽民身为13亿人民无可争议的领导人，但在内心里他还是一个率真的人。江爱家庭，爱祖国。他喜欢显示自己的身体技能，上大学时做引体向上，在夏威夷时下海游泳。他会大大方方地用各种不熟练的外语跟人交谈几句。他的行为会很好笑，他会发脾气，他也会挑剔自己的外表。他有毕生的私交，他向他们吐露心声，倾诉心中的失落，分享自己的快乐。在向他人展示自己孙子孙女的照片时，他会高兴地笑。

江喜欢美食，特别是扬州和上海的家常便饭，但他不得不注意自己的体重。他喝酒适度，这一点与毛不同；他讨厌抽烟，这与烟不离手的邓完全相反。

在招待俄罗斯总统弗拉基米尔·普京的国宴上，江邀请同他唱俄语歌曲。普京回答说："体育方面我什么都行，但就是不会唱歌。"江毫不介意，转而邀请普京夫人跳舞，让一些外交官惊得合不拢嘴。

的确，江热爱音乐，喜欢表演。没有比这更能让他身心放松的事了。然而，他还认为，在公开场合放声高歌向世界展示了中国人性化的一面，中国的领导人是一个普通人，而不是一个皇帝。一个略显可笑的领导人要比一个骄傲自大、不近人情、自以为是的领导人好得多。江泽慧笑着说："他一点都不像西方人在别的国家看到的那些严肃刻板的共产党领导人。"

另有人私下批评江事事都想当专家，从政治理论、经济分析到文学、诗歌、艺术、科学。但对江来说，其动力来自满足内心需要，而非渴望他人尊敬。他对一切都充满好奇，求知欲极强。

历史将会怎样评价江泽民呢？他有着深厚的中国文化与传统的根基，有着受压迫而产生的爱国主义情怀，拥有受到早期社会主义影响的理想主义，他具有工程师解决问题的思维方式，知识分子涉猎百科的雅趣，这样一位历经扬州、上海、长春、武汉、北京的江泽民，最终于20世纪后期横空出世，在中华民族伟大复兴的理想的推动下，他成为永久性改变了中国的人。

虽然他不是经济学家，但他实施了邓小平的改革开放政策，（在他人协助下）引导宏观经济和产业政策安全驶过惊涛骇浪。虽然他没有从军经历，但他对军队实行了现代化改革，赢得了军队的拥戴。虽然他不擅政治伎俩，但他却成为协调众议、理顺党内关系、巩固权力的行家。虽然他不是律师，但他规范了党和政府的法律、法规和议事程序，让地方官员处在人大的监督之下。虽然他不是法官，却能惩恶扬善，给广大民众带来空前的财富。虽然他不是哲学家，却能阐明社会矛盾，传承文化、道德、文明和美德。

在短短的几年内，江泽民领导中国完成了惊人的转变——从一个因"天安门事件"而动荡不安的国家转变为世界经济发展的主要发动机和商业文化中心，成为一个充满活力和开放的国家。10多年间，中国发展成为备受尊重的外交大国。江泽民的贡献之一就是使政府体制正规化，至少对那些追随其后的人来说是这样。如果说，江最深切的愿望是使自己深爱的祖国在经历了几个世纪的耻辱之后，重新走上复兴之路，那么这个出生在扬州的和蔼可亲的工程师已经获得了成功，他的功绩超出了所有人最大胆的预想，无疑也包括他自己的预想。

这一切是多么的不可思议，江泽民12岁读中学时，日本侵略者强占了他的学校；17岁时，他在被日寇占领的南京参加"反毒品"学生示威；23岁时，江在被战争摧残得千疮百孔的上海分销冰激凌；31岁时，江被迫在长春第一汽车制造厂批判"右派"，接着奋力将其发电设备改燃原油；41岁时，在"文化大革命"期间，江在武汉被红卫兵剥夺了受周恩来总理接见的机会；54岁时，在邓小平尝试推行改革政策的头几年里，江为经济特区奔忙；62岁时，也就是1989年初，身为上海市市长的江泽民开始制订退休计划；66岁时，也就是1992年，江总书记面临着经济挑战和政治斗争。谁能料想到这一切呢？

中国这个世界上人口最多的大国，正在进行历史上最深刻的变革。江泽民的一生，堪称当代中国的编年史。至于江泽民的卓越功绩，那就是缔造了中国的未来。

（摘编自罗伯特·劳伦斯·库恩著：《他改变了中国——江泽民传》，谈峥、于海江等译，世纪出版集团上海译文出版社 2005 年版）

第四部分

2002 至今

中国全球化，世界中国化

［俄罗斯］雅科夫·贝格尔*

到今年年底，中国实行改革开放就30年了。30年前，根据执政的共产党的决定，中国逐渐向世界敞开大门并开始了解世界。中国伟大作家鲁迅的梦想实现了：中国在用砖头加固将其与其他民族隔离开的长城。融入全球化的方针与建立市场经济的方针并举。30年来，中国的内政和外交相互促进，相辅相成。

经 济 腾 飞

中国在物质上从全球化中得到了什么？政治稳定、廉价和勤恳的劳动力、各类政策优惠将大量的外国企业家吸引到这个国家：起初是来自港台地区的同胞，然后是美国、欧洲、日本和韩国的大公司。他们在中国站稳脚跟后，开始生产日益优质和工艺日益复杂的全球知名品牌，这些商品很快充斥了中国国内以及各大洲国家的市场。

---

*雅科夫·贝格尔，俄罗斯科学院远东研究所主任研究员。

外国投资占中国国内生产总值的份额还不到3%，但它们确保了其大部分的对外贸易和五分之一的国家财政收入。外资企业共有员工2800万人，占城市工作人口的十分之一。中国成为世界的工厂，两个世纪前这个头衔还属于英国。2001年中国加入世贸组织后，这个进程更加快了。今天，中国的摩托车产量占世界的五分之二，空调占三分之一，洗衣机占四分之一，电风扇占四分之一，电冰箱和化纤产品占五分之一。

急剧增长的出口拉动了整个经济的发展。外国企业家带来了现代化的工艺和先进的管理经验，这些又为民族资本所利用和借鉴。30年来，中国的国内生产总值增速无人能敌——年均10%以上。国库得到快速充实。中国外汇储备达到天文数字——1.5万亿美元，人均收入超过1000美元。这还没有把拥有不少黄金外汇储备的香港算在内。得益于此，中国在1997年至1998年重创许多亚洲国家的金融危机中经受住了考验。现在，中国还抓住机会向国外输出资本，购买其感兴趣的不同经济领域的境外企业资产——在国内能源和原料极度短缺的情况下，这显得尤为重要。

沿海城市的面貌日新月异。现在，这些地方的城市建设、公共事业的居民福利与发达国家的都市已经不相上下，当然中国内陆地区还远远达不到这样的水平。

制 度 创 新

全球化和市场的发展要求重新构建中国经济的制度基础，使之接近国际标准。中国实行了建设法制国家的方针。在法律层面调解所有制关系，特别是恢复改革前几乎被消灭的私有制，具有十分重要的意义。

该国还对宪法进行了必要修改。1997年召开的中共十五大承认私营经济是"中国社会主义市场经济的重要组成部分"，并于 1999 年对宪法作出相应修改。2004 年修订的宪法规定，公民合法的私有财产不受侵犯。这样，私有财产与国家财产几乎享有同等地位，此前只有国家财产被认为是不可侵犯的。

在最近两次中共代表大会的文件中，提到了合法的劳动收入与合法的非劳动收入都应得到保护，这在思想上、政治上，还有心理上，都具有原则性意义。就在不久前，所有的非劳动所得还被看成是剥削而来的收入，以正统的思想观念来看，是非法收入。

出台了一系列重要的法律法规，以确保各市场经济主体的平等竞争和市场机制自动发挥作用。减少了对经济的行政干预，提升了市场对资源配置和价格形成的作用，不过这项工作依然任重而道远。

国家仍是最重要生产要素——土地和资金和主要投资者和管理者。当前行政垄断还很严重。因此，政府职能和管理体制正在成为主要改革对象。

目前，改革已逐步涉及政治和社会机制，它们与市场机制脱节的情况开始改变，因为全球化和市场经济催生了新的社会族群，每个族群不仅有自己的利益，而且都想实现自己的利益。

生活方式西化

全球化改变了成千上万中国人的外貌，尤其是生活在大城市的人。改革之初，上海一家照相馆的橱窗里，一件西式夹克衫格外引人注目，衣服上挂的牌子写着："可以穿这件夹克在店里照相。"那时，许多上海人都还穿着毫无款式可言的蓝色或灰色棉布衣裤，对于当时十分罕有的时装，当然乐意一试。今天，上海和其他中国城市的居民早已经习惯各种颜色和款式的衣服，就像任何一个西方国家。商场柜台里琳琅满目的商品针对不同品味和消费阶层的人。过去，留长发都会被视为对正统的挑战，现在，姑娘小伙不仅梳着时髦的发式，还把头发染成各种颜色。

全球化，或者说西化，不仅改变了潮流和时尚，而且改变了人们的社会行为。过去，人们大都在30岁以前结婚。男女发生婚前或婚外的性关系要被开除或重罚。现在，离婚率迅速攀升，而且常常是女方提出离婚。情侣们，包括非传统性取向的情侣，不再隐瞒自己的关系。这些导致的不可避免的结果是卖淫、淫秽出版物和艾滋病的传播。

当世界越来越钟爱营养健康的中餐时，中国消费者却对汉堡包、炸鸡腿和用转基因土豆做成的薯条趋之若鹜。过去，中国人的饮食以蔬菜、米饭和豆类为主，患心血管疾病的人比西方少得多，今天，越来越多的中国人为肥胖和胆固醇过高所苦。酒类消费不断增加，伴随而来的是肝硬化和神经紊乱等疾病的发病率上升。今天6.7%的中国男人患有酒精依赖症。

中国有数万年轻人赴西方大学深造。数百万人在本国学习英语。在掌握现代化知识的同时，他们还学到了西方的世界观、生活态度和行为方式。

西方大众文化与民族文化的联系正愈发紧密。中国年轻人播放器里的音乐是其西方同龄人正在听的音乐。他们观看同样的好莱坞特效大片、肥皂剧和电视娱乐节目。美国的电影和体育明星在中国的受欢迎程度不亚于本国。中国有的城市还准备建迪斯尼乐园。

但是，说西方化已经完全战胜中国人的传统生活方式就言过其实了。上面所列举的只是年轻人中间的现象，而且是大城市的年轻人，老一辈人和小城镇的居民所受到的影响则要小得多，他们构成了人口的主要部分。而且，中国的人际关系建立在有别于西方的基础之上。人与人的关系中道德和伦理所占成分多于利益。

文 化 交 融

西方世界能否像改变中国经济那样在未来彻底改变中国文化？这个问

题还没有一个最终答案。而从中华文明的历史经验来看，只会得出相反的结论。几个世纪中，它成功吸收了其他文化的元素，使其自身文化得到充实和巩固。能否改变中国文化，很大程度上取决于某些基本传统的生命力，其中一个重要传统是，无论身处何方，每个华人对自己的根部都有一种深深的眷恋。这种情结不是现代化或西方化能够斩断的。不仅在中国大陆，中国文化在西方的前哨阵地新加坡和香港，也是如此。

很可能出现的情况是，在中国全球化的同时，世界也在某种程度上"中国化"，这既表现在经济方面，也表现在文化方面。今天人们对中国的兴趣日渐深厚——不仅对其伟大的历史遗产，还对从科学、艺术到体育的各个社会生活领域的成就——就证明了这一趋势。2008 年夏天的北京奥运会和 2010 年上海世博会还将使这两种趋势加强。

（摘自俄罗斯《独立报》2008 年 1 月 29 日）

中国民主建设
不要急于求成

［俄罗斯］瓦列里·叶戈扎良*

中国的问题

如今，人们指责中国破坏人权、不愿意缩小外贸顺差、汇率政策僵化、缺乏民主……总之，为目前保障中国顺利发展的一切因素而指责它。但动机本质上只有一个：批评中国的人只不过是害怕中国。大多数欧洲人对亚洲人的世界观的理解非常有限，他们仅仅意识到：强大的中国对很多人来说是一个严重的问题；只有很少一部分欧洲人明白，衰弱的中国对所有人来说却是更严重的问题。

说实话，没有人真正了解中国社会现在发生的政治和社会进程及其可能引发的结果。但我在中俄政治学家研讨会上发现，这些不寻常的进程确实存在。该研讨会是由中方发起的，于9月在北京举办，这本身就能说明问题。论坛的俄方伙伴是社会规划研究所。

研讨会名为"中国和俄罗斯：国际大背景下的民主建设"。所有听到

*瓦列里·叶戈扎良，俄罗斯社会规划研究所国际研究中心主任。

这个说法的人都会微微一笑，觉得有几分嘲讽。确实，这里有什么民主建设成就可言呢？起初显而易见的是，中国政治学家是要按照中共中央的授意来举行这样的活动，目的是宣传民主可分为不同类型，其中一种民主与西方民主截然不同，很适合中国；同时，还要抨击美国"输出"不一样的西方民主。而俄罗斯方面应当认真表现出对此类活动的效果很感兴趣的样子。

然而实际上，一切都更为复杂而有趣。中国同行出人意料地开始讨论确确实实与"国际大背景下的民主建设"直接相关的问题。研讨会开始一个小时后，其前所未有的开放性和绝对名实相符的特点就展现出来了，其口号已经不再惹人发笑。这是我几个月来参加的第一次内容丰富的研讨会。我们的政治家和学者通常会在这类场合打瞌睡，这次却没人这样做。一方与会者表现出关注和由衷的兴趣，另一方则显得很惊奇。

主办方撇开多余的"中国式礼仪"，开门见山地试图从我们这里弄清楚"主权民主"概念的含义和内容。他们比很多俄罗斯公民更快地想到，在这个词组中包含自由的个人与强大的国家和谐共存的思想，这两者（真是俄罗斯政治精英的绝好发现）并非彼此对立。和谐发展的个人需要选择、获取、保有言论表达等各方面的自由。只有一个有能力使社会关系体系的一切参与者遵循既定游戏规则的强大政权，才能保障公民的自由和权利。中共中央似乎早就认同了这半个公式。

另一半公式是：政府应当知道，只有拥有能够催生责任的财产和权利的自由人才能成为它的拥护者、保卫者和爱国者。这半个公式尚处在研究之中，而且研究它的不只是中国。人们花费了不少时间才认识到一个看似简单的依赖关系：责任不会催生出权利，反之，权利经过一段时间确实能够催生出责任。只有获得真正的选择自由，才能懂得责任的意义。

建设强大国家和发展民主毫不冲突。而且，这是统一而健全的国家机制不可分割的两个部分，二者相辅相成，实际上不可能单独存在。我认为，这就是主权民主的含义。

不要重蹈苏联的覆辙

中方希望我们回答两个不简单的问题：是继续推进经济改革，稍后再转向政治改革，还是现在就可以同时开始推动政治改革？怎样做对中国更有效？为避免重蹈苏联的覆辙，应当如何推行政治改革？

这些问题当然不是直接提出来的，但显而易见，中国社会科学院探寻的正是这些问题的答案。

有谁能比体验过濒死状态的病人更好地讲述死亡呢？我们和苏联扮演了用来做实验的小白鼠的角色。我们向所有人证明了不应该做什么。聪明人从我们的错误中不断学习，汲取我们解体的教训和重生的经验，而我们自己的学习却进展缓慢。虽然这种经验教训对某些人的确无用，但中国人不在此列。

中国不久前还只是落后的农业经济国家。在将计划和市场关系结合的条件下，邓小平现代化理论的落实使中国的经济实力迅猛增长，达到世界发达国家的水平。经济增长仍在持续，但种种迹象表明，中国领导人觉察到，当前应用的管理机制今后可能会变得效率低下，妨碍发展。并且，中国在过去20年中积极推广私有制成分，使生产资料所有制问题变得更加迫切。而改变这些游戏规则，这就不只是经济改革问题了，而是对社会关系体系的变革，是政治改革。

此外，天不遂人愿，中国也有自由主义者。在政治学被中国高校完全忽略了30年之后（原因是政治学无用且与"文革"宗旨不符），这门学科又被重新记起了。到了20世纪90年代，中国出现了很多新的政治学家和学习资料，包括将中国政治学与西方政治学结合在一起的"实验派"。如今持这些观点的人已经成熟，据我们的中国同行透露，这些人在分析政治问题时，竟然不以马克思主义为指导，宣称自己信奉自由主义价值观，并否定社会主义体制。多可怕！

我们的建议归结为一点，那就是不要急于求成。中国已经在很短的时间内做了大量的工作。但以这样的规模和速度，在存在外来政治压力的条件下，风险相当大。在中国，任何可能重蹈 20 世纪 90 年代苏联解体或俄罗斯私有化历程的迹象都会牵动整个社会，每个人都会深刻感受到其影响。试想一下，哪怕只有百分之二三的中国人巡游世界寻找幸福……谁愿意收留三四千万人？更何况他们还不愿意被同化，而是固守自己的价值体系。我们应当做好准备，只要中国解决了将经济资本及实力完美置换成政治现代化的问题，中国列车的行驶速度就会再快上几倍。

（摘自《参考消息》2007 年 10 月 11 日）

对中国的恐惧，
只是因为标签

[德国] 布雷克·巴龙[*]

世界经济在过去几年里取得了 30 年来最强劲的增长。这应该感谢全球化，特别是中国加入世界贸易组织的有力推动。但全球化让中国在德国及西方的声望并未得到提高，相反，实施贸易壁垒的呼声和针对中国的批评与日俱增，矛头也直指中国如何不遵守世贸规则。中国成了全球范围内的"罪人"。

中国即将超过德国跃居世界出口冠军、经济增长率居世界前列以及超过万亿美元的外汇储备都被视为威胁。正如美国雷曼兄弟投资银行的专家说的，中国融入世界经济的规模与速度令人"难以置信"。

外贸出口成为中国经济成功的最大驱动力，中国的出口依存度已由 10 年前的 23% 上升到 43%，高于日本（35%）、美国（31%）和欧盟（25%）。中国高科技产品的出口取得了同步增长，2008 年，汽车、微电子芯片和飞机部件的出口增幅超过 70%，是同期鞋类、服装增幅的 4 倍以上。以上数字确实令人头晕眼花进而萌生忧虑，但实际上中国的很多产品出口并非如此快速。

中国是世界最大的"市场经济体"，55% 贸易顺差来自于"初级产品

---

*布雷克·巴龙，德国《经济周刊》特约专栏作者。

260

进口——深加工——再出口"模式的转口贸易，48% 的顺差还由外商投资企业实现。中国出口额最大的 10 家企业中，8 家为外资企业，前 100 强中，外资企业占 56 家。2006 年，外资企业占中国进口额的 58%，比 2000 年和 1995 年分别提高了 10 个和 26 个百分点。

因此，中国的崛起并非是不公平竞争的结果，而是史无前例的自由贸易和由此引发的融入全球价值链的成果。迄今为止，世界其他国家从中受益的程度均不低于中国。中国在巨额出口中的实际收益远低于外界设想，雷曼兄弟投资银行专家认为，出口实际仅占中国国内生产总值的 10%。这也是北京现在应该考虑补救的问题。

"中国恐惧症"实际上是"商品标签引起的恐惧"。如果仔细察看分析，就会发现中国这个"红色巨人"并没有那么可怕，但目前问题的关键恰恰在于，没有人会去仔细思考。

（摘自《环球时报》2007 年 3 月 15 日）

为什么我们需要北京

［德国］格哈德·施罗德[*]

担任联邦总理时，我每年都会到中国一次。现在，自从我结束任期以来，我每年都要到中国三四次。由于不再受职务决定的紧密行程的约束，现在我有机会比以往更加频繁，而且是更加详尽地与政治家、企业家和知识分子会谈。我把这些会谈视为珍贵的礼物，因为它们总是会发展成为有趣的讨论，使我对这个国家的了解更多，加深我对中国的认识，同时令我确信自己的看法，即我们需要中国这个伙伴。

未来政治格局使然

中国人对我们德国人是十分开放和抱有好感的。我们不能拒绝合作的提议，因为中国对我们来说极其重要，这不仅仅有经济上同时也有政治上的原因。

冷战和两极世界结束后，我们经历了美国占统治地位的过渡期。现在

---

[*]格哈德·施罗德（1944—　　　），1998—2005年任德国总理，1999—2004年任德国社民党主席。

世界正在寻找一种新秩序，而且一切迹象都表明，未来世界政坛将是多极格局。除美国外，俄罗斯、印度和中国在全球的地位将上升。统一后的欧洲是否有能力发展成为一个对世界政坛举足轻重的力量则不得而知。当前所发生的事件和挫折不容我们乐观。

事实是，为了战胜这些重大的国际挑战，我们需要中国。譬如气候变化、能源安全、移民迁徙失控、打击恐怖主义或者防止大规模杀伤性武器扩散等挑战，只有借助中国而非反对中国才能战胜。

所有了解中国的人都清楚，我们只能通过相互信赖的合作实现这个目标。我的感觉是，在德国，我们自身为中国开放和现代化贡献力量的机会没有得到充分利用。在所有欧洲国家当中，德国能够产生的影响最大，但是目前其他国家——像法国——在政治、经济和文化上都占据了比我们好得多的位置。

中国取得巨大进步

中国在过去 30 年里有了十分积极的发展。1978 年前，中国社会的特征是饥饿、贫困。今天遇到中国人，尤其是在沿海大城市，也包括各个省会城市，所见到的无不是受过教育的、有着开放世界观和理性开通的人。大多数阶层富裕起来保证了社会的安定。谈论中国的人不得不承认，过去 30 年里中国令大约 4 亿人摆脱了严重的贫困和饥饿。如果我们对 30 年前还处于近似水平的中国和非洲的生活标准进行比较，那么中国无疑迈出了一大步，因为它使国人过上了更好的生活。

中国迈出了现代化的步伐，同时作为一个多民族国家它得以保持稳定，这是过去一个世纪以来最重大的文明成就之一。但是，中国农村仍旧有人每日生活费用不足 1 美元。因此，中国领导人优先考虑人权在社会福利方面的实现是可以理解的。我们可以确信，未来十年中国将成功地消除尤其是笼罩在农村地区的生活贫困。

内部的开放和现代化伴随着对外角色的相应转变。在与中国发生的所有边境争端当中，中国领导人都致力于和平解决和谈判。中国军队自1987年以来裁员1/3，军费开支是美国的1/10左右。中国加大参与联合国维和行动的力度。

政治合作两大支柱

自1972年与中华人民共和国建立外交关系以来，德国一直注重使这个国家融入国际社会，并在这个国家的现代化进程中担当伙伴。这以"一个中国"政策为基础，没有一个联邦政府对此持有异议。继续这条道路对我们来说是个好主意。因此，2004年我与中国的温家宝总理强调了我们两国间的战略伙伴关系。

相反，基民盟/基社盟联邦议会党团的所谓亚洲战略决议造成了重大的外交损失，它无异于与迄今为止（包括科尔政府）的德国对华政策决裂，通过其攻击性的反华言辞，它激怒、我们完全也可以说奚落、侮辱了中国的政界和社会。在中国，一再有人跟我谈起这个捅了大娄子的战略决议。因此，外交部部长施泰因迈尔在上次2008年6月访华期间重新改善了遭受这一轻率之举影响的德中关系是件好事。这使我们现在有可能重新在信赖的基础上与中国及其领导人合作。但这种信赖不容许再一次被毁。

德中关系的一个支柱是经济交流。自2002年起，中国与德国的贸易额从350亿欧元左右翻了一番以上，达到750亿欧元。继美国之后，中国是德国在欧洲以外的第二大出口市场。这种经济交流不仅对德国经济和就业者而言是巨大的福音，对中国社会而言尤其如此，因为经济现代化也伴随着社会的开放，这是完全没有争议的。

政治合作的第二个支柱是民间社会领域，尤其是在促进法治上面。

希望合作取代对抗

在这条道路上我们必须继续支持中国，因为关键不能是只改善少数人的境况，我们的目光必须放在 13 亿中国人身上。我们需要一个稳定的中国。我们德国的影响取决于与中国的战略伙伴关系。我们必须给予它新的推动力，而这方面的信号应当来自德国。

因此我们必须将中国作为伙伴来平等尊敬地看待，与这个国家进行充满信任和公平的对话，从而令法治国家标准得以实现。随着布什总统任期的结束，全世界人民都希望合作取代对抗重新在国际政治中占据主导。这也涉及西方的对华政策。我们必须重拾伙伴关系道路，并克服非友即敌思维模式的阻碍。

在这种情况下，什么能比北京奥运会提供更好的机会呢？它对中国和世界而言是个重要的信号。中国希望通过奥运会令世界承认它在现代化进程中所取得的成绩。我们应当给予这个国家尊重。我们德国人很清楚这种获得承认的愿望：1972 年慕尼黑奥运会上我们也曾以一个现代和开放的形象出现，以此来摆脱过去的阴影。所以说，2008 年奥运会不仅仅是一场辉煌的体育盛事，它也是一个政治机遇。

（摘自德国《时代》周报 2008 年 7 月）

西方如何应对
中国的挑战

［德国］埃伯哈德·桑德施奈德*

各种迹象表明，中国将顺利成为一个人们必须要认真对待的全球参与者。事实上，这个国家的崛起在我们看来是可怕的——在其程度上是可握的，在我们每天要切身感受到的影响上也是可怕的。当然，中国的成功发展及其迎头赶上在未来几年内将置我们于巨大的压力之下。但这并不是说，我们不能成功地应对21世纪的这一核心挑战。

和以前日本以及亚洲四小龙崛起时的情况一样，我们不一定会在这种崛起中崩溃。关键是，现在我们要冷静地对机遇和风险进行评估并积极地接受竞争。对西方的唱衰虽然不是什么新事物，但它这一次仍旧为时过早了。

那么我们该如何应对这一挑战呢？若想制定成功的中国战略，答案就在于8个祈使句当中。

1. 我们必须重新思考！

认为中国将顺利崛起成为超级大国的人可能和预测中国将崩溃及至毁灭的人犯下了一样的错误。这两种设想都过于极端。现实可能总是发生在

---

*埃伯哈德·桑德施奈德，德国外交政策协会研究所所长，中国问题专家，著有《全球的竞争者——中国令人可怕的崛起和西方的无能为力》一书。

两者之间的某个地方。

21世纪决定国家影响力的将不再首先是军事力量，而是对待创新和速度的能力：适应快的人将在全球竞争中占据决定性的优势。经济生产力和效率将与新创意和新模式的开发联系在一起。

因此，有一点是确定的：以两极等线状发展预期为主的几何思维不再发挥作用。同样，认为这个世界是零和游戏的想法至少是混淆视听的。一方的崛起不一定必然意味着另一方的衰落。这样的想法在一个国家的实力几乎还完全可以根据军事力量来衡量的时期是可以理解的。但这正是19世纪和20世纪的思维范畴。在21世纪初（不仅仅是鉴于苏联解体的教训），我们必须明白，单单军事力量不再是一个国家国际地位的基础。与竞争对手中国的竞争将在创新、对新全球挑战和科技进步速度的灵活适应的范围内进行。

2. 不存在概括性的方案！

与中国的竞争将不能通过好听的价值观讨论，而是只能通过构建对我们有利的经济竞争能力来进行。

因此，不管是对企业家还是外交官来说，原则应当只有一个：只有作出反应、进行适合各个领域、各种局面和问题的改革，才能保证长远的成功。在我们能够满足自身利益的领域中，中国将一再作为具有合作意愿的伙伴出现。但它同样也将在另外一些领域中坚决地寻求自己的优势。

3. 不要害怕中国！

我们没有理由害怕中国。目前，中国制度所取得的成就给人留下了深刻的印象，这足以进行庆祝。美国财政部部长保尔森说："对我们而言，最大的风险不是中国超过美国，而是维持其经济速度所必需的东西没有在改革中得到推动。"只有成功消除了中国通往未来道路上所潜伏的危机，才会有这个国家真正处于什么地位的问题。中国不会、也不可能成为隐士。

4. 我们不能寄希望于中国的失误！

中国在内政的问题上所面临的弹药库随时都可能爆炸。这是所有试图对中国政治进行评价的行为中所蕴含的真正危险。寄希望于内政问题甚至可能是较为严重的危机来抑制中国崛起，一方面不符合我们的利益，另一方面我们也不能预言这会给我们带来安全。把宝押在这上面的人疏忽大意了。

希望利用中国可能发生的危机甚至为其推波助澜，以便保证自己在亚洲及周边地区的优势地位，这种在美国十分广泛的愿望被证实是把双刃剑。中国经济困难将不仅令美国，更将令整个世界经济感到切肤之痛。而且，作为地区秩序的保障，中国不仅仅是在我们考虑到朝鲜问题时才不可或缺。

这是我们的政策真正进退两难之处。在使中国的成就成为可能过程中，我们作出了很大贡献。是我们的投资、我们的技术、我们的知识使中国的经济奇迹成为可能。眼下我们正面临着这样一个问题：面对这个越来越强大的竞争对手，我们该如何保护自己的市场和利益。希望中国因自身内部矛盾而受到羁绊，这已无法再为我们提供帮助。我们坐在同一条船上，而且看到中国保持稳定符合我们的利益。

5. 我们必须停止布道！

多一点谦虚似乎是我们下一步要做的。我们目前所做的好像我们不仅有权利、同样也有可能把在我们这里毫无疑问取得成功的模式输出到世界其他地方。这些日子已经过去了。我们所做的还好像我们永远能够生活在欧洲富裕、安全、和平的舒适小环境内，不受全球化的影响，尽管全球化在世界其他地方迅速发展。这些日子也过去了，希望在全球竞争中立足的人最好限制一下自己的这种过分自信。

毫无疑问，西方民主与市场经济相结合的模式是一个成就——对我们来说，联想到我们的历史、文化和政治背景来说。那它因此就必须作为全球标准得到贯彻吗？答案很简单：不！我们不能再依赖这样的事情发生：亚洲精英认识到它在我们这里是多么完美地发挥了作用并因此而希望效仿。他们当然还希望效仿一些东西——最好是我们的高端技术，但在政治上他们早已走上了自己的道路。

6. 我们必须认真看待中国的"反"模式！

中国模式的吸引力在不发达世界不容忽视。北京的领导人还可以证明他们的模式行之有效。只要没有政治危机或社会危机提供反证，中国就会继续宣扬与西方模式对立的"反"模式，而我们只能花大力气来消除这种模式对那些以责备目光看待我们的国家所产生的吸引力。在这些国家看来，中国具有一个关键的优点——不论我们喜欢与否：中国愿意提供不与政治条件挂钩的合作。

因此，将来我们必须比以往更认真地看待中国为树立西方"反"模式所作的努力。亚洲政治家气定神闲地宣布：21 世纪的超级大国将是中国和印度！这对他们来说似乎理所当然，在我们看来则难以想象。讲这种话可以逞口舌之快。但许多德国人对此也信以为真。这种讨论让我们误入歧途。问题不在于中国和印度在国际政治中是否会与美国和欧洲形成对阵态势，而在于当我们将这种奢望与现实对照时，这种奢望已经将我们抛在了后面，让我们愈发不知所措。

所有这一切推导出一个简单的结论：21 世纪将很有可能既非中国世纪，也非亚洲世纪。只有中国之树不受阻挠地向天空生长，那种景象才有可能出现。但更多事实表明，21 世纪将是个全球世纪，它体现在全新的力量格局上。

7. 闭关自守是迷途！

还有一个悖论值得思量：谁闭关自守，谁就失败！谁相信自己有能力或者必须抵御全球化的挑战，谁就会最终船覆人亡。

公平地说，中国谋求更大的国际影响力、更大的市场份额和政治与经济的成就合情合理——不论我们喜欢与否。毕竟我们也在不假思索地为自己要求这种权利。因此，我们也必须给予中国等国家这种权利。谁不愿承认这点，谁就必然被排挤到守势，处于守势只会失败。在争夺中国市场这块蛋糕尽可能大的一块时，人人都先想着自己。

出于这些原因，坐等战略不会带来成功。也许应该采取一种亚洲战术。不阻滞力量，而是借力打力。这是几乎在任何一种亚洲武术中都能找到的原则。西方必须在对华战略中走"缓路"——但必须坚决果断。我们难道不该扪心自问，向中国学习的时候是不是早就到了？勤劳、创业精神、灵活、竞争力——我们自然而然地将这些词与中国的经济崛起联系在一起。它们也曾是我们经济成就的基础。看来我们只是忘记了这点。

8. 我们必须主动应对竞争！

与中国的竞争将在国内决出胜负！因此，别随便指责亚洲人，把责任推给他们。是的！倘若我们在全球竞争中失败，我们是败在了沾沾自喜和骄傲自满上。

民主政治缺乏挑明令人不快的真相的胆魄。找一只替罪羊则容易得多。中国为此提供了近乎理想的靶子。我们失去工作岗位，是因为中国坚持运用其低工资的生产能力吗？这仅在表象上是正确的。在历史上所有重大的结构变革中，总出现同一种现象：当新技术排斥旧技术时，"旧的"工作岗位也随即消失。当猎人和采集者变成农民时，九成的猎人工作消失了。当农民变成产业工人时，超过九成的农民工作被勾销了。在我们的时代，产业工人正在向服务业者和一些人所说的"科学工人"转变。有多少"旧的"工作会在此过程中消失呢？有一点肯定正确：这不是中国的错！

但与欧洲和美国不同，中国还处于新增财富总额为正值的分配斗争中。在一年的年底，所有人都比年初富裕——有的人财富仅仅增加了一点儿，有的人财富增加了很多。但所有人的财富都"更多"。在我们这儿情况正好相反：在一年的年底，少数人的财富增加了很多很多，大多数人的财富却减少了。从这种结果为负值的分配斗争中产生了沮丧、抗议，最后还有令我们有理由忧虑的民主政治对自身的苛求。这与中国毫不相干！

（摘自《参考消息》2007 年 3 月 15 日）

中国的成功对世界有益

[英国] 彭定康 *

　　只要北京举办奥运会，就总会引发争议。今年 8 月的北京，在领奖台和街头巷尾肯定会看见抗议行为。我们这些对中国抱有良好愿望的人，全都希望一切抗议活动均能得到体面和克制的对待。那将成为展现中国变化的一种途径，因为届时北京将有两三万外国记者从事报道活动。

　　不过，对中国来说，尽管有遭遇尴尬的风险，但这与庆祝国家重新成为全球大国的机会相比，就显得不甚重要了。除非发生大灾难，否则中国在本世纪中期之前，将再度成为世界最大的经济体。这是个重大转变。中国并非超级大国，只有美国才是超级大国。尽管如此，中国已经成为全球舞台上一个影响相当巨大的成员，中国的经济实力反映到了政治领域。如果没有中国的参与，几乎所有全球问题都无法得到解决。

　　一些人把中国的崛起当成威胁，我觉得这很难理解，因为中国的成功对世界是有益的。从 2001 年到 2007 年，尽管有着恐怖袭击、战争以及石油价格上涨等不利因素，但全球经济还是在快速增长，其中一个重要因素，便是中国和印度融入了更加开放的世界经济。如果中国仍然穷困不堪，我们这些其他国家的人会有更好的境况吗？声称如果中国变得富裕，

---

* 彭定康（1944—　　），英国保守党资深政治家，曾任英国环境部部长、保守党主席及香港
　最后一任总督。2000—2004 年出任欧盟外交事务专员。

其他国家就随之变穷的人，简直就是不懂经济学。

也有一种观点认为，美国与中国争霸，是 21 世纪无法避免的事件，对此我也不能苟同。那并不是不可避免的，而且肯定是大家不希望发生的。就眼下看，我们有可能遭遇的，也许是中国企图对美国和欧洲开创的自由和民主的资本主义体制发起挑战。

我们应当谋求与中国合作，而不是与之对抗，这已经是个清楚的事实，但这并非意味着要放弃我们在人权和法制上的立场。我们应当设法更好地了解和理解中国，它应当受到这样的尊敬。

（摘自英国《泰晤士报》2008 年 5 月 13 日）

中国"软实力"
政策展现魅力

［英国］吉迪恩·布拉赫曼*

最近在北京，我在午夜时分打开电视机，看到的是一场足球比赛，曼联对查尔顿，是实况转播，而且有中文解说。

我首先想到的并不是"这场球怎样"，而是"软实力"。随着中国谋求"和平崛起"，"软实力"最近在北京已经成了一种时尚观念。

"软实力"的观点是美国哈佛大学教授约瑟夫·奈首先提出来的。它的意思是，国家通过说服力而不是武力经常能够在最大程度上实现自己的目标。"硬实力"采用的是军事和经济手段，而"软实力"采用的则是文化和意识形态手段。

如今中国人自己也越来越关注发展"软实力"了。北京政府明白，许多国家对中国的崛起感到不安。但是，如果中国看起来像一个具有吸引力和友好的国家，外国人可能对这个正在崛起的国家就不会感到紧张了。

所谓中国可能成为一个"拥有'软实力'的超级大国"的看法听起来似乎是不可能的。尽管中国的经济增长给人留下深刻印象，但人们普遍将这种经济增长与污染、廉价劳动力和对本国就业机会的威胁联系在一起。

＊吉迪恩·布拉赫曼，英国《金融时报》记者。

对于像美国这种富裕、自由和具有强大文化影响力的国家而言，在与中国展开的"软实力"的竞争中败北看起来几乎是不可能的。这就像是在一场拳击赛中输给了一个独臂运动员。可是，在全球争夺人心的竞赛中，中国的确具有一个独特的优势，那就是它近来没有发动过任何战争。

越来越一目了然的是，自伊拉克战争以来，美国的国际形象严重受损。本月，英国广播公司在全球范围内所做的一项民调结果显示，在2.6万名受访者中，有52%的人对美国的看法"基本上是负面的"，去年持有这种看法的人为47%。

而发展中国家正是中国施展其"软实力"的最佳用武之地。新加坡学者基肖尔·马赫布巴尼指出，中国从贫穷崛起成为繁荣国家的独特经历能够对"处于绝望中"的其他国家起到鼓舞作用。

中国所能提供的不仅仅是有关经济崛起的故事，它还在推动另一种有关发展和国际关系的理论。咨询顾问乔舒亚·拉莫称其为"北京共识"。他指出，发展中国家对"华盛顿共识"越来越反感了。中国强调务实、创新、社会和谐和自主的模式则给它们留下了越来越深刻的印象。

美国分析师乔舒亚·库兹兰齐卡警告说，在东南亚，中国的"软实力"如今已经强大到这种程度，即自1945年以来，美国首次"面临其他国家的魅力已经超过它在一个重要地区的魅力"了。中国对菲律宾的援助现在是美国的4倍。印度尼西亚在华的留学人数是在美国留学人数的两倍。中国还正在推动与东南亚国家建立自由贸易区。最近，中国在其魅力攻势中还成功展示了其若干成就。中国国家主席胡锦涛的非洲之行凸显了中国在那里越来越大的影响力。与朝鲜通过谈判达成一项核协议一事看起来似乎证明，中国强调与"无赖国家"的幕后谈判是有道理的，而美国在此之前一直采取的是一种较具对抗性的态度。

但是，正当"北京共识"占据上风之时，拉莫又重提一些不协调的数据。在一本名为《中国品牌》的新小册子中，他对中国形象采用了一种极不乐观的看法。他采用了电扬品牌传播有限公司在全球所做的一项民调结果，并得出如下结论："中国品牌很弱小，这个国家在海外不受信任。"

约瑟夫·奈认为，中国的魅力攻势显然具有局限性。他指出，中国模式只可能在那些"青睐快速发展的威权模式的地方"才能起作用。另外，与中国相比，美国能更好地修饰自己的形象。民调结果通常表明，美国社会仍然对国际社会具有很大的吸引力，是美国政策才使其自身形象受损。相比之下，除日本和中国台湾之外，中国的外交政策几乎没有对其他国家和地区抱有敌意。令外国人担心的是中国的政治和社会制度。改变政策要比改变政治制度容易得多。

中国和美国的鹰派人物或许都认为，关键时刻"硬实力"远比"软实力"来得重要。可是，关键时刻或许远远不会到来，这是幸事。与此同时，如果中国和美国发生冲突，冲突的根源将是诸如苏丹、伊朗和气候变化这样一些问题。这场斗争或许会在联合国展开，这也是一场争夺世界舆论的斗争。在这场斗争中，"软实力"着实显得非常重要，尽管很难确切界定它的含义。

（摘自《参考消息》2007 年 2 月 21 日）

从"中国制造"到"中国创造"

[英国] 杰夫·代尔*

现代中国的特征之一，就是产生令世界各国政府和公司董事会畏惧的数据。各公司都在不停地谈论"中国价格"——中国制造商是如何把从袜子到半导体的各种商品成本压低的。在其他时候，它们谈论的是中国手机用户数量或中国消费的水泥在全球总量中所占的比重。现在，主题正在向科学领域转移。中国花了20年时间，打入一个接一个的制造业领域，在接下来的20年，它希望从"中国制造"转向"中国创造"。在这方面，也有一些统计数字表明它是认真的。

研发投入高产出低

亚太经合组织称，在研发支出方面，中国去年取代日本，位居全球第二位，仅次于美国。在过去的10年中，中国研发支出占国内生产总值的比例，增长了1倍以上。在专利申请量方面，中国也刚刚取代德国，位居

---

*杰夫·代尔，英国《金融时报》记者。

全球排行榜的第五位。以往，日本和韩国曾在高等教育上大举投资，以实现其经济现代化，如今中国也在做同样的事情。自 1998 年以来，中国大学生数量增长了逾 3 倍，达到 1600 万人。美国每年培养 13.7 万名学士以上学位的工程师，中国培养出 35.2 万名同类人才。不但在美国的外国博士留学生中有 1/4 是中国人，而且他们之中还有越来越多的人陆续回国。中国政府称，有 17 万在海外留学的中国人已经回国，去年回国的就有 3 万人。

跨国公司接二连三地在中国开设研究中心，这在一定程度上是由于中国科学家数量充裕，而他们的薪水仅为西方同行的 20% 左右。学术界估计，已有 250 至 300 家外资企业在华设立研发中心。

上述种种，似乎是中国经济战车一往无前的又一表现。但中国的科学动力面临着从学术造假到金融市场薄弱等一系列问题。

在企业层面，中国的创新能力仍然较弱。政府制定自上而下的创新计划是一回事，而将其转化为现实，则是另外一项艰巨得多的工作。实际上，这些问题如此根深蒂固，以至于法国里昂证券近期的一份报告坚称，中国缺乏鼓励创新的法律和经济环境。报告得出结论："中国不是一个创新型经济体，也没有具有创新精神的企业。"

中国经济的数字与规模，将确保一些研究型公司获得成功。但中国的创新究竟是如同涓涓细流，还是像潮水般汹涌，将取决于中国在克服这些障碍方面做得如何。问题首先出现在学术研究方面。中国可能在实验室方面支出大笔资金，但在研究结果上，却存在一些重大问题。上海交通大学近来曝出一桩丑闻，使许多潜在的担忧浮出水面。甚至在上海交大曝出丑闻之前，中国学术界就出现了一系列关于剽窃盛行、研究造假的指控。

教育体制有待改革

许多观察人士认为，中国若想提高创新能力，需要改革的不仅仅是学术研究机构，还包括教育体系。大学教师表示，大学过多地关注理论和机械式的学习，在解决问题和团队合作方面关注不够。班级人数也过多：一些博导需要指导50多名学生。麦肯锡一份报告估计，在中国大学的工程类毕业生中，只有10%具备在跨国公司工作所需的实用技能和语言技能。该咨询公司警告称，中国即将出现人才短缺的局面。中国人甚至这样称呼此类学生——"填鸭式"，他们擅长记忆事实和通过考试，但非常缺乏主动精神。

在儒家传统的熏陶下，中国对教育非常重视，但也极度尊重权威。雇主们经常抱怨称，尽管他们雇用的大学毕业生似乎在理论上很出色，但很难让他们说出自己的看法。日本、韩国和中国台湾都曾面临这种局面：必须克服年轻大学毕业生沉默寡言的毛病，中国政府正努力解决某些问题。中国在课程设置上做了一些变动，强调交流和团队合作，同时建立了一批一流大学作为核心，它们将得到额外的资源，不过即使顶尖大学的预算也十分紧张。然而，阻碍创新的最大障碍之一，可能不在实验室或教室，而是股市的命运。

过去二十年来，小型私营企业一直是创新的主要动力之一，而中国的金融体系没有为私营企业家提供足够的支持。中国国有企业占据了约75%的银行贷款，并在1300家上市公司中占据主导地位。尽管研究型公司有时需要数年时间，数以百万美元计的花费，才能将产品推向市场，但中国企业家往往不得不依靠家庭成员或非正规的贷款网络，来筹集初创资金。

"在建立后院工厂方面，非正规网络确实相当有效，"麦肯锡大中华区总裁高安德表示，"但如果你希望转变为一个1000人的业务，它们就不起作用了。"在日本和韩国，研究集中在那些有财力冒险的大公司身上，例如索尼和三星。然而，在中国，大公司多为国有企业，经营企业的高管对于冒较高风险颇为敏感。"其中一个关键是金融体系，"里昂证券经济学家安迪·罗思曼表示，"问题是，这个体系是否能够真正将资金配置到私营企业，为它们的自主研究提供资金？"

罗思曼编制了一份有关中国科学动力的报告。除了上述障碍，中国创新还面临着知识产权遭窃的进一步威胁。专利侵犯对研究的直接威胁可能已被夸大：公司通常更关注那些伪造成品的人，而不是那些从实验室盗取机密的人。然而，中外企业经常警告称，这种法律不确定性将阻碍对知识产业的投资。

人才优势推动创新

抛开这些根深蒂固的问题不谈，有两个因素可能对中国有利。首先是跨国公司的作用。我们很难衡量跨国研究的范围，因为一些在华研发中心对于公关的关注程度要高于科学。瑞典驻华使馆科技参赞西尔维娅·施瓦格·泽格预计，只有30％的海外公司正在开展创新研究。她撰写过多篇有关中国研究方面的论文。然而，长期而言，跨国公司为中国的创新努力提供了一个强大的平台。微软、英特尔等跨国公司，正在对年轻一代科学家进行培训，内容包括如何管理跨越不同学科的复杂研究项目、如何与大学研究人员建立联系，以及如何与其他拥有专业技术的公司合作。具备了这些技能，其中一些年轻科学家一定能独立开创一片天地。施瓦格·泽格表示："这些将不可避免地成为跨国公司对中国经济产生的溢出效应。"

另一个决定性因素是归国人员。在去年回国的3万名海外毕业生中，一些人是被政府资助所吸引，其他人则是受到中国经济蓬勃发展的吸引。许多人谈到了为国出力的爱国主义动机。归国人员不仅带来了从国外学到的技能，还带来了交流创意的更大意愿。

除归国人员以外，中国还有着吸引许多中国台湾人士的优势，这些人目睹了台湾如何建立以研究为基础的行业。实际上，在中国大陆，台湾公司和归国人员已经是企业创新的驱动力。20年来，大量海外华人通过提供资金和管理技能，帮助中国迅速进军制造业。如今，他们可能会为中国的创新提供同样重要的推动力。

（摘自《参考消息》2007年1月18日）

北京奥运会标志着
一个新纪元

［英国］托尼·布莱尔*

　　北京奥运会之壮观强有力地震撼了人们的视听。不过，给我留下最深刻印象的是在开幕式前对一家新成立的中国互联网公司的非正式访问以及与一些中国年轻企业家的交谈。

　　这些中国人，无论男女，都非常聪明、敏锐和坦率，不怕就中国及其未来发表自己的看法。尤其是，他们充满自信和乐观，不愤世嫉俗，表现出积极进取的精神，这使我想起鼎盛时期的美国和奋勇向前的其他任何国家。

　　这些人没有恐惧，而是满怀希望地憧憬未来。尽管中国还有数百万人仍生活在贫困中，尽管中国还存在一大堆的社会和经济问题要解决，但是，正是这次体育盛会期间中国人所表现出的这种精神将决定着中国的未来。

　　在我担任英国首相的10年间，我看到了中国崛起为世界大国的步伐在不断加快。我曾在讲话中谈论中国，但只是从理论分析的角度去理解它。没有切身感受，因此，我无法从政治上完全理解它。

　　自从离任后，我先后四次访问中国，不久会再次访问中国。人们提出

---

*托尼·布莱尔（1953—　　　　），1994年起任英国工党党魁，1997—2007年任英国首相。

这样一个问题：这届奥运会将给中国留下什么？这次奥运会标志着一个新纪元——中国的开放进程将永远无法逆转。它还意味着，随着现代中国的现实变得愈来愈清晰，对中国的无知和恐惧会逐渐减弱。

权力和影响力正在向东方转移。有些人把这看成是威胁，我把它看做是巨大的机遇。不过，我们不得不发挥想象力，消除历史遗留下来的任何傲慢残余。

北京这座城市给我的感觉跟 20 年前我首次访华时的印象截然不同。而且，中国人为他们的国家及其取得的进步感到由衷的自豪。

中国领导层全神贯注于国内发展问题，这是可以理解的。我们欧洲有大约 5% 的人口从事农业生产。而中国的这个数字却接近 60%。今后几年，中国将寻求让数亿人从农村移居城市。

对中国来说，这种经济和社会转型必须伴随着政治稳定。这也完全符合我们的利益。

因此，我们应当继续通过对话，就人们非常关心的这些问题同中国进行接触，但我们这样做的时候至少应当多少理解一下中国对这些问题的看法。

这意味着西方需要与中国建立牢固的伙伴关系，这种关系不仅要深入经济，而且还要深入到其他领域。事实是，如果没有中国的充分参与，21世纪的任何事情都无法良好运行。我们今天面临的挑战是全球性的。中国现在是一个全球大国。因此，无论是气候变暖问题、非洲问题、世界贸易，还是各种各样的安全问题，我们都需要中国发挥建设性的作用，我们需要中国利用其影响力与我们配合。

有关中国的崛起，可能是被夸大了。譬如，欧洲的经济规模仍然很大，超过中国和印度的总和。不过，正如这次奥运会和奖牌榜所显示的那样，事情不会一成不变。这是一个历史性的变革时刻。转瞬 10 年后，人人都会明白这一点。

20 世纪前，权力曾属于西方。到了 20 世纪，权力属于美国。现在，我们必须适应一个新世界，与远东地区分享权力。无论如何，我们必须接受这种事实。对于下任美国总统来说，这应是首要议题。

　　奥运会如今已成为世界上最重大的体育赛事，而且人们对体育都普遍热爱，因此，奥运会成为能对现实生活中的人们造成切实影响的事件之一。这届奥运会使世人对当代中国有些了解，而任何演讲可能都达不到这种效果。

（摘自《参考消息》2008 年 8 月 29 日）

中国不笑，世界会哭

［法国］ 若泽·弗雷什*

中国人的"笑"让世界躲过大劫

第一次到北京或上海，谁能不为中国人身上那令人难以置信的快乐而震惊？中国人有机会就笑，甚至还会专门找机会与秉性相投的人一起说笑。中国人爱笑是有具体原因的，它与中国的历史和文明息息相关。它实际上是几个世纪以来中国人民所形成的一种姿态，一种行为习惯，一种生活态度，这个民族使笑成为了自己主要的表象特征。

笑是中国人承受巨大人口压力的重要"疗法"。由于中国一直是世界上人口最多的国家，几千年来一直面临着粮食和经济的挑战，而最近几年，这些挑战已经变成全球面临的挑战。所以这个幅员广阔的国家不得不创造了一些行为准则。这些行为准则使中国人民如今能够与人和睦相处，也使外国人可以安心地来到中国。

必须强调的是，这是一个了不起的壮举。人口众多还能和平共处并不

*若泽·弗雷什（1950—　　），1986—1988 年担任法国总理办公室顾问。著有《玉盘》、《丝绸女王》、《血泪帝国》、《中国不笑　世界会哭》等书。

是一件轻而易举的事情。即使领导人经验丰富，可是因人口众多、根本无法管理而失控的例子比比皆是。甚至有很多地区成为没有法律约束的混乱之地，只能靠武力解决一切，不能给国民任何其他东西。

试想，如果没有这些行为习惯，没有千年传统所形成的这些价值观，那会是一个什么样的中国？根据世界上人口最稠密地区发生的一切来判断，中国肯定也会是一个没有法治可言的国家，内乱会让百姓民不聊生。中国领导人也有可能走上领土扩张之路，去疆土之外用武力获取自己的国土上不可能出产的东西，尤其是中国有着取之不尽用之不竭的人口储备，可以在一个战场上集结全世界最庞大的军队。然而，这一切在中国没有发生，因而也让世界躲过了大劫！

中国人创造了自己的幸福观

在中国，笑是最明显的"中国智慧"的表现形式之一，我们可以把它定义为"每个人不管处境如何都能找到快乐之路的能力"。这种原则和方法使中国人成为世界上最开朗乐观的民族之一。

精神愉悦并由此得到健康的身体，这句话最恰当地概括了中国人看待幸福的方式。巨大的人口压力使中国人形成了一些行为习惯。比如："他人"要比"自我"更为重要，与鼓励个人优先、关注自己，并不惜一切手段满足自我需要的社会所表现出来的个人主义截然相反。中国思想当中人与饮食的关系也与中国长期食物匮乏的社会环境密不可分。《吕氏春秋》中说，要得到好的食物，要用"青龙之匹，遗风之乘"这样的好马，食物被神圣化到这种程度，首先是因为要人们知道它们来之不易。

在一个"拥挤的社会里"，生存空间非常之少。经年累月，原始的自然状态和重要的生态环境都被人类改造了。退隐到自然界里便成为一件难以得到的奢侈品。正是为了摆脱这种可怕的限制，中国人发明了微缩园林和盆景来代替原始的自然界。当人们因为生活在城市中而远离大自然的时候，当人们没有时间去郊外的时候，欣赏微缩花园，为盆景浇水，或者为矮树修枝剪叶，这些从精神上来讲，就跟去游历名山大川一样。

在粮食普遍匮乏、财富集中在极少数个人手中的环境里，提倡淡泊、粗茶淡饭和处处节俭便很好解释。所以，远古时代中国人发明的幸福战略始终建立在以少当多（利用自己仅有的一点条件获得快乐）、以假当真（因为不能远游名山大川就用欣赏盆景来代替）的基础之上。

中国古老的价值观面临着
来自西方的巨大冲击

中国一直是一个贫穷的人口大国，所以发明了一种非常适合这种特点的价值体系。什么都没有的时候，只能学会因陋就简。确切地说，适应环境、随机应变就是智慧。那么，当中国彻底成为一个大众消费社会，个人的物质需求不断增长的时候，这种"幸福战略"将如何演变呢？

现在，中国正在变成一个物质丰富的社会，中国这些古老的方法和价值观面临着巨大的冲击，以至于让人怀疑它们能否永远保持下去。

中国消费者实际上已经赶上了美国消费者，成为全世界受购物诱惑最大的群体。而且中国的电视广告与20世纪70年代末美国的电视广告如出一辙，大肆推荐人们选购某某品牌的洗发水、汽车或者洗衣粉。中国人争强好胜。在中国，人们愿意花钱摆阔，显示自己的成功和富有。当然，在这个提倡"空"和"俭朴"的国家，铺张浪费、讲排场的现象始终存在：人们游览北京紫禁城的时候，就可以感受到天子生活的奢华，而且只有皇帝可以穿黄色……不过，整个民族在经历了缺衣少食的艰难岁月之后也开始追求奢华和排场，却是一个新出现的现象。可以说中国出现了14亿个皇帝。

如果中国人把我们判断生活好坏的标准拿到他们的生活当中，他们肯定会觉得自己永远都不可能获得幸福。我们认为"好生活"所必不可少的条件他们全都没有。世界上享有这些条件的人也越来越少。鉴于中国的生存条件，如果中国人也采取典型西方人的行为习惯，那么国家将会动荡不安，各种要求接连不断：多数中国人都得大量服用抗焦虑和抗抑郁药物；司机们会在早晨 7 点到晚上 10 点各大城市因交通拥堵而陷于瘫痪的时候相互谩骂；天黑之后到处都不安全，有钱人只能靠隐蔽室、带电的栅栏和电子大门来保障安全。

我绝对不想指责中国人想改善生活条件的愿望。有人认为中国人在生产了全世界三分之一的销售商品的同时，在随意花掉他们辛苦挣来的金钱的同时，正在失去他们的灵魂。我不同意这种看法。中国人为什么就不能享受跟我们一样的待遇和生活条件呢？

我所担心的是，中国人经济条件的改善是以大笔负债作为代价，中产阶级拉着的大车将会越来越沉重。这几亿劳动者能够想象自己很可能整个后半生都在偿还银行利息吗？他们想到有一天中国也会成为全球化的受害者吗？等到他们自己也受到企业外迁的影响时，他们会作何感想呢？

还有一个问题需要回答："应该害怕正在中国发生的一切吗？"换句话说，如果中国人哪天丢掉了他们的价值观，忘记了他们如此独特的思维方式，中国会不会变成 4500 年来它一直不曾充当的角色：一个好战的国家？所以我说，中国不笑的时候，世界会哭。

（摘自《环球时报》2008 年 4 月 24 日）

当中国改变世界

〔法国〕 埃克里·伊兹拉莱维奇*

中国成了时髦，但它并不仅仅是时髦。这些现象实际上只是一些预兆，宣示着 21 世纪初甚至可能是整个 21 世纪的一个重要经济事件的发生：中国的实力正在蒸蒸日上，并将在世界经济舞台上成为主要的一极。1973 年，曾在戴高乐政府中担任部长的阿兰·佩尔菲特完成了自己的名著——《当中国觉醒的时候》。如今，巨龙已经觉醒，高高矗立在那里。还有一些人，像密特朗总统的前任顾问阿兰·布伯里，也曾于 1997 年出版了《中国人的世纪》一书。现在，这些预言都应验了，并且早已开始显现。事实上，对于所有伟大的经济事件和伟大的时代而言，新世纪从来都不是从真正的标准年历开始的。从这个角度来讲，21 世纪的发端无疑是在 1979 年。

撒切尔夫人和邓小平提出了相同的口号，他们都借用了弗朗索瓦·基佐的号召："富起来吧！" 1979 年，他们向各自的国民发出了明确的信号。前者在当选英国首相以后，坚决地使国家从经济领域大规模退出。她采取了放松管制和非国有化政策，并深刻地改变了西方资本主义的运作模式。从英国开始，这一潮流很快扩展到她的老朋友罗纳德·里根的家乡美国，然后缓慢但同样有力地影响着"老欧洲"国家。

---

*埃克里·伊兹拉莱维奇，法国《回声报》副主编。

在世界的另一端，毛泽东去世两年之后，邓小平成为党和国家的最高领导人。这位小个子男人身上并没有任何极端自由主义的气味。如果说，撒切尔夫人和里根的改革是基于意识形态的影响，那么邓小平所信奉的则是更务实的发展观。在中国，用动物来打比喻是大家喜闻乐见的修辞方式，而邓公的名言则是："不管白猫黑猫，抓到耗子就是好猫！"他就是用这种说法来为自己那些大胆的创新政策进行辩护。经济发展是他所坚持的"硬道理"，他所关心的问题是如何使自己的人民走出贫穷，走出几十年计划经济之后更加恶化的贫穷状况。在许多方面，他推行了与自己的前任截然相反的做法。他首先解放了农民，然后让工业自由化，并到处鼓励私营经济的发展。最为重要的是，邓小平对外国资本敞开了大门，希望积极利用全球化带来的大好机会。

撒切尔主义给古老的西方国家带来了青春的血液，让它们在上个世纪的最后 20 年里找回了昔日的活力。与之遥相呼应的是，"邓小平理论"真正唤醒了东方的巨龙。北京的人们常常回忆起，在进入现代史之前的整整 18 个世纪里，中国一直是世界经济强国，而且在很长时期里也是技术水平最先进的国家之一。只是在进入 19 世纪初期以后，受到战争、侵略、外来干涉和糟糕的国内政策的拖累，巨龙才陷入昏睡。1978 年，邓小平的到来结束了经济上的长眠。中国在此前相当长的时间里曾沦为全球最穷的国家之一，直至 20 世纪后期，它基本上悄无声息。仅仅到了 21 世纪初，其他地方的人们才开始热烈谈论它。其实，自从 1978 年以来，中国所取得的成绩就已经达到了令人难以置信的高度。它现在的生产总值是当时的 10 倍，在世界上排名第六，人均收入是当时的 7 倍，出口额更是增长了 45 倍。4 亿中国人走出了在过去 25 年中徘徊不前的绝对贫困状态。实际上，在人类的经济发展史上，人们还从未见过一个人口如此众多的国家（13 亿），在如此长的时期内（25 年），有过如此迅猛的发展（年增长率达到了 8%—9%）。另外，也从来没有一个国家如此依靠外部世界——外面的市场、技术和资本——的帮助来实现自己的起飞。所有这些情况都使当今最有名的美国经济学家、哥伦比亚大学教授杰弗里·萨克斯感到叹服，他断言："中国是世界上从未有过的最好的发展成功的案例。"

今天，"中国制造"在富国中引起了恐惧，这不由得使人们想到 20 世纪初的"德国制造"、50 年代和 60 年代的"日本制造"以及 70 年代和 80 年代的"台湾制造"，它们都引起过同样的恐惧。这些经济体在 20 世纪相继起飞，每次都使世界经济驶入强烈的涡流区，每次都在老成员中引发了复兴保护主义的愿望。这些冲突迫使俱乐部的新老成员都要作出重大调整：老工业国必须接受现实，把部分工作交给新兴的工业化国家，而它们自己则需要开辟新的产业活动。如同一些爱好音乐的经济学家所言，老工业化国家提高了自己的音阶。一旦经过痛苦的重组时期，驶出涡流区以后，新、老成员会发现最后的结果还都不错，它们可以共同从富国俱乐部的扩大中获利。世界经济将是一个让所有的参加者都能赚钱、或者说可以实现共赢的游戏。

以下的三个要素将迫使人们重新审视目前的形势及其后果，我们需要反躬自问，在面对 21 世纪伊始中国在世界经济中突然崛起的现实时，过去的历史以及苍白的理论是否能够提供充足的解释？

第一个要素是这是个真正庞大的国度。它有 13 亿人口，是世界上人口最多的国家，占世界人口总数的 1/5。这是个异常巨大的数字，从工业革命开始以来，包括 19 世纪美国作为大国的崛起在内，工业化国家的俱乐部还从未遇到过这样一个拥有如此众多人口的申请者。到目前为止，加入俱乐部的都是些矮个子，中国的出现则意味着巨人的到来。人们感到难以置信，一个人口是日本好多倍的国家，将在与日本相同的情况下加入此俱乐部！同时还要看到，在中国后面又隐约出现了另一位俱乐部的候选人，这个国家目前的人口比中国少，但从长远来看它的人口将比中国更多，这就是印度。如同在物理学领域一样，在经济学领域中，数量的差别也足以改变一个解的质量。

第二个要素是中国独特的历史。我们不用去翻阅那些久远的资料，不用追溯 4000 年前的文明，仅看它最近的经历就足够了。从 1978 年进入起飞跑道开始，中国经历了三个重大转变，这与其他先行者的发展进程大不相同。在 20 世纪 70 年代末，中国还执行着中央计划经济，农业占据主体地位，而且完全自我封闭。邓小平先生则提出：要建立"社会主义市场经济"，建立一个工业大国，而且实行对外开放。他同时发动了由国家主导到市场主导、由农业到工业、由自给自足到依靠世界市场的三场革命。到目前为止，中国形成了自己完全独特的体制，该体制与 20 世纪 50 年代的日本完全不同，与 70 年代的韩国也有显著差异。在邓小平及其接班人领导下的中国，实际上更像是 19 世纪的美国西部：法制建设还处在萌芽状态，制衡势力几乎不存在。但与当时的美国西部不同，中国存在着一个巨大的、强有力的政府。这个国家正在通过各种手段吸引各式各样的资本，无论是大资本还是小资本、是私有资本还是公有资本、是本地资本还是外国资本。有人说，中央帝国正受到"超级资本主义"的控制，借用共产主义的先驱思想家马克思的话来说，出现了历史上少见的榨取"剩余价值"的良好环境。这与起飞时的日本毫无相同之处，当时的日本有着类似于社会主义国家的保障制度，与当年的韩国也迥然不同！

第三个要素是时机的独特性。中国的起飞赶上了网络和喷气式飞机的时代，环球旅行变得普遍而便宜。工业化的先驱者们在 19 世纪和 20 世纪开始冒险之旅时，它们周围的世界是相互分隔的，距离是贸易的严重障碍。此外，世界贸易还受到技术、规则或政策的诸多限制。这种情况到目前已经完全改变了。当中国敲响工业化国家俱乐部大门的时候，物资、资本和人员的流动已得到了极大扩展。这样的流动性主要是由新型的交通工具、国际贸易的自由化以及世贸组织（WTO）的推动带来的，中国也于 2001 年正式加入了该组织。

"19 世纪对我们来说是屈辱的世纪，20 世纪是复兴的世纪，21 世纪将是领先的世纪。"在北京，你经常能听到这样的豪言，它反映着一个简单的事实：中国在 1820 年之前是世界第一经济大国，它要重新占据这个地位，这样的地位才与它的人口规模相符，也是它对历史的报复。担心和高兴都是没有意义的：这只是一个事实，是本世纪的重大经济事件。它正在影响并将更大地影响我们法国人在经济和日常生活中的方方面面：每公升汽油的价格、银行提供的不动产贷款、人们的工资水平、工作机会的数量和质量，甚至每天的天气状况等。今后，没有什么可以逃出中国的影子。圣诞树下面堆放的礼品，只是众多信号中的一个而已。"当中国觉醒的时候，世界将为之震撼。"这是拿破仑的名言，也为后来的阿兰·佩尔菲特所引用。巨人已经起身，大地中传来的冲击波宣告着它的到来。

（摘自埃克里·伊兹拉莱维奇著：《当中国改变世界》，姚海星、裴晓亮译，中信出版社2005年版）

自由交往真好

[意大利] 兰珊德*

改革开放30年给中国社会带来了巨大变化。而从我个人的经历中，对中国人与外国人交往方面所发生的根本变化感触更深，自由交往真好，这是发自我心底的赞叹。

一些外国人或由于年轻或没有机会了解30年前的中国，就很难理解今天的中国发生了何种实质性的变化。因此，我常常怀着激动的心情，回顾30年前我在中国的生活，以更好地领悟改革开放给中国带来的发展和巨变。

1974年2月至1975年9月，我第一次到中国，在上海外国语学院（现为上海外国语大学）任意大利语外教。当时，整个上海市常驻的外籍人士也就几十人。我是受意大利外交部派遣，作为互换教师到中国工作的，当时上海外国语学院第一次开设意大利语专业，培养第一批意大利语学员，与北京外国语学院（现为北京外国语大学）一起是中国最主要的意大利语专业教学机构。

刚到上海时，意大利语班的学生用教材，开篇就是阿尔巴尼亚地图。因为当时的欧美国家除阿尔巴尼亚这盏"社会主义明灯"之外，都被视

*兰珊德，意大利米兰国立大学中国语言文学教授，意大利著名汉学家。曾于20世纪70年代到中国上海外国语学院任教，后于90年代在意大利驻华使馆任新闻参赞，翻译出版意大利版的中国文学巨著《文心雕龙》。

为"敌对国家"。教材是学院自编的，用简陋的印制工具油印出来。由于意大利语属于新开的专业，所以常常是编一课教一课，从来没有一本完整的教科书。

当年的教学目的很明确，强化口语的训练，目的是培养翻译人员，满足外交、外宣和经济建设的需要。语言纯粹作为一种工具来掌握，没有必要了解所学语言国家的文化。

作为外籍教师，我们的个人活动总有人陪同，常感到自由空间有限。除了正常上课外，很少有机会与学生们自由接触。一次我想请班里的老师和学生们到我居住的上海大厦作客，结果还必须请示上级，得到批准后，他们才集体来过一次。那时候的学生根本不可能接触到原文版的意大利报刊书籍，因为当时这些出版物都被认为是"毒草"。

直到1978年底中国共产党召开了十一届三中全会，邓小平指明了改革开放的方向，中国才开始了翻天覆地的变化，悬在人们头上、时时控制人们行为的"玻璃钟"最终被打碎了，不理解与不信任的墙被摧毁了。这是改革开放以来中国政治生活中发生的重大变化，凡经历过30年前那令人窒息的政治环境的人，对今天外国人能与中国人自由交往感受都特别深。这种交往关系的变化，对于加深相互理解，改善人们的生活质量非常重要，远比一度遍及中国大街小巷的大字标语口号要重要得多。

我清楚地记得，20世纪80年代我再去上海访问时，已经可以住在朋友家里了。90年代初，我去北京一所大学做教学研究，我当年的一个学生开着他刚买的一辆德国产轿车到学校来接我，令我惊讶不已，他当时在从事企业活动，用当时的时髦话说是"下海"了。

这些年我经常往来于中国和意大利之间，常与我的中国学生及同事见面，我们相互之间充满信任和友谊。我的许多学生，凭借他们的勤奋努力，在各自岗位上都有着出色的表现，生活水平也有了极大提高，这些变化在30年前是不可想象的。

今年夏天，我利用一个周末，专程从米兰到上海参加了一次有着特殊意义的活动，祝贺我30年前的一位中国同事70岁生日。负责组织这次活动的学生没有将我要来的消息告诉大家，当我推着生日蛋糕车突然出现在现场时，大家激动不已，30 多年不凡的经历将我们紧紧联系在一起。我们在一起回顾当年的学习生活、经历过的困难以及所付出的努力，在尽情分享久别重逢的快乐同时，大家都有一个共同的感受，如果没有改革开放，我们能有今天这样如此放松、如此温馨的聚会吗？

（摘自《人民日报》2008 年 12 月 2 日）

近距离感受中国变化

[匈牙利] 特尔贝治·彼得*

对于天天见到的人和事，我们很难发现其中的变化。而在中国，那些细微的、日新月异的各种改变却能天天感受到。而所有这些变化，都与改革开放紧紧相连。

20世纪90年代初，如果想在北京购买雀巢咖啡，必须去友谊商店，并用专供外国人使用的外汇券才能购买。十多年前，我和土耳其朋友卡米尔经常到友谊宾馆对面的一家小市场散步。而今天，那里成了一条双向6车道、外加自行车道的宽马路。

当我第一次来到北京时，北京还只有三条环城路，如今已扩展到六环路了。不仅在北京，即使在经济欠发达的西部省区，变化之大也令人瞠目。我走过从西宁到青海湖的高速公路，质量很好，可以经受住极端恶劣的气候条件。在贵州，我手中不久前才出版的旅游手册的用途越来越有限，因为新的高速公路不断涌现，许多信息已经不准确了。

今年夏天，我在天津乘坐一辆出租车，司机是一位穿着入时的妇女。与她攀谈中我得知他们一家三口人的住宅面积竟有200多平方米。当然，更多的中国家庭住房并不宽裕，但最近几年的变化是深刻的。我曾到上海一个朋友家做客，宽敞的住宅布置得富丽堂皇，仅宽屏幕的液晶电视就有

* 特尔贝治·彼得，非著名人物。

3 台。由于商品极大丰富，布置现代、舒适、温馨的家居对众多百姓来说已是很平常的事情了，就连世界名牌商品也进入了寻常百姓家。

在中国这个幅员辽阔的国家里，改革发展的步伐并不均衡。虽然城乡差别依然很大，但我能感觉到乡村小镇的变化，房屋越来越漂亮，农民收入在增长，新农村建设在前行。

中国人的生活越来越好，中国变得越来越开放，越来越自信。她依靠自己的力量，选择自己的正确道路，取得了令世人瞩目的成就。作为一个长期生活在这里的外国人，能近距离观察中国的变革，并与中国人民共同分享发展成果，使我感到无限快乐。

（摘自《人民日报》2008 年 11 月 17 日）

中国已经趟过河流

［美国］ 约瑟夫·斯蒂格利茨*

平衡发展取决于政府与市场、
社会之间取得新的平衡

中国经济转型将进入一个新阶段。当其他发展中国家大多还在遵循"华盛顿共识"，堂吉诃德式地追求 GDP 高增长时，中国清晰地表明其所追求的是可持续的、更为公平的真实生活水准的提高。

而当中国评估它的成就时，也需要使用可以反映其宽广视角的度量标准。中国需要看轻 GDP，更多地关注其他衡量标准。这主要包括：第一，绿色净国民产出（green net national product），即便这个标准不能完美地度量对环境的破坏，但试图去度量也总比忽略要好；第二，中位收入，而非平均收入；第三，不平等的度量，如基尼系数（中国的基尼系数已经达到了 0.47）；第四，社会性指标，如预期寿命和教育方面的指标以及这些指标的分布情况。

---

*约瑟夫·斯蒂格利茨（1942—   ），先后执教于耶鲁大学、普林斯顿大学和牛津大学，并从 1988 年开始在斯坦福大学任教。1979 年，获得美国经济学会约翰·贝茨·克拉克奖。2001 年获得诺贝尔经济学奖。

中国特色的市场经济

在向市场经济进军之初，中国就清楚地表明，其目标是一种独特的市场经济形态：市场经济的形态不是单一的，而是有很多种。例如，与美国或欧洲其他地区的市场经济不同，北欧市场经济有着较高的社会保障、税收和社会服务水平，政府在帮助工人转换工作时起的作用也更大。如果按照我前面提到的内涵更丰富的经济成就度量标准，这是一种最为成功的市场经济模式，其在人类发展指数上的表现远远好于美国。

中国在"十一五"规划中重申了对"和谐社会"的强调，我将其理解为对"平衡"的强调，即：第一，城乡差距，发达和欠发达地区的差距以及任何区域内贫富的差距，都应该得到限制；第二，政府和社会其他部分之间应该有一个平衡关系；第三，经济各部门之间应该平衡。这样一个平衡的规划，对于社会和政府稳定以及经济进步而言都是必要的。

此外，我要补充三点：

第一，意识形态和特定利益的结合，常常会妨碍我们理解关于国家与市场关系的理论的政策含义。政府作用太少和政府作用太多一样会导致问题，更为常见的是，政府该做的事做得太少，不该做的事做得太多。中国过去的问题是政府在经济中的角色过于主动，但我们也要保持警惕，不要过度反应，让政府的作用变得过小。

第二，我们已经越来越认识到，政府、利润导向的私人部门和市民社会（包括非盈利部门如大学、医院，以及非政府组织），这三方之间存在着分立。

第三，保持平衡发展并不容易。导致不平等上升的潜在力量是相当强劲的。无论在发达国家还是发展中国家，伴随全球化的都是不平等程度的提高。部分原因可能是由于全球化本身是不对称的——当资本自由化的速度快于劳动自由化的速度时，双方的谈判地位就变得不平等了。一个与此相关且同样在发展中国家导致了不平等增加的不对称因素是，商品和劳务贸易的自由化更有利于那些富裕国家有优势的产品，而不是那些可以使穷国获益的劳动力密集型产品。而且，不同于所有那些自由市场的美好说辞，发达国家还持续地对农业进行巨额补贴，这降低了农村部门的收入，而农村部门收入通常（如中国）是远低于城市部门收入的。

我们有足够的理由相信，一些发达国家中的极度不平等——这在过去15 年里有显著增长——与正常的竞争市场的运作几乎毫无关系，而实际上反映的是"市场失败"。

在迈向具有自身特色的市场经济形态时，中国要避免陷入经济效率不高、社会也更少和谐的可能。

制度改革要点

中国的"十一五"规划意识到，建立服务于市场经济的制度保障，是政府的主要责任之一。在全球其他地区，随处可见由制度建设缺乏所引发的各种丑闻。对中国而言，最重要的是制定可以处理公司治理问题的强大法律。美国证监会和英国金融管理局在这方面树立了典范，但是还不够。

在激烈竞争的条件下，市场经济仅仅提供所承诺的福利；企业却可以通过垄断或者以建立准入壁垒的方式来削弱竞争强度等手段，来增加利润。这也解释了为何需要建立一个积极且时刻保持警觉的反托拉斯权力机构。许多不利竞争的行为发生在地方，因此不仅在中央，而且在地方层面上建立这样的机构显得尤为重要了。

政策的执行问题是制度改革的关键。中国是一个大国，由中央发布的政策必须要在地方转换成行动，可能需要采用更多的激励机制，比如中央给地方提供财政上的奖惩激励机制。尽管如此，最重要的依然是建立整个国家对"十一五"规划的认同，这正是该计划努力达到的。

随着向市场经济的过渡，中国会面临其他市场经济国家所遇到的问题，即利益集团对市场经济的影响。

当企业的影响力以及财富都在增加时，他们将努力使用政治过程为自己获取更多的资源。他们将努力证明为何企业所需对国家而言是一件好事。企业谈论的是工作机会的减少，并威胁政府，如果不按照他们的要求做，他们将迁移到其他地方，或者减少工作岗位。他们以此来要挟放松国家规定的环保标准，以及安全生产要求。由于缺乏对经济学一个通行的理解，这些企业利己的言行经常可以得逞，或至少为他们有悖于政府整体利益的行为提供掩饰。

当中国迈向市场经济时，需要注意这些特殊利益团体的角色。一些观察家指出，低于市场价的能源价格表明利益集团正发挥影响。如果能够限制利益集团对市场经济的影响，中国将真正建成有自身特色的市场经济体制。

多年来，中国一直是"摸着石头过河"。现在中国已经穿越"河流"，同时也摸到相当多的"石头"。中国依然是一个低收入国家。尽管根据购买力平价的标准，中国显示突出的经济成就，人均收入依然只有美国的1/8。以往中国在平衡远景同灵活性以及关注社会和谐方面的成功经验表明，"十一五"以及未来的规划具有光明的前景。

在未来数年内，在向市场经济过渡期间，中国将面临诸多重大的决策，需要逐渐建立做事的规范。我希望以两个确定的论断结束我的文章："越自由的市场越有效率"的说法没有理论基础支持；每个成功的市场经济体都在市场和政府之间取得适度的平衡。

如我此前所言，政府在创新性、提供安全网络以及保持和谐社会方面起到特别重要的作用，而所谓"和谐社会"指的是社会正义以及团结。

（摘自《财经》2006年第6期）

为什么中国能良好运转

[美国] 拉娜·福罗哈*

中国很可能是今年出现显著增长的唯一主要经济体，因为它是唯一打破经济学教科书常规的国家。事实上，中国没有像其他五大经济体一样迅速减速，其主要原因在于中国具备的经济学家通常嗤之以鼻的国家干预的能力。

中国这个最穷、最无序的大经济体似乎最能抵御可能是 70 年里最严重的全球衰退。为什么中国的指令性资本主义能奏效？经济学家们长期以来一直对这个问题感兴趣，他们往往把国家看得一无是处而市场是灵丹妙药。而如今欧美也在向国家控制靠拢。

在危机时期，中国的官员可以像西方同行一样采用传统的市场手段。比如，去年初，当住房市场过热时，他们只是下令银行缩减房贷，接着当住房销售下滑时，他们又推出市场激励措施。但是，他们也会发布在西方被视为不当"干预"的指令，比如上周当局要求国有企业通过在国内国外收购新资产"积极扩大"在经济中的作用。

中国的国家干预曾被视为不成熟经济的坏习惯，现在却被看做稳定的堡垒。里昂证券经济学家安迪·罗斯曼说："政府控制了大部分资本密集型部门，这使我对中国的前景感到乐观。"摩根斯坦利亚洲区主席斯蒂

*拉娜·福罗哈，美国《新闻周刊》记者。

芬·罗奇表示："我们看到，在经济困难时期，中国的指令与控制型体制实际上可以比其他的市场体系更加有效。"

中国能良好运转，因为治理这个国家的是一群彻底的务实者，他们着眼于缓慢但稳步的自由市场转型。邓小平称之为"摸着石头过河"。国家仍然发挥着强大的稳定作用，但它释放了如今占经济规模至少一半的私有部门，如果算上事实上获准作为私营企业运营的国有公司，其比重高达70%。相比之下，20世纪90年代初这个比例只有17%左右。据里昂证券称，60%的GDP增长和2/3的新增岗位来自私有部门。

罗斯曼说，一旦中国领导人确立新的方向，他们很少动摇。一种指令和控制型体制由能干的技术官僚管理，这使得中国能迅速搞定事情。在最近一份有关中国刺激增长措施的报告中，里昂证券中国实况研究部主管戴维·墨菲指出："我总是惊讶于中国步调一致地动员国民和资源投向共同目标的能力。"相比之下，在俄罗斯，政府造就了一种"无所不用其极的"环境，无论是投资者还是大多数官员，都不知道下一步会发生什么。

或许中国的混合型市场最耐人寻味的变化是领导人处理公众舆论的方式。北京派出顾问向地方官员教授美国式公共关系策略，这是一场旨在平息因经济压力引发的公众抗议的新"开放"运动的一部分。当经济形势恶化时，对公众舆论的娴熟管理至关重要。在中国许多地方，网民可以在互联网上表达他们对地方政府的看法，而地方领导人也被要求3天内回应个人的投诉。这是政府战略的一部分，旨在通过互联网和公众舆论向地方官员施压以及影响政策决策。

说到底，中国对指令性资本主义的成功运用可为欧美提供有限的经验。诚然，通过下令工程师筑路以刺激增长，远远要比在美国这样的发达国家刺激增长来得容易。不过，一个日益富裕的中国运转良好这一事实值得研究，况且信贷危机引发了对自由市场的广泛质疑。罗斯曼指出："不要忘记，中国是唯一没有遭遇信贷和信心双重危机的主要大国。可以保险地说，没人担心中国政府的处事能力。"正如中国领导人曾说的"信心比黄金重要”，至少眼下中国人仍然相信他们国家的制度。

（摘自《环球时报》2009 年 1 月 12 日）

中国威胁美国什么了

[美国] 詹姆斯·诺特[*]

本周，中国领导人说，要坚定不移地走和平发展道路、奉行独立自主的和平外交政策。听上去很美好，但美国人通常不相信这样的宣示。事实上，我们的媒体对这样的言论经常视而不见。我们时不时听到的是：中国是一个"崛起中的大国"、"不断增大的威胁"或"新兴超级大国"。类似的叫法被美国的政治人物和媒体无休止地重复，以致大多数美国人都以为中国是一个难以对付的军事强国，并很有可能成为我们的敌人。

其实，尽管中国拥有庞大的人口和充满活力的经济，但其军事实力仍相当弱小，特别与美国比起来。中国领导人的讲话准确描述了中国预算的轻重缓急，军费在其中只占很小比例，不像20世纪50年代那样。与此类似，如今的中国寻求商贸互利和缓解军事紧张，其外交政策更像个重商国际主义者而非冷战时的共产党国家所为。近年来，中国改善了与许多远近不同国家的关系，其中包括昔日的对手如印度、俄罗斯和韩国。中国还协助美国与朝鲜进行核问题的谈判。

既然如此，为什么中国仍是一个美国动辄憎恨的国家呢？原因有三。许多左派人士对中国满腹疑虑，因为中国不是民主国家。许多右派人士夸

---

*詹姆斯·诺特，世界政策研究所高级研究员，美国《托马斯·佩因在线日报》特约专栏作家。

大中国的威胁，因为要为美国庞大的军力提供借口。其他人士则惧怕中国的经济成功。

对人权的关注有其道理，但世界上人权记录糟糕的国家有的是，它们的对外关系却是和平的。而且，今天的中国人比过去自由多了，也比大多数美国人所想象的要自由。

中国的经济挑战实实在在。中国能制造各种产品，这种制造能力尤其建立在低工资、良好的基础设施和高素质的工人和工程师的基础之上。

但中国与纳粹德国、苏联或帝国时代的日本不同。中国将2/5的出口输往美国市场，并把贸易顺差所得回投美国，它对此已心满意足。中国的经济成功发生在美国设计的全球经济体系中，这解释了为什么它十分重视与美保持良好关系。

认为中国是美国军事对手的想法是荒谬的。中国今天的海军和空军在训练和装备上甚至不能跟25年前的苏军相比。我们可将军队削减一半，在任何中国边境之外或公海上发生的军事对抗中，我们仍拥有对中国的绝对优势。既然这样，为什么我们还维持如此庞大的军力呢？

布什政府的对华政策彼此矛盾，具有分裂性。一方面，许多共和党商界领袖敦促布什维持与中国的友好关系，因为它是个有利可图的市场。另一方面，布什政府对导弹防御体系的热衷很难让人相信它没有针对某个强大敌国，这足以引起那些夸大中国军力已多年的右翼评论家的注意。更重要的是，不可忽略美中关系的实质。两国贸易稳步增长，布什从未在贸易事务上咄咄逼人地威胁中国，中国对此报以和平的行为。这对两国广泛的商贸关系都有利。因此，和平理应是首选。

（摘自《环球时报》2007年3月12日）

北京共识：论中国实力的新物理学

[美国] 乔舒亚·库珀·雷默 *

　　人们往往会考虑中国在 20 年后可能会变成什么样。它会成为充满民族主义仇恨的国家吗？或者成为一个富裕、超大型的新加坡，一个只是在会议室表现得好战的国家？大多数中国以外的政策规划者的共同看法是，20 年后中国将成为一个"旗鼓相当"的强国，在经济实力以及可能在军事实力上直逼美国。因此，这种理论认为，今后 20 年必须作出努力，要么跟中国密切接触以影响它的崛起方向，要么努力遏制中国使它不能获得超过目前全球实力处于领先地位的国家的实力。但是，事实是，谁也不知道中国在 20 年后可能会变成什么样。

　　这种想法多少有些帮助，但却不能成为理论的根据。它完全忽略了最重要的事实：中国的崛起已经通过引进发展和实力的新概念而改变国际秩序。使决策者认为中国在 20 年后会成为一个问题的因素，其实并非是中国日益增强的实力的基本组成部分。根据它拥有多少艘航空母舰或人均国内生产总值等陈旧的规则来评估中国的实力，会导致极大的错误估计。中国正在成为世界历史上最大的不对称超级大国，一个有史以来最少依赖显

---

*乔舒亚·库珀·雷默，美国高盛公司高级顾问，清华大学教授。1996 年任《时代》周刊国际版面编辑，任 CNN 国际时事特约分析员、外交关系委员会委员、中美青年领导人论坛创办者之一、世界经济论坛未来全球领导人成员等。因发表《北京共识》一文蜚声世界。

示实力的传统手段的国家，它以惊人的榜样力量和令人望而生畏的大国影响作为显示实力的主要手段。

中国的发展正在使其发生变化，这一点是非常重要的。但是，更加重要的是，中国的新思想在国外产生了重大影响。中国正在指引世界一些国家在有一个强大重心的世界上保护自己的生活方式和政治选择。这些国家不仅在设法弄清如何发展自己的国家，而且还想知道如何与国际秩序接轨，同时使它们能够真正实现独立。我把这种新的动力和发展物理学称为"北京共识"。它取代了广受怀疑的华盛顿共识。华盛顿共识是一段经济理论，它认为华盛顿最清楚如何告诉别国管理自己，这种理论曾在20世纪90年代风靡一时。华盛顿共识是一种傲慢的历史终结的标志。它使全球各地的经济受到一系列的破坏，使人们产生反感。中国的新发展方针是由取得平等、和平的高质量增长的愿望推动的。严格地讲，它推翻了私有化和自由贸易这样的传统思想。它有足够的灵活性，它几乎不能成为一种理论。它不相信对每一个问题都采取统一的解决办法。它的定义是锐意创新和试验，积极地捍卫国家边界和利益，越来越深思熟虑地积累不对称投放力量的手段。它既讲求实际，又注重意识形态，它反映了几乎不区别理论与实践的中国古代哲学观。北京共识从结构上说无疑是邓小平之后的思想，但是它与邓小平的务实思想密切相关，即实现现代化的最佳途径是"摸着石头过河"，而不是试图采取"休克疗法"，实现大跃进。最重要的是，它是一个变化如此之快，以至没有多少人，甚至本国人都赶不上形势的社会的产物，它也是由这样一个社会决定的。求变、求新和创新是这种共识中体现实力的基本措辞，在中国的报刊文章、吃饭聊天和政策辩论中像祷告一样反复出现。本文中反映的大部分思想曾在亚洲经济危机之后在中国的智囊团和政府研究中心加以讨论，但只是在过去12个月才开始实施。我对这个进程的分析是基于与中国大学、智囊团和政府的著名思想家的一百多次非正式的讨论得来的。

（摘编自乔舒亚·库珀·雷默等著：《中国形象》，
社会科学文献出版社2006年版）

中国正迅速具备与
经济匹配的军力

[美国] 戴维·克莱格[*]

二十多年来，中国一直努力研制自己的最新技术水平的战斗机，目的是使中国成为一个主要的军事强国。1月初，中国透露它的新型战斗机歼—10已经开始在空军服役，这表明中国似乎接近了使自己成为军事强国的目标。

尽管有关歼—10的性能特点等具体细节仍属高度保密内容，但一些西方和中国的军事专家说，成功研制这种先进的多功能战斗机将促使中国成为军事航空领域的一支重要力量。

中国军事问题专家，国际战略与评估中心副主任里克·费希尔说，"一代工程师把他们的经验投入到了这款飞机的研制上"，"这让中国拥有了一支由专家组成的骨干力量，未来50年他们将建造更多更先进的飞机。"

这一新型战斗机的出现，与中国1月11日成功进行的一次反卫星武器试验表明，15年来中国大部分时间内保持两位数增长的国防开支正大大提高中国人民解放军的战斗力。

10年米，随着军队配备现代化的飞机、导弹、潜艇和军舰，再加上

---

*戴维·克莱格，美国《国际先驱论坛报》特约专栏作者。

中国军事人才的日益专业化，中国正迅速具备与其日益增强的经济影响力相匹配的军事实力。

虽然官方媒体称歼—10是中国军事航空史上的一个"突破"，但这些报道也暗示，这种飞机仍然比不上美国的F—16战斗机。去年5月，五角大楼在一份研究中国军力的年度报告中指出，歼—10在重量和性能上与两种先进的欧洲战斗机"台风"和"阵风"相似。

费希尔说，在全世界的现役战斗机中，只有美国的F—22"猛禽"隐形战斗机明显胜过歼—10。费希尔说："歼—10是一种重要的军事力量。这是一种具有高度机动性的战斗机。"目前还不清楚歼—10的生产者——中国航空工业第一集团公司计划向空军交付多少架这种飞机。

少量单座和双座的歼—10战斗机已经投入使用，一些专家认为，中国很快将生产大约300架这种战斗机，以取代目前正在空军中服役的俄罗斯设计的苏—27和苏—30飞机。

有人预测，如果歼—10能够赢得那些无力购买西方昂贵的F—16战斗机的国家的订单，其产量还会扩大。歼—10预计比F—16战斗机便宜得多。战斗机的价格依据其性能可以有很大的不同，但是智利从美国订购的10架F—16战斗机的单机价格是6000万美元。费希尔估计，歼—10的价格可能在2500万到4000万美元之间。

据五角大楼一份有关中国军力的报告说，美国国防部情报局预测中国最终将生产大约1200架这种战斗机。

中国围绕这种新型飞机进行的宣传活动似乎是为了提高国人对本国国防工业的民族自豪感。

中国在研制高性能的军用喷气式飞机发动机上一直面临技术难题，这迫使生产者不得不进口俄罗斯的涡轮风扇发动机装歼—10。据一些分析家说，中国可能很快就可以生产供歼—10和其他中国军用飞机使用的发动机。

（摘自《参考消息》2007年2月10日）

中国软实力的崛起

[美国] 约瑟夫·奈[*]

尽管中国的软实力与美国相去甚远，但如果忽略了中国在此方面的进步，则将失之愚蠢。

包括澳大利亚和印度在内的各个国家聚首马来西亚参加首届东亚高峰会时，美国并没有出席，这一点令人侧目。有人担心，此次会议乃是中国实现其长期野心的第一步，即构建一个将美国排除在外的区域权力新结构，也就是所谓的东亚共同体。

无独有偶，英国广播公司近日针对 22 个国家所作的民意调查显示，将近半数的受访者对中国的影响力持正面看法；相较之下，对美国抱持相同看法者则只有 38%。两相对照，可以清楚地看出，中国软实力崛起，并与美国互为消长，这已经构成一个需要认真对待的紧迫问题。

美国国会在其近来发表的报告专注于中国经济与军事力量的崛起，但对中国软实力的崛起则着墨甚少。然而，在如今这个全球化的信息时代，诸如文化、政治价值和外交等软实力已经构成国家整体实力的重要部分。一个国家的成功，凭借的已经不仅仅是军事胜利，而更有赖于其理念能否打动人心。

---

*约瑟夫·奈（1937—　　　），2005 年当选为美国最有影响力的 10 大国际关系学者之一，1990 年，在《外交政策》发表《软实力》一文，首次提出"软实力"概念，随即成为冷战后使用频率极高的专用词汇，深刻影响了人们对国际关系的看法。

中国文化挺进世界舞台

中国的传统文化一向就具有吸引力，如今中国又正迈入全球流行文化的领域。华语电影《卧虎藏龙》已成为票房最高的非英语影片；美国NBA的大陆球星姚明正迅速成为家喻户晓的人物；而北京即将主办2008年奥运会。过去10年来，在中国求学的外国留学生人数翻了两番，从3.6万名增加到11万名。2004年，中国接待了1700万名外国游客。中国已在世界各地设立了26个孔子学院，以教授中国的语言和文化。在美国之音将其中文广播从每天19个小时减少为14个小时的同时，中国"中国国际广播电台"却将其英语广播时间增加到一天24个小时。

"北京共识" 更受欢迎

就亚洲、非洲和拉丁美洲的某些国家而言，有关威权政府和市场经济结合的所谓"北京共识"已较先前占有主导地位的"华盛顿共识"更受欢迎，而后者就是市场经济与民主政府的结合。中国还通过经济援助和开放市场来加强其对外吸引力。

外交新政策

中国同时还调整了外交政策。仅仅十年以前，中国还不肯轻易参与多边体制安排，并与许多邻国存有矛盾。但近10年中，中国取得了许多进展：加入了世界贸易组织；派遣过超过3000名官兵参与联合国维和作业；在防止核不扩散问题上采取更加合作的态度（包括主持朝核问题六方会谈）；与各邻国解决领土纠纷；以及加入各种区域组织。此一外交新政策，连同"和平崛起"的口号，有助于缓和外界疑虑并减少他国相互结盟以制衡中国崛起的可能性。

但正如中国的经济和军事力量尚不足以与美国相提并论一般，中国的软实力有待成长之处仍多。中国还没有类似美国好莱坞这样的文化产业，其大学的成就也与美国各大学相去甚远。为美国创造大量软实力的各种非政府组织，在中国还付之阙如。中国也还面临着腐败、不平等以及民主、人权和法治建设不完善等诸多问题。

总之，尽管中国的软实力与美国相去甚远，但如果忽略了中国在此方面的进步，则将失之愚蠢。美国在BBC民调中的认同比率降低及其未能出席东亚峰会，都是警讯。现在是美国需要更多地注意软实力在亚洲的平衡的时候了。

（摘自《财经文摘》2006年第3期）

中国对外拓展
成果前所未有

[美国] 戴维·蓝普顿*

新千年伊始，中国加快了对外拓展的步伐，自 15 世纪郑和下西洋以来，这是前所未有的。

30 年前去世的毛泽东认为他的时代是"战争与革命"的年代。自1977 年以来，其继任者邓小平的战略是对毛泽东政策巨大人力、经济和外交代价的反应，以及邓小平自己对全球经济和一个更加和平的国际环境所带来的新的契机的认识。不必再担心超级大国的入侵，相信共产党的存亡取决于为人民提供丰富的物质资料，中国决心与全球化共命运。对于中国来说，这是个"和平与发展"的时代。我们今天所看到的中华人民共和国就是这一重要战略决策的体现。

最基本的事实是，中国领导人的当务之急就是他们所面临的国内挑战。中国的发展也许是外向型的，但是其推动力却来自内部，是由巨大的内力形成的。

在新千年开始的最初几年里，中国对外拓展的 5 个方面尤为值得一提：

---

*戴维·蓝普顿（1946—　　），现任美国约翰斯·霍普金斯大学国际问题高级研究院中国项目主任，兼任尼克松中心中国研究项目主任。著名中国问题专家。

努力开放思想之窗

　　毛泽东逝世后邓小平为巩固权力所做的第一件事就是打开中国的思想之窗。1978 年中期，他与美国总统吉米·卡特的科学顾问弗兰克·普雷斯就中国学生到美国深造、培训以及研究达成一致。中国赴美留学人数迅速增加。多年来，每年都有超过 5.5 万名中国学生被美国的高等教育机构录取，一开始，中国学生深造的领域主要集中在理工科，但近来，越来越多的学生开始学习法律、商业以及社会科学。

　　最初，很多留学生不愿回国，现在，回国的人数越来越多，这主要是因为中国充满活力的经济以及不断变革的社会提供了很多机会。另外，美国"9·11"恐怖袭击事件之后，尽管在美国学习的中国留学生人数一直保持在一个稳定的水平上，但是去西欧、澳大利亚以及日本留学的人数不断增加。中国还安排其政治领导人和企业管理者到世界各国进行短期进修，并开始在全球范围内，而不是全国范围内，招募企业领导人。

　　中国留学生不仅是到外国学习，同时他们还让外国人了解了中国的经济和文化发展状况，从而形成了一种"思想的力量"。在中国学习汉语的外国留学生数量迅速增加，中国积极鼓励其他国家学生学习汉语，并为其提供便利，越来越多的美国教育和研究机构开始在中国设立分支机构。为了积极地促进世界各国对中国的认识，北京的全球交流和接触能力在迅速增强，其总体发展趋势是思想上越来越开放。

海外投资布局广泛

众所周知，在过去 30 年里，中国从一个经济上自给自足的国家发展成了全球第三大贸易国。去年（2006 年），中国吸引外国直接投资超过 600 亿美元，中国对各种商品的需求是推动全球原材料价格上涨的一个重要因素。大家不那么了解的一点是，中国的"走出去"战略鼓励中国公司到海外投资，它们的足迹遍布欧洲、美国、非洲、拉丁美洲以及亚洲。

尽管中国的许多海外投资都与矿产品和战略物资有关，但是，中国也开始越来越多地在海外投资设计、研究、制造以及服务行业。北京向日本取经，努力在从中国进口商品的国家创造就业机会，从而使这些国家向中国的出口商品开放其市场。

在金融方面，中国几乎是神不知鬼不觉地成为了全球债券市场的重要参与者。中国成为仅次于日本的美国最大债权国，截至 2006 年 6 月，中国拥有的美国债券已达到 3277 亿美元，这意味着，北京的金融决策将会对利率和汇率产生不小的影响。

重视国防现代化建设

自 20 世纪 90 年代以来，由于几方面因素的影响，中国开始非常重视国防现代化建设，这些因素包括从 1978 年到 1989 年中国人民解放军全面紧缩预算，这使得军人非常有挫败感，后来，他们又不得不在更加自由的劳动力市场争夺那些有技能的人，因为要建设一支现代化的军队非常需要这些有技能的人。除此之外，"台独"势力所带来的不断加大的压力、美国"军事革命"的一系列展示（第一次海湾战争、科索沃战争、1996 年台海危机以及阿富汗战争）、中国保护其越来越容易受到攻击的东部沿海地区以及海上交通要道的必要性，所有这一切都加快了中国武装部队现代化建设的步伐。除了强调海军和空军的现代化之外，北京还有着雄心勃勃的太空计划，2005 年中国将两名航天员送入太空轨道，其战略核力量的现代化也一直在不断进步。

尽管如此，但是，中国到目前为止还没有能力将其常规武装部队部署到更远的地方。2002 年，中国海军刚刚完成了其首次全球环航。但是，如果中国人民解放军决定使台湾海峡的日子很不好过，它就能够做到。当然，包括日本在内的中国较小的邻国可能会比遥远的华盛顿更快地担心中国军队的崛起。

外交活动涵盖全球

随着中国全球贸易和金融关系的扩大及其日益增强的资源依赖性，中国对外政策在地理上已超出了其附近的范围。传统上，中国所在的亚洲地区一直是其关注的焦点。中国的能源需求推动着其不断扩张利益，由于中国现在 40% 的能源依赖于进口石油，这一比率还在迅速增长，因此，我们看到，中国非常积极地在拉丁美洲、非洲和中东开展外交活动以及进行投资，而在 20 世纪八九十年代中国在这些地区并不那么积极。现在，北京看到了精力受到牵扯的美国以及美国不愿与之打交道的能源丰富的国家（比如，古巴、伊朗、苏丹和委内瑞拉）所提供的机会。

积极参与多边机构

在改革时代，特别是在 20 世纪 90 年代以及新千年的最初几年里，中国对多边机构的态度发生了翻天覆地的变化，这是因为美国在冷战后的统治地位变得越来越明显。由于没有哪些重要国家愿意明确地制定一个协定来对抗或者遏制美国的实力，多边机构就成了唯一可能的、有意义的约束。此外，多边发展和职能机构可以在中国的现代化进程中提供援助。而且，积极参与多边机构可以确立中国日益攀升的国际地位。

北京 1971 年再次成为联合国成员国，20 世纪 80 年代初成为世界银行成员国，2001 年加入了世界贸易组织，沿着这条路，中国已经加入了大多数职能和武器控制机构。近来，中国在各机构内的积极性也不断增强，特别是在维和方面。现在，中国是联合国安理会五个常任理事国中向全球动荡地区派遣维和人员最多的国家。另外，中国还积极推动地区经济融合，并在东盟地区论坛等地区安全论坛中发挥更加积极的作用，中国还承办了旨在实现朝鲜半岛无核化的六方会谈。更值得一提的是，中国推动了上海合作组织的形成和发展。上合组织是一个由中亚四国，加上俄罗斯和中国组成的地区性组织，旨在推动经济增长、打击恐怖主义以及把美国对该地区进行军事干预降到最低限度。

北京对联合国及其他国际机构看法的改变经历了一个过程，上世纪 60 年代，北京试图建立一个"革命的联合国"，认为在纽约建立的这个机构是"帝国主义者和社会帝国主义者"的工具。现在，北京积极推行的原则是：联合国应该是对在国际社会合法使用武力拥有决定权的机构，从而遏制美国及其"志愿者联盟"的单方面动武。

尽管中国一系列的对外拓展是明确的，但是，在三个方面存在误导：首先，中国精英最关注的不是外交政策，而是中国的国内问题；其次，中国对外拓展的上述五个方面的每一方面在中国的国家战略中其重要性是不一样的；第三，尽管中国拥有一个大体的国家战略，将国内政策和外交政策结合成了一个有机的整体，但是，国内社会各部门割据，使得政策的制定和执行非常困难。

中国的"走出去"战略、引人注目的国内发展和变革及其面临的无数国内问题将会对美国及外部世界产生巨大的影响。

（摘自《参考消息》2007 年 1 月 2 日）

中国将成为"世界印刷工厂"

[美国] 安迪·慕克吉[*]

去年，哈利·波特丛书和《时代》杂志在加拿大的承印商大陆印刷公司的董事长雷米·马尔库访问了中国。中国的竞争对手给他留下了深刻印象。他说："中国印刷公司的最大优势在于他们的价格很低。例如，那里的印刷技工年薪为1000美元，而这里的年薪是6万美元。""我们回加拿大时得出了两个结论：在这个行业的某些部分，我们将越来越多地遇到来自中国的竞争；对大陆印刷公司来说，最容易受影响的是书籍印刷。"

那么中国会成为世界的印刷工厂吗？从某些方面看，它一直就是。从大金工业公司的空调到戴尔公司的个人电脑，在世界各地销售的几乎每一种消费品的用户手册正越来越多地在中国南方地区印刷，这些产品的装配也大多是在这些地区进行的。但是在书籍、杂志、公司年度报告和其他高附加值文件的印刷方面，中国才刚刚起步，它最终将成为一个很重要的外包目的地。印刷商如果现在在中国投资，可能会得到丰厚回报。2002年，北美最大的印刷公司唐纳利父子公司在中国开设了一家工厂。现在，出版商可以利用该工厂在中国的网络从事任何需要大量体力劳动的工作。一些客户，例如世界图书百科全书的出版商世界图书公司喜欢在中国印刷，以

*安迪·慕克吉，美国彭博新闻社专栏作家，记者。

降低送达亚太地区最终客户的成本。就销往美国市场和需要尽快印刷的图书而言，墨西哥仍将是最重要的外包地点。随着中国印刷业零零散散的工厂不断合并收购，情况会发生变化。中国现有 9 万多家印刷厂，大多属于国有。

中国 2001 年加入世贸组织以后，外国出版商获准在中国印刷图书供出口。中国政府对在国内发行的图书仍实行严格的控制。只有中国的出版商可以满足国内市场的需要。在中国销售的所有外国书籍都要经过它们。这种限制的确阻碍了中国印刷业的发展，但这种情况不会很快改变。不过意识形态无法永远抑制中国印刷业的发展。市场力量不会听任这种情况发生。主要的推动力来自资金世界：摩根大通公司预测，中国公司今年将通过股票首次公开发行筹集 550 亿美元。中国一次大规模的股票首发需要印几百万份申请表，此外招股书还要印 5000 至 50 万份。完成这种复杂、时间紧迫的项目需要规模。金融类印刷还需要成熟的客户服务，而习惯于为地方政府印刷宣传手册的小印刷厂无法提供这种服务。正是在这些领域，新加坡金融类印刷公司速印控股公司有着勃勃雄心。

推动中国印刷业发展的另一个因素将是企业治理。上海证券交易所可能很快发布强制性规定，要求所有上市公司向所有股东发布年度报告。加拿大大陆印刷公司的马尔库说，它的公司将始终拥有一个竞争优势：接近客户。他说："中国印刷公司的最大敌人是时间。"的确，就目前而言，在中国的一家工厂重印美国的几百本畅销书在商业上可能是没有意义的。但是如果技术和运输的成本不断下降，中国的劳动力成本优势也许会成为印刷业最重要的因素，就像在其他许多行业一样。中国终将成为世界的印刷工厂。

（摘自《参考消息》2007 年 3 月 22 日）

中国：非洲人心中的致富之地

[美国] 斯蒂芬妮·麦克拉门*

这里是世界上最贫困的国家之一——乍得。这是一个炎热的沙漠小镇的某个上午，破旧的卡车、摩托车和驴子在粗糙不平的沙地街道上颠簸行进。

在古老的还带有殖民地时期特点的市场上，24 岁的阿卜杜勒-卡里姆·穆罕默德正在向路过的行人兜售肥皂和电池。生意很是冷清，因此他对记者说他常常想象自己在另一个地方：一个袜子便宜、道路平整的光明新大陆。

他说："如果我能去中国，生活会比现在好得多。"他说自己已经开始为去中国攒路费了。他说："我会赚很多钱，生活也会改变。我可以回学校念书，盖一幢漂亮的房子，娶妻生子。人们都说中国是个好地方，什么都很便宜。"

随着急需资源的中国加强同非洲各国的关系，非洲政治家正在对中国影响力日益加强的利弊展开辩论。

但就在辩论进行的同时，一些无形的变化正在非洲大陆上悄然发生，甚至蔓延到了这个战乱频仍、电力和水暖设备尚属奢侈品的偏远地区。

---

*斯蒂芬妮·麦克拉门，美国《华盛顿邮报》记者。

把中国看做发家致富的希望之地，这种想法正在深入人心，渗透到普通非洲人的意识中。而这种地位以前只有美国——有时还包括欧洲国家——才拥有。

在这里，美国梦是离奇而不现实的，而一种新的、更加实际的、可以企及的中国梦似乎开始占了上风。

商人艾哈迈德·阿里刚刚结束他的第一次中国之行。他说："美国适合去游览，而中国是个做生意的地方。"

除了中国同非洲各国签署的大规模道路建设项目、石油合同和其他协议，还有一些更细微的迹象表明，这个东方国家正开始渗透到非洲社会中。

例如在刚果（金）首都金沙萨，每个周五，中国使馆的签证处门前都会排起长队。在肯尼亚首都内罗毕，打算去中国进修商务或语言课程的大学生随处可见。

埃塞俄比亚欧加登地区的叛乱分子认为中国的影响力非常大，以至于今年他们以一家中国石油公司的营地作为袭击目标。

在内陆国家乍得，中国是一个相当新的概念，因为政府去年才符合了中国关于正式商业往来的先决条件：承认中华人民共和国并与台湾断交。

自此之后，中国已经在乍得开始了大规模的石油开采项目，中国资金也流入了政府金库，令一些乍得人跃跃欲试，看自己能否从这项新财富中受益。

与此同时，一种对中国的兴奋情绪和好奇心也蔓延开来。

在破败的首都恩贾梅纳，法国殖民统治的历史仍然留有残迹。这里几乎所有的新事物都与中国有关：在残破的米色建筑中显得不太和谐的鲜红色的中国饭店，还有一家中国人经营的旅馆。

乍得很多地方均有人受雇于中国公司，这令他们第一次接触到了中国文化。

在阿贝歇还没有中国公司，也没有华语电视频道或广播，但商店里堆满了中国生产的人造花、童装、锅碗瓢盆和凉鞋。

而且随着一些去过中国的乍得人像凯旋的探险家一样带回了奇闻逸事，关于中国的种种说法也迅速传播开来。

卡里姆·穆罕默德讲述了一个在乍得街头巷尾都在流传的故事："你到了那里（中国），他们会欢迎你并帮你找到旅店。"

他的兄弟阿里·扎鲁克也希望去中国。扎鲁克说："我从来没去过中国，但我知道中国的生活是什么样子。我有很多朋友在中国。我知道他们会给非洲人很多机会。"

想要经商的人们现在正在为恩贾梅纳的中国使馆新工程进行倒计时——并希望到时候自己有机会得到渴望已久的中国签证。

39 岁的食品供应商伊斯梅尔亚当说："还有 7 个月。"

他坐在自己的办公室里，屋里有一张中式仿红木的写字台，头顶的墙上中国产吊扇正在工作着。他的写字台上放着几本介绍中国家具的小册子，他正在联系从中国向乍得出口家具的生意。

亚当唯一的中国之行是在两年前，因为朋友告诉他那里机会多多。他在恩贾梅纳坐飞机先到香港，在那里的机场获得了中国签证。"我说自己来自非洲，很容易就得到了签证。"

他从香港来到了广州。这是一个正在发展的大城市，亚当说它"非常大、非常好"。他说自己作为一个来自车辆相撞司空见惯的地方的人，广州给他印象最深刻的是有序的交通。"我在那里待了两周，没有看到一次交通事故。人们是那么的井然有序。"

在中国停留的两周里，亚当见到了很多非洲人，他们来自刚果、塞内加尔、马里和喀麦隆。街头有非洲人开的食品摊位。他从中国带回的几百部电话机在阿贝歇销路非常好。

他说："2008 年我会再去。"他说如果自己赚到足够的钱，就打算在阿贝歇开一家服装厂。

亚当和其他人说，他们不再梦想有朝一日去美国或欧洲，现在这种想法似乎太过渺茫。

商人阿里说："去美国有个问题。一切都太贵、太复杂。我想我会在

中国开一个办事处，在那儿待一个月，再回乍得。在中国，我可以生活得
更好。那里的一切都很容易。"

（摘自《参考消息》2007 年 10 月 7 日）

中国人生活水平
几十年难超美国

［美国］ 约翰·塔托姆*

最大问题：人口众多

看报纸杂志，人们可能会认为中国经济会很快在规模和繁荣程度上超越世界唯一的超级大国。这种猜测是有一定依据的，不过它充其量也是非常不成熟的，从最坏的情况看在今后几十年都是极不可能的。

一个重要事实是，中国是个国土面积与美国差不多，但人口是美国4倍多的国家。自从上世纪70年代末改革开放以来，中国的产出或收入一直以每年近10%的速度增长。经济改革使这个国家得以爬出很深的洞，但是要重新达到它早些时候在世界经济中的地位还有很长的路要走。

为了从长远的角度看问题，设想在1820年，中国以约占世界35.7%的人口创造出占世界约28.7%的国内生产总值，这意味着其生产率水平接近世界平均水平的80%。到2005年，尽管在过去28年里保持了每年近10%的不可思议的增长速度，中国的国内生产总值占世界的5%，其人口

---

*约翰·塔托姆，美国印第安纳州立大学商业学院网络金融研究所研究部主任。

在世界人口中的比例有所减少，但仍居世界首位，为 20.2%。根据同样的标准，中国的生产率降到了世界平均水平的约 25%。相反，美国 1820 年的产出占世界的 1.8%，人口约占世界人口的 0.9%（已经是世界人均国内生产总值的约两倍），到 2005 年，美国在世界产出中的份额几乎与中国 1820 年的相同，为 28.1%，人口只占世界的 4.6%，人均国内生产总值约是世界平均水平的 6 倍。如果中国保持了相对的生产率水平，只是与世界平均水平同步，那么它的国内生产总值和生活水平将比现在高 3 倍多，其国内生产总值将超过日本，居世界第二位，生活水平将接近智利而不是摩洛哥。

最佳局面：2053 年

按照最佳局面，中国和美国将继续以 1990 年至 2005 年这 15 年的速度增长。对中国来说，这被认为是最好的情况，因为在过去 50 年里，没有一个经济体在这么长的时期保持这么快的增长速度。另外，两国的人口增长会继续放慢，尤其是中国。根据社会保障机构的高管和大多数专家的预测，美国的生产率增长速度最终会放慢，随着中国逐渐接近美国的生产率水平，中国增速放慢的可能性更大。

可以推断，中国会在 2031 年赶上美国国内生产总值的规模。

根据最好的情况，在 2031 年以后的很长时期，中国以人均国内生产总值来衡量的生活水平相对于美国的生活水平而言会继续改善。例如在 2031 年，如果良好发展得以继续，中国的人均国内生产总值将约是美国的 1/4，但它将已经加入高收入国家的行列，至少根据目前的定义是这样。根据"最佳局面"假设，中国的人均国内生产总值将在 2053 年与美国持平。根据 2005 年的价格水平来衡量，届时两国的人均国内生产总值都将是约 10.5 万美元，是目前美国水平的约 2.5 倍。

乐观估计：再晚 4 年

然而，中国和美国都无法保持过去 15 年的趋势。美国预测，中国的人口将在 2030 年左右达到最高点，然后略有减少，在 2005 年至 2050 年人口平均增速约为 0.1%。同样，美国的人口增长也会放慢，但不会像中国那么明显，在同一时期平均增速约为 0.6%。如果将这些趋势考虑在内，两国国内生产总值的增长都不会像前面说的那么快。

例如，美国社会保障机构的高管估计，从 2005 年至 2050 年，美国实际的国内生产总值增长速度将是 2.1%，减缓将主要出现在约 2012 年及以后。由于人口和劳动力增长的减缓以及随之出现的生产率增长的减缓，中国国内生产总值的增长可能很容易降到 8% 左右，这还是一种很乐观的局面。不过因为美国也在减缓，影响还不是很大。根据这种乐观的假设，中国仍会在 2035 年赶上美国的国内生产总值水平，在 2057 年达到其人均国内生产总值水平，都只比"最佳局面"晚 4 年。

四大风险减缓发展

然而，中国面临四个重要的趋势，需要密切管理以避免混乱。

第一个趋势是城市化。目前中国只有 43% 的人口在城市生活，是现代劳动力队伍的一部分。大多数人生活在经济机会有限得多的农村地区。由于收入水平的巨大差异，迁往城市的压力很大。

第二个趋势是近一半的企业是国有企业，从效率低下的国有公司转向赚钱的公司或更可能是私有公司，会导致混乱和失业。

第三个趋势是人口增长的减缓，但依然有充足的机会为仍占多数的农村人口提供就业岗位，提高国有工业部门的生产率以继续促进收入增长。

第四个趋势是随着个人收入的迅速增长——至少是上世纪80年代的8倍，一个庞大的中产阶级开始出现。

面对迅速增加的风险加上与早些时候问题的迅速会合，中国不大可能像乐观局面里假设的那样继续保持快速的经济增长。中国的增长开始减速的可能性更大，就像其富有的邻国一样，这样它的平均增长速度将进一步减缓。在2005年以后的时期平均减至实际国内生产总值6%的增长速度——主要是因今后二三十年的减缓所致——将使得中国在本世纪中达到美国的经济规模，在2080年左右达到与美国相似的生活水平。只要经济增长略低于6%就可能将后一个时间推迟到下个世纪。但是，从2005年到2080年是75年，世界上任何一个国家都未能在这么长的时期内保持高达6%的增长速度。不过，中国过去28年的增长已经在更大程度上打破了历史。

中国国家统计局18日发布的发展回顾报告称，中国经济总量在世界的位次已经由2002年的第六位跃居第四位，人均国民收入从2002年的1100美元增加到2006年的2010美元。按照世界银行的划分标准，中国已经由低收入国家步入了中等收入国家的行列。但是，中等收入国家并不等于中等发达国家。中国依然是一个发展中国家，离发达国家还有很大差距。

（摘自新华网2007年9月20日）

直面中国

[美国] 亨利·艾尔弗雷德·
基辛格*

在写作本文时，据说美国与中国官员的谈判已接近尾声。鉴于这起争端的事实依据取决于美国飞机当时是否进入了中国领空，以及哪一架飞机作出了导致碰撞的转向，通情达理的结果是释放机组人员并发表一份联合声明，重申双方对事件的说法，确定某种调查真相的机制。

这依据的是《上海公报》的先例。这一公报是1972年两国在断交20年之后重新建立外交接触的基础。在该文件中，美国和中国在一系列问题上表示了相反的观点，但还是在某些原则上取得了一致。其中最值得一提的是共同反对霸权——这里的霸权是苏联扩张主义的代名词——以及美国答应不对台湾海峡两岸的中国人一致认为只有一个中国的看法（这是当时北京和台北官方的一致立场）提出挑战。

这一次很可能出现类似的结果，因为北京的领导人肯定知道，到时候——而且过不了很多天——美国舆论会开始把被扣留的机组成员称做人质。在此之后，这个问题将会变成一次损害未来两国关系的冲突，不管它最终得到怎样的解决。同样显而易见的是，通过在它所谓的"竞争关系"

---

*亨利·艾尔弗雷德·基辛格（1923—　　），当代美国著名外交家、国际问题专家，1973年诺贝尔和平奖获得者。曾任美国尼克松政府国家安全事务助理、国务卿，福特政府国务卿。

中加入重要的合作因素，布什政府对此次危机的灵活处理正在为这种关系赋予实质内容。

恰恰因为侦察机事件可能标志着长期对话的开始，理解两国在处理外交的方式上所存在的文化隔阂是重要的。

理解两国文化隔阂

美国领导人是在这样一个社会里长大的，这个社会在其不过两个世纪的历史中始终把和平与进步看做是寻常之物。因此他们强调个人亲善和私人关系是解决国际争端的重要因素。

而中国在其持续五千年没有间断的历史上，目睹了太多的动乱和悲剧，以至于不敢相信个人的善意。在历史的长河中，个人的存在无疑是短暂的。

美国一直通过理想主义、意志力、组织以及有利的地理位置等的结合来战胜挑战。中国有许多伟大的成就值得赞扬，但它也遭遇过极限，碰到过只有通过忍耐才能克服的问题。中国人对时间的感觉与美国人有着完全不同的节律。当一名美国人被问及某一历史事件的发生时间，他会指出一个具体的日期；而当一名中国人讲述历史时，他讲的是某个朝代发生的事。在中国历史上，至少有 8 个朝代的持续时间分别超过了美国的全部历史。

美国人考虑的是用具体的办法解决特定的问题。中国人考虑的是没有确切终结的过程。美国人相信国际争端是由于误解或恶意所导致的。前者的解决办法是劝说，有时需要相当的耐心；对于后者，则需要战胜或消灭作恶者。

中国人的态度是不受个人感情影响、有耐心和超然的；这个中央王国害怕表现得像个恳求者。在华盛顿期望诚恳和善意成为国际关系润滑剂的时候，中国却以为政治家们事先在家里已经做好了准备，因此能够理解微妙的潜台词。

中国人的谈判策略

中国人的谈判策略也反映出中国的历史经历。在过去三个世纪里，这种经历使它从一个在本地区占统治地位的国家变成了一个耻辱的殖民统治对象。因此中国的外交同时表现出两种风格。作为中央王国的继承人，中国外交官很会讨人喜欢。对方会因为被当成"老朋友"接纳到中国"俱乐部"中而受宠若惊，这种姿态使意见分歧在人情方面变得更加复杂。当中国人进行中央王国式的外交时，他们会巧施计谋，引诱对方作出中国方面希望的提议，这样中国人的默许看起来就像是给对方的一个恩赐。

因此在我 1971 年秘密访问中国时，周恩来曾设法让我请求中方邀请尼克松总统访问北京。我们确定好一个方案，其中泛泛地提及尼克松在当选总统之前曾表示过的访问中国的愿望，并搭配上了中国领导人提出的具体的访问邀请。

但是，在面对它所谓的殖民主义遗产时，中国往往会变得趾高气扬，以显示其不屈服于压力。任何屈服或表明没有认真对待中国领土完整的迹象都会引起它强烈的——在美国人看来是过度的——反应。对北约轰炸中国驻贝尔格莱德使馆长时间表示的愤怒，以及在侦察机问题上的不妥协态度，就可以证明这一点。

寻求新的稳定关系

反差鲜明的两种外交风格在最近这次危机的最初阶段产生了一种对抗

气氛。美国政府说，扣在中国军用机场上的那架美国飞机享有豁免权，因此要求立即交还飞机。不管在法律上是否站得住脚，所谓侦察机享有受到保护的法律地位的说法肯定会引起中国的强烈反应。

不过，一旦国务卿鲍威尔和布什总统从常人的同情心和实际解决问题的角度去处理这一问题，产生建设性结果的大门便打开了。

到了这种程度，这场危机最终就可能为两国之间一种新的、成熟和首先是稳定的关系奠定了基础。多半是因为双方在理解对方的文化和行为准则方面存在的差异，两国几乎很少能够成功地使中美关系保持长期稳定。

20世纪初，美国的对华态度完全是受传教士和商人的影响，而这两种人往往不顾及中国社会遭受欧洲列强殖民主义奴役而蒙受的耻辱。在30年代和第二次世界大战期间，中国被视为日本侵略的受害国和勇敢的民主盟国。在共产党赢得内战的胜利之后，在美国公众的心目中，中国变成了意识形态和战略敌手的化身。毛主义好斗的学说、中国干预朝鲜战争、美国对中国国内制度的厌恶、美国第七舰队进入台湾海峡……所有这一切加在一起产生了这样一个时期：两国在近25年中没有外交关系，而且几乎不存在任何接触，有的只是互相漫骂。

对抗不是战略选择

现在，我们处在一个完全不同的时代，出于战略和经济考虑，从长计议，需要一个稳定的时代。中国的情况是复杂的。我们70年代与之打交道的老一辈中国领导人与目前的领导人相比具有更多的"中心王国"的传统色彩。目前的领导人治理的是一个其经济主要由市场和现代技术形成的国家。下一代领导人将具有更多的现代气息。

在美国，有两种学派主导着这场辩论。克林顿政府的主张可以归纳为口号式的"接触"和"战略伙伴关系"。以威尔逊所谓由民主国家组成的世界不能树敌——至少不能有准备用武力来维护其主张的敌人——的假设为依据，在贸易、环保、科技等多方面的接触据信有助于加强主张国际合作和国内多元化一派人的主张。

持相反观点的一派人认为，中国是一个有道德缺陷、不可避免的对手——眼下是在台湾问题上，最终将在西太平洋问题上，迟早还会在全球均衡的问题上。根据这派人的观点，美国因此不应该把中国视作一个战略伙伴，而应该像它在冷战期间对待苏联那样来对待中国，即把它当作一个对手，一种挑战。一有可能就把贸易减少到只局限在非战略商品范畴，建立一个亚洲联盟来帮助美国分担保卫亚洲和遏制中国的责任。鼓吹这种观点的人把台湾当作一个独立国家，一个军事前哨阵地。他们实际上是要废止作为 70 年代初以来中美关系基础的"一个中国"政策。

布什总统面对的一个根本问题是，在这两种观点中哪一种真正符合美国的需要。拒绝从未发挥过作用的战略伙伴关系是一回事，奉行曾经对苏联使用过的冷战遏制政策并按照中国好像是一个永久的敌手那样来行事，又是另一回事。

奉行冷战遏制政策可能会使美国在亚洲乃至在全世界遭到孤立。正如它在上个世纪几次战争中所证明的那样，美国将抵制任何国家试图取得霸权地位的尝试。它所面临的挑战是如何制订一项面向合作而同时又果断抵制侵略的政策。

与中国对抗应该是不得已而为之的最后一着，而不是一项战略选择。布什政府对侦察机危机的处理是朝着这个方向迈出的第一步。

（摘自美国《新闻周刊》2005 年 4 月 16 日）

中国开拓自己的
民主道路

[美国] 约翰·桑顿*

近一个世纪以来，中国领导人一直对民众承诺实行某种形式的民主。1911 年，中国的最后一个王朝清王朝被推翻了，孙中山提议实行了 3 年的临时军政统治，之后进入了 6 年"训政"时期，逐步向宪政过渡。1940 年，毛泽东发表了《新民主主义论》。《新民主主义论》指出，共产党的领导会确保革命人民对阶级敌人的"专政"。邓小平领导中国走出了"文化大革命"的动乱状态。他说，民主是"解放思想的重要条件"。

孙中山、毛泽东和邓小平使用"民主"这一名词的时候，他们心中的想法都有所不同。孙中山所说的"民主"与西方认可的定义最接近，主张通过公民投票举行自由选举，建立一个符合宪法的政府，实行政权分立。他们三人都认为，民主本身不是目的，而是实现中国真正目的的途径。中国的目的是成为一个不再受外国列强欺凌的国家。

虽然国内外很多人仍对当今中国的政治改革前景持怀疑态度，不过，中国政府、中国共产党、中国经济和整个社会都发生了很多变革，这可能改变中国人对民主的想法和决定中国未来的政治方向。

---

*约翰·桑顿，2003 年 7 月以高盛集团公司总裁及董事会成员身份退休，现担任中国工商银行、英特尔、新闻集团等多家公司董事职务，以及多家机构和组织的理事或顾问委员会委员，如亚洲协会、美中关系全国委员会、清华大学经济管理学院、耶鲁大学管理学院等。

胡锦涛主席曾经说，民主是全人类共同的追求。胡锦涛在 2006 年访问美国期间，每一站他都特意谈论民主这个主题。有关民主，温家宝总理在 2007 年全国人大会议上发表的讲话，比以前他的讲话都谈得更多。他说，发展民主，健全法制，是社会主义制度的内在要求。

与早些时候的领导人一样，中国目前的这一代领导人脑子里所想的民主，与西方民主的定义有所不同。一些高层官员强调指出，必须保持中国共产党的领导。尽管他们认识到选举（尤其是地方选举）的作用，但他们坚称，在中国，实行"审议"形式的政治比多党公开竞争权力更适合。

"审议式"民主，即允许公民个人和团体在决策过程中发表他们的观点。他们常常提到精英政治，包括利用考评的方法检验候选人的工作能力，反映了中国古老的观念：政府应当由最有才能的人组成。中国不喜欢像西方那样给人们太多言论、新闻或集会自由。他们表示，赞成有条不紊地扩大人们的这些权利，但更注重社会和谐。

关于中国的司法体系，中国政府强调，中国需要进行司法改革，以维护司法尊严，保证司法"公正和独立"。"监督"对阻止政府官员滥用职权很有必要。中国政府还呼吁，共产党内部要加强分权制衡和问责制，这也表明他们认识到：必须朝着民主的方向迈进。虽然有许多难题，但他们清楚前进的方向。

鉴于此，更好地了解中国民主化进程的具体现状很有必要。十多年来，中国各地的农民都投票选举村长。从村镇到中南海，在它们之间的巨大空间中正在发生着什么变化？仔细研究一下关于民主的定义中的三个成分——选举、司法独立和监督，就可以找到一些答案。

尝试地方公正选举

中国上世纪 80 年代开始实行村委会选举。实行村委会选举的最初欲念是想提拔有才干的地方领导人：既要发展农村经济，又将落实诸如计划生育政策等国家重点工作。"文化大革命"结束后，农村废除集体化，农村出现了变化。

在过去十年里，中国的一些乡镇事实上已经尝试过选举。乡镇政府的得力领导对于维护社会稳定至关重要，而保持社会稳定是中国领导人的工作重点。早在1995年至1996年，中国有几个乡镇就举行了投票选举。

一些城市也进行了有限的尝试。这几年，陆续有一些独立候选人参加深圳、北京的区级人大代表选举。

近年来，中国也努力加强共产党党内民主选举。有些专家认为，对中国长期政治改革来说，发展"党内民主"比进行地方领导选举尝试更重要。他们认为，共产党接受公开辩论、进行领导干部选举和通过投票进行决策是整个国家实现民主的前提条件。

一些学者预言，如果党内民主确立下来，可能会形成这样一种趋势，志趣相投的党员干部会在党内组成更明显的"利益集团"。

有些分析家认为，近年中共领导人要求党员干部解放思想，可能预示着将采取新的政策态度，鼓励大家在中国政治改革进程中要坚持更加务实的思想。

法治取得巨大进步

在过去30年里，中国的司法体系取得了巨大进步，但还有很长的路要走。1980年，经历过"文化大革命"破坏后，中国的司法体系开始重建，全国的法院受理了80万个案件。到2006年，这个数字上升了10倍。在过去30年里，中国通过了250多个新法令，而且民法典的起草工作正在进行中。

个人自由日趋扩大

近年来在选举、司法独立和监督方面取得的进步是中国社会变革和个人自由扩大的一部分。

在过去 20 年里，大批农村人口拥向城市。直到 10 年前，中国政府对人口流动还实施严格的控制。如今，政府官员把在未来 20 年可能移居城市里的另外 3 亿多农民说成是帮助消除中国城乡收入差距的积极力量。而且，城市居民现在可以到国外工作、留学和游玩。不到 20 年前，北京所有外国人都必须在指定地点居住。如今，外国人和当地人相邻而居。

与过去相比，中国领导人今天谈到民主时似乎很谨慎。批评者称，这表明政府缺乏实行政治改革的真正决心。中国的一位老政治家告诉我说，民主始终是中国人民的"共同愿望"。但是他说，西方需要有耐心，要让中国人自己去尝试和探索。

（摘自美国《外交》双月刊 2008 年 1—2 月）

香港"死亡"预言错了

[美国] 佐赫·阿卜杜勒贾利姆*

　　1997 年 7 月 1 日午夜刚过，在一个璀璨而辛酸的仪式上，香港从一个古老帝国的最后一颗宝石变成了一个新的全球大国的组成部分。面对这座城市从英国移交给中国，香港人民百感交集：为新的开始而高兴；为送别英国人而悲伤；为回归祖国而骄傲，为未来而担忧。如今，根据大多数标准来衡量，香港的情况非常好，但它同时表现出了一种集体的忧虑。随着香港度过作为中华人民共和国特别行政区的第一个 10 年，它面临着一系列连锁性的问题，它过去和将来的所有挑战都源于此：我是谁？我想变成什么样子？我能完全成为我想成为的样子吗？我会得到允许吗？

　　不管结果怎样，香港的未来与中国紧紧相连。一个是世界上最自由的社会之一，极富创业精神，在精神上非常独立。另一个则是这样一个国家：它让封闭已久的国家达到了前所未有的开放程度，以地球上前所未有的速度让更多的人摆脱了贫困。虽然差距很大，但两者互相学习、互相依赖、互相影响，在某种程度上还互相胁迫。

　　香港的重要性不仅在于它是全球经济重要的驱动器，将中国制造能力的原始力量传送到一个分配消费品的全球体系。

---

*佐赫·阿卜杜勒贾利姆，美国《时代》周刊高级编辑，美国《时代》周刊香港回归 10 年专题文章《晴间有云，1997—2007 年》主笔。

　　这座城市的重要性还在于它是一个独特的试验，这个试验很可能成功，但也可能失败：在中国境内创造一个自由的、国际化的城市。在从渔村变成现代化都市以来的很短时期内，香港经历了战争、难民潮、瘟疫、旱灾等，反复粉碎灾难预言者的预言，不断重新振作。仅仅在过去10年里，香港就经历了地区金融危机、禽流感、"非典"等，这座城市的一连串好运常常看起来即将结束。本刊的姊妹杂志《财富》曾糟糕而错误地预测，香港回归中国会导致其"死亡"。

　　然而，香港现在比过去任何时候都更具活力。在交接前夕，作为香港健康状况关键晴雨表的股市指数处于创纪录的15200点；今天，股市指数已攀升至21000点附近。地产价格（在很多方面是衡量香港成功与否的最好指标）在交接后曾有所下探，在"非典"后又再次出现了下跌，但现在，香港的地产价格已经高得惊人。现年80岁、退休后留在香港的前布政司钟逸杰说："在1997年，事情并未戛然而止，而是仍在继续，这就不同寻常。生活在继续。"

　　应该说，香港一直是一个中国城市。即使是在香港成长为全球最重要的商业和金融中心的156年中，它的非中国人口一直都只占十分微小的比例。与其他殖民地不同，香港从未把那几个位于北大西洋中的潮湿岛屿当成自己的祖国，香港一直都有一个自己的、完美的祖国。

　　然而，中国香港保持了原来的面貌。香港就是香港，它是独一无二的，中国现代德高望重的领导人邓小平在1984年与英国人达成协议，确立"一国两制"的原则时就认识到了这一点。明智的北京决策者早就意识到，香港人对中国的情感是错综复杂的。如今香港人因属于中国而自豪，中国崛起为世界强国更突出了这种自豪感，但其中也夹杂着谨慎和小心。有许多情感包袱，因此也有许多不确定因素。香港科技大学的戴维·茨威格说："香港正处于过渡时期，它正进行政治变革的试验，其商界正努力寻找未来，人口统计数据在不断变化，它甚至不知道应该说哪种语言。"要解决何时使用英语、普通话和广东话（三种语言都很有用、也很重要）就够难的了。

香港必须审视它的经济前途。作为正在崛起的中国的一部分，几乎保证它会继续保持繁荣。但是内地既是伙伴也是竞争对手。内地的新港口吸纳走香港的贸易，其低廉的劳动力带走了就业机会，先前是制造业，如今是服务业，随着中国逐渐放宽投资限制，越来越多的公司将绕开香港，选择直接赴内地投资。

因此，香港需要一个经济应急计划。行政长官曾荫权把纽约和伦敦作为香港的基准。他表示，希望香港至少要成为亚洲的首要金融中心。但香港面对来自东京和新加坡的严峻挑战。现在的新加坡已经变成一个全球生物科技中心，对研发投入巨额资金，争取学者和学术机构的支持，而香港还在依靠着地产和金融服务等传统的财富来源。前保安局长叶刘淑仪说："我们不能创新。在建立全球性经济研发中心等方面，我们落后了。"

就新的思路而言，香港似乎走到了一个十字路口：经济保持发展，贫富差距仍不断扩大；人们的环保意识增强，空气质量却越来越差；港人的受教育程度提高，而英语水平下降；香港想趁中国发展之机赚钱，同时却竭力维护自己的独特性。

不过，不要把困惑误认为绝望。事实上，中国的领导人在 1997 年确实并不知道他们会收回什么，这也是他们要求撤出的英国人保持香港平稳过渡的原因，他们希望继承一种谙熟的东西。中国不期待任何惊喜，一些人相信这仍然是北京现在的态度。清华大学教授阎学通说："别惹出金融风波，别惹出政治风波，别惹出社会风波，总之，别出乱子。"

这样的评估多少还停留在回归前的思维，现在中国的领导人比以往任何时候都善于处世。他们知道，中国自身的经验证明，没有一个地方的发展是静态的。如果有，那才是金融、政治、社会问题聚积的时候，才会真正有麻烦。中国内地和香港都在前进，只是现在还不清楚他们到底是以平行、融合还是冲撞的方式前进。

香港是一个搏动的生命体，由世界上最富有创业精神的人们组成。这一点永远都不会改变。身份危机与否，香港明白，在这样一个幸运时刻成为中国的一部分真的是太走运了！此时此刻，中国内地正变得日益自由和开放，可以给予香港——这个混血的、有点外国风情的孩子可能连做梦都没有想到过的机会。经济学家奥瑞尔说："我看不出香港人有什么理由要感到悲观。我们是中国的一部分，但我们却不受中国规则的限制。还有比这更好的吗？"的确，如果你才 10 岁，眼前却摆着整个世界，那是怎样一个境界？

（摘自新华网 2007 年 6 月 12 日）

开放条件下的
中国金融业

［美国］ 罗伯特·蒙代尔*

一、开放社会的前提是信息开放

就中国的开放政策而言，2006 年是一个非常重要的年度。开放，首先意味着开放信息。投资者到一个地方投资，必须了解这个地区有哪些公司、公司的优劣、公司的前景及投资政策等等。必须让投资人充分了解相关的信息，这是开放社会的主要特点。

信息的开放，要把内部消息、外部消息之间的鸿沟尽量消除掉。信息要平等，无论对内部人还是外部人来说，都应该平等对待。对开放社会来说，信息不对称往往意味着不公平。信息不对称的开放社会是名不副实的。开放的过程是一个鉴别的过程，也是一个渐进的过程。这种社会的普遍变化，需要专家学者的不断介入。因此突破性的快速发展往往需要一定的时间。

＊罗伯特·蒙代尔（1932—　　），1999 年诺贝尔经济学奖得主，被誉为"欧元之父"。

二、中国金融业发展与开放的关系

　　中国在过去多年的时间里，取得了很多辉煌的成就。在发展生产力方面，如今提到中国的时候，都称中国为亚洲的工厂、世界的工厂；在解决劳动力就业方面，也取得了巨大的成就。但在金融领域还没有取得像工业领域那么大的成就。在中国的金融领域也有大的银行，我们希望这些银行能够不断地清理自己的资产负债表等等。中国建设银行、中国银行等这样的大银行，都是国际股票市场中的上市公司，要不断改善其公司治理结构，希望它们能够不断地向前看，向未来的十年看。那么中国的银行也会像欧洲、美洲的大银行那样在经济生活当中起到举足轻重的作用。

　　现在的问题是，这么多的商业金融机构是否具备了参加竞争的条件？在美国的一些大的城市，有些人会问中国是否已经开放了，或者中国开放程度有多大，特别是在金融领域又开放到什么程度。中国的金融市场是一个大海，其中有大鱼有小鱼。中国的金融市场可能是一个小鱼塘，里面有小鱼，把小池塘打开，会把更多的大鱼招引进来。有人说，中国可能会为此担忧，如果大鱼进入中国市场，可能会扰乱金融秩序。其实大可不必，中国的开放遵循着渐进的原则，所以，现在需要指出的是，目前中国经济，特别是金融领域的规模已经非常之大。我们可以通过信息产业的成果帮助中国金融业发展。中国目前已经是一个大的市场，也是世界的巨大市场，其 GDP 已经超过了全球五个大的经济实体。因此我们在金融领域也面临着巨大的机遇。中国的 13 亿人口，也同样是我们面临的重大机遇，进入这个市场就能够占领这个市场，所以中国本土一些公司和市场，还有一些风险投资领域等，我们都可以进入。

　　但这些市场仍然是主要属于中国的市场，至少从部分来讲是属于中国的市场，所以，在 2006 年可能会突然有很多大鱼进入中国市场，这是中国市场开放期限的最后一年。很多中国专家指出，中国已经逐渐履行加入WTO 的承诺，中国的金融市场也会在未来十年当中不断发展，也就是说，正式与国际接轨会花费一些时间。涉及股票市场，中国对股票市场的利用率很低，与其 GDP 的规模不相匹配，在这方面存在着很大的发展潜力。西方许多国家的股票市场，是一个非常有价值的资本来源地，特别是对私营企业来说，股票市场是它们重要的筹资地。中国的私营企业还不能很方便地进入股票市场，所以大多数企业的资金来源还是银行贷款。应该引导中国私营企业进入股票市场，为它们提供更好的融资渠道。

三、金融市场与评级机构

在中国，目前评级机构对一些大的公司没有评级，这是一个问题。中国对公司的评级与国外、香港的评级还存在一定的差距。如果中国在这方面进一步扩大开放的话，就可以让更多的评级机构进入中国。它们会利用其在本国的经验为中国的企业进行评级，并以此方式进入中国的股票市场。事实上，这方面的问题中国还没有很好地解决，中国的市场一直对评级机构没有开放。在中国，对企业的评级主要依赖政府，政府对企业进行评级，在评级机构与政府之间存在着一种博弈。应该创建一种客观的环境和框架，其中需要有一个客观的、彻底透明的公司评级机制。也就是说，让这些评级机构对银行和企业进行评级，可以根据银行呆坏账的情况对银行进行评级。当然我不认为银行的呆账坏账数字是很大的。

这方面的问题是可以解决的，股票市场的很多问题也是可以解决的，但是呆账坏账的问题不一定很容易解决。以发行国债的方式来解决呆账坏账也同样存在着问题，我不想推荐这种方法。如果通过政府对银行注资来解决这个问题，呆坏账问题同样会重新爆发。

四、货币的稳定性和通货膨胀

　　货币稳定性是一个很重要的问题，与经济增长率也是密切相关的。货币不稳定，除了影响汇率外，还会产生其他各种经济问题。价格问题会产生，随之而来的可能是通货膨胀，宏观调控的问题也会出现。例如，如果要制定一个通货膨胀的政策，就要定价，但如果货币政策不稳定，怎么控制价格呢？如何控制消费者零售产品的价格呢？很困难，难以控制。在美国，格林斯潘先生也谈论过类似的问题，例如如何使股票市场能够不断地扩大，使很多人进入股票市场？但是由于货币政策出现了一些问题，就会引发股票市场整个的问题，既有股票现货的问题，也有股票期货的问题。由于货币政策、货币环境出现问题之后，很多问题都会产生，经济运行就会起伏波动。这是很大的问题，不单是价格问题、消费品问题，而是经济运行的总体问题。

　　在欧洲，中央银行在控制总体通货膨胀指数方面是非常成功的，各国的通货膨胀指数一般控制在2%以内。依据他们的经验，通过制定稳定的货币政策可以很好地解决通货膨胀及零售物价问题。但是在汇率方面就可能产生其他问题。欧洲虽然在解决通货膨胀问题方面是比较成功的，但也会引发其他问题。

　　欧洲中央银行曾经采取各种措施控制通货膨胀，当时汇率没有很大的变化。经过几年之后，欧洲货币升值就非常快，后来欧洲货币性质也发生了变化。我认为，如果中国也想采用欧洲那样的方法通过制定一个通货膨胀指数从而控制物价的话，那么可能会产生更大的问题。一个问题似乎解决了，另外一个问题可能随之产生。如果控制了通货膨胀以后，汇率贬值了50%—60%，就是一个很大的问题。因为中国不是北美，美元在北美是使用最普遍的货币，中国对美元的汇率还是非常敏感的。所以现在最关键的是一定要使经济稳定发展。

五、固定汇率在任何国家都行不通

任何一个国家都不应该制定固定的汇率。美国的汇率不是固定的，其他国家甚至小的国家都不可能把汇率完全固定下来。

第二次世界大战后到 20 世纪七八十年代，所有的货币和汇率之间都具有较高的关联性，而且在很大程度上是锁定的。这种情况受到了很多人的批评，国际货币基金组织的反应异常强烈。例如，加拿大在 20 世纪 60 年代以前一直采用这样的政策，把汇率完全锁定在一个非常小的范围之内，这对加拿大发展是非常不利的。国际货币基金组织指出，如果把货币的汇率锁定的话，对加拿大的评级就会下降。20 世纪六七十年代后，加拿大就调整了有关政策。要强调的是，真正的汇率是不能锁定的。我认为，中国在过去 8 年中，货币政策和货币汇率政策的环境还是很不错的，但是如果中国完全像 15 年前那样，仍然采用纯粹固定汇率政策的话，就可能产生许多问题。中国的改革生机勃勃，而且各种各样的金融机构也都运行良好。在北京有许多的银行，而且在这里都可以从事外汇买卖，老百姓之间也可以相对灵活地使用外汇，这都是好的事情。

随着外汇体制的不断完善和开放，会产生许多外汇衍生品。目前很多人都想进入这个领域，市场总量非常大。中国现在处在一个非常关键的时期，金融货币政策等各方面的有关信息，都要让所有的人了解，不仅中国人，外国人也可以了解。这样可以使所有人共享各种各样的信息，从而使整个金融领域包括外汇市场搞活，这是一个非常重要的问题。

我认为，中国现在的金融改革应该往前迈一大步，国际收支不要有很多的盈余。中国的外汇储备非常多，中国应该充分利用这些资金，让这些资金充分发挥作用。但是把这些资金全都投资到美国的公司或金融机构中，也不是高枕无忧的事情，一旦美国经济出现不稳定的话，中国应该怎么办？我觉得中国一定要非常重视这个问题。中国外汇方面的收支问题也一定能很好的解决。

我并不是在批评中国，也不是在批评美国。不管是美国还是中国，对这些问题都要有非常清醒的认识。我们不能对这些问题避而不谈，对刚才讲的信息的可获得性问题，要给予非常的关注。大家要了解这些情况，才能够解决有关的问题。

（摘自《中国流通经济》2006 年第 10 期，根据 2006 年 9 月 13 日蒙代尔在第三届国际金融论坛上的演讲录音整理）

中国需要一只绿猫

[美国] 托马斯·弗里德曼*

我经常造访中国。自 1990 年以来，这里让我印象最深刻的是：每年我来这里，中国人民的发言越来越轻松，但呼吸却越来越困难。

因此，我第一次感到，中国要开始限制对环境的污染了。如果不做根本改变，以更环保、可持续的方式设计、运输、生产、发电，中国奇迹将变成生态噩梦。

改革开放三十年来，中国经济增长率平均每年都保持在百分之十左右，当一个国家年复一年保持如此高的增长率，它应当开始思考环境是否能够承受。

中国不能重复西方的老路：现在只顾及增长，之后收拾烂摊子。因为，中国经济增长的速度和规模空前，最终只能亡羊补牢，为时太晚。本周《中国日报》报道，中国至少有两百四十万英亩耕地被污染，占中国全部耕地的十分之一。这对于中国的食品安全来说，是一个致命威胁。一半以上的河流也被污染了，这就是为什么，在最近 243 个农村供水站的测试中，只有不到百分之九的河流符合国家"可饮用水细菌量"标准。许多水含有过多硝酸盐，可导致糖尿病或肾脏受损。因此，有些高科技工人

---

*托马斯·弗里德曼（1953—　　），著名记者，哈佛大学客座教授，美国《纽约时报》外交
　事务专栏作家，曾三度获得普利策奖，著有《世界是平的》。

不愿意到中国工作，因为他们不希望生活在肮脏的环境中。

丹·罗森是中国战略咨询的首席中国经济专家，他认为，中国政府担心，如果他们引用美国绿色生产和环境清理的标准，"中国的生产成本就不会如此之低了，这将会影响就业机会"。但他们忽略了，保护生态环境不仅仅是一个问题，而是一个机会。污染导致浪费和低效。罗森先生说，环保公司总是更有效率，对于中国来说，保护环境是一个找到既可以低成本生产、又不会污染环境的创新方案的绝好机会。当美国公司开始意识到保护环境时，他们总是会高估成本、低估收益。

有一天，我和罗森先生一起从长江三角洲出发，坐船沿着长江到崇明岛去，这是世界上最大的冲积岛屿。目前，上海正力图扩建，力争在生态旅游、农业、风能和太阳能的基础上，建立首个中国生态城市。当您看到城里绿地遍布，湿地受到保护，水牛在农田中耕作，农民养殖螃蟹的情景，你可以相信，中国可以改变方向。

但是，远远地，你会看到一座巨大的桥梁将上海中心和崇明岛相连，当一辆辆超载卡车和大量消费者从桥上涌入上海时，你不知道这些绿色计划能不能顺利在上海实施。如果崇明岛只是上海的一个绿色饰品，那么它的绿色计划将无法实施，如果它找到一种全新的发展模式，也许这是中国的机会！

邓小平曾经这样评价中国的经济，这句话家喻户晓："黑猫，白猫，抓到老鼠的就是好猫"，意思就是先忽视共产主义意识形态，把中国经济搞上去。但是，罗森先生说，"现在中国需要的是一只绿猫，否则在没抓到老鼠之前，猫就已经死了。"

（摘自《纽约时报》2006 年 11 月 15 日）

中国可望在2020年成为世界第二或第三经济强国

　　中国过去长期实行的是苏联模式的中央计划经济，它造成了普遍的效率低下并使大批国营企业亏损。但是，如果实行完全的自由市场经济，那也是非常大的错误。我认为应该保持政府在经济中的重要角色。在这一点上，社会主义市场经济这一提法中的"市场"一词，应在政府离开问题百出的旧经济体制的时候得到合理的平衡。从这个意义上说，社会主义具有真正的意义，它和过去旧的斯大林主义概念完全不同。

　　他们正处于最不寻常的转变时代。全世界任何人都和中国领导人一样，不能明确界定什么是社会主义。中国现在实行的社会主义市场经济是对 1976 年以来事态变化的概括。他们试图把市场活力以及承认道义和分配方面的考虑、承认干预市场对经济迅速发展的需要结合起来。这不是中国独有的，虽然在叫法上可能与其他国家不同。我认为中国在八九十年代好像非常接近台湾六七十年代的做法。台湾认为他们有社会主义因素，那是计划自由市场经济，关注分配和增长。这也是中国大陆正在迈进的

---

*保罗·萨缪尔森（1915—　　），著名经济学家。1947 年成为约翰·贝茨·克拉克奖首位获得者，1970 年获得诺贝尔经济学奖。

方向。

对任何社会来说，在增长和分配中对市场进行干预都会有很多问题。回顾历史，一味追求单纯的自由市场经济，像 80 年代撒切尔夫人领导下的英国，到 90 年代就产生了很大的问题，如社会不满情绪强烈，10%—20% 的最低收入者变得贫困，还有可怜的增长纪录。因为在单纯的自由市场经济中，个人所得是由市场决定，而不是由政府、由官僚机构、由选民决定的。而在混合经济体制下，最严重的不平等模式、最严重的贫困状况，将由于精心设计的和按交税能力拟订的税收制度和福利计划而得到缓解。请注意这一点：在 20 世纪的最后阶段，旧的社会主义模式在成功的混合经济中完全不起作用。

但是市场是自我调节的，而社会主义经济基本上是中央计划的，理论上有可能把两者结合在一起吗？有可能。条件是我们按 20 世纪末的现代意义来演绎、解释社会主义，而不是按 19 世纪中期的旧观念。旧式意义上的社会主义是政府拥有生产手段，政府是最大雇主，它的官僚机构作出所有重要决定。但从东欧、从瑞典、从中国大陆的经历看，政府不能有效地执行这一任务。所以，假如我们修正一下社会主义的定义，把它理解为福利国家，使资本主义制度带来的最糟糕的社会不平等，通过税收和重新分配得到纠正。如果我们那样做了，我们就得到了混合经济。这是自由放任资本主义与良好的社会之间合乎逻辑的、可以行得通的妥协。

许多人认为，中国的最大问题是造成亏损的国营企业，所以中国政府现在开始进行国营企业的机制转换。基本上这是企业在相当程度上自主经营、自负盈亏，不过所有权仍在国家手里。我不是中国问题专家，但我知道，苏联、捷克斯洛伐克和匈牙利的大型国营企业非常缺乏效率。一旦过渡到市场经济，我不认为大型国营企业能起什么作用。我想中国最好是从经济的最底层开始，实行市场调节。事实上，中国已在那个方向开展工作，让农民和手工工人自由买卖、自由生产。在我教书的美国新英格兰地区，一些巨型工厂已经分散并分租出去，变成几十个独立企业后，得到最好的发展。我猜想，中国的大工厂如果想有什么作用的话，最终还得租给许多小的制造业企业。中国可能朝那个方向进行试验。反对自由市场的官僚应受到惩罚；帮助小的生产者得到原料和机器的官僚应得到酬谢。在美国很重要的一条是，我们创立企业时，不需要得到任何人的批准。我靠我自己，赚钱我活下去；如果我是没有效益的生产者或生产没有人要的产品，我就垮掉。如能避免智利70年代军事独裁的那种做法，新的中国就会学到许多怎样发展市场、同时消除没有效率的政治干预的做法。

我相信，中国只要照目前这条道路前进，就可望在2020年成为全世界第二或第三大的经济强国。但达到那种程度时中国得要记住：混合经济如何运用税收和分配来缓解私人财产市场体系带来的贫困和不平等。我不认为转向纯粹的资本主义是正确的答案，但我真诚地祝愿中国顺利。

（摘自台湾《中国时报》1992年5月25日）

未来属于中国吗

[美国] 法里德·扎卡里亚*

美国缘何对中国充满想象力

美国人崇尚美的东西，却会对一些大的东西产生困惑。美国人喜欢具有规模的东西，尤其喜欢具有超大规模的东西。这就是为何中国能够使美国人充满想象力的原因所在。中国的规模使美国黯然失色，其13亿人口是美国的4倍。中国曾经是一个大国，但十分贫穷。不过所有这一切都在发生变化，曾经如此具有魅力的规模和人口现在开始呈现不祥之兆。美国人现在想弄清楚，"中国威胁"是否会带来噩梦，是否是一种切切实实的威胁。

中国现在是世界上煤炭、钢材和水泥的最大生产国，能源的第二大消费国，石油的第三大进口国。过去15年，中国对美国的出口增长了1600%，而美国对华出口则增长了415%。增长速度最为惊人的地方当推上海。15年前，位于沪东的浦东还是欠开发的农村地区。如今，它已经

＊法里德·扎卡里亚（1964—　　），印度裔美国人，曾任美国《外交》杂志主编，2000年起担任《新闻周刊》国际版主编。美国国务卿赖斯称他"熟知世界的每一个角落"。

成为上海的金融区，其规模是伦敦新金融区的 8 倍。

在工业革命时期，英国被称做"世界工厂"，如今这一称号非中国莫属。中国的崛起已不再是预言，而是一个事实了。它已经是世界上发展最快的大型经济体，而且还是世界上外汇储备——主要是美元——居第二的国家了。它拥有世界上人数最多的一支军队（250 万人），军费开支在世界上排名第四，而且每年都以 10% 以上的幅度增长。不论它是否会在经济上超越美国——在我看来还显得非常遥远，它现在都是世界舞台上一支新的强大力量。

中国的经济增长给世界——尤其是给美国——带来了显而易见的巨大好处。据摩根士丹利公司的一份报告说，过去 10 年，廉价的中国商品为美国消费者节省了 6000 多亿美元。另外，中国与其他亚洲国家一起购买美国国债，因而使得美国人及其政府能够不断借款消费，进而使得世界经济得以持续增长。

汽车：中国年轻人"想突破限制"

袁军喜欢把脚踩在油门上。他戴着玫瑰色眼镜，身穿棕黄色飞行员马甲，一手扶着丰田陆地巡洋舰的方向盘，一手握着车载无线电通信系统的麦克风。路边的风景十分怡人：大片大片金灿灿的油菜花，其间点缀着灰瓦石墙的房屋。但袁军无暇欣赏，他忙着向身后的 SUV 越野车队——有北京吉普的大切诺基，有五十铃的竞技者，有日产的帕拉丁——播报路况。自 1991 年购买第一辆车以来，袁军已驾车行驶了 60 万公里以上，包括几次前往西藏、老挝和印度的长途跋涉。他领略了无限风光，但印象最深的是内心的震撼。他说："城市里的一切都是一成不变的——一成不变的工作，一成不变的人，一成不变的经历。而在路上，一切都是新的。"

求变精神是美国的一贯作风——追求新的体验、开拓新的领域、探索绝处逢生之道乃至在上班路上同交通拥堵斗智斗勇。现在中国也充满了这种精神。十年前，普通美国人每天开车约一个小时，而中国只有1040万辆汽车，几乎全都属于政府部门和公司企业。如今这个数字已超过2300万。2003年，中国的汽车保有量骤增82%，去年尽管政府为缓解经济过热现象而控制银行放贷，但汽车保有量仍然增加了11%。持有驾照的中国人数量超过4000万，2003年瑞士咨询公司CBC进行的调查显示，40%的中国家庭有购车计划。北京大学社会学系教授夏学銮称："汽车给了人们追求自由的机会，为他们敞开了一片私人空间。"

旅途中可以饱览中国的风土人情。今年3月初，《新闻周刊》记者随袁军和极地越野四驱俱乐部成员在农村地区颠簸了三天。我们从成都出发来到汉藏混居的康定小城，然后继续前行，来到海拔2.5万英尺的贡嘎山基地。一行12辆SUV越野车三十多人走了700英里路，途经无数专为在路上奔波的人服务的饭馆、酒吧和妓院。车队经过一个小村庄时，戴红领巾的学生们排着队在路边观看，袁军感叹道："中国人常说读万卷书不如行万里路，的确如此。"

袁军有钱有闲，因为他在1990年辞去了国有企业技师工作，自己开了一家贸易公司。

现在他拥有一家鞋厂，养着6辆汽车（包括他的陆地巡洋舰）和一套四居室房子。他的旅途收获颇丰：在云南和西藏结识的女友，在拉萨得到的佛教绘画，还有更加广博的胸怀。他说："从小到大，老师都跟我们说西藏文化很落后。但现在我明白了，信仰是他们的生命。"

北京斥巨资为人们出行创造便利。中国的公路总里程仅次于美国，政府今年（2005年）1月宣布在今后25年内投资2000亿美元再增加约两倍。据估计，中国的公路总里程将在2020年左右超过美国。

有时候，中国似乎人人都想变得更好、更大、更快。袁军说："我们被压抑得太久，现在想突破限制。"几个小时后，陆地巡洋舰开进一片雪地，他系紧绳子把其他越野车全部拖上陡坡——车轮在雪地里打滑了。他欢呼着，用车辙在雪地里画出一个"8"字。及时行乐是他这一代人特有的生活态度，用他的话说，"我们在事事受到严格管束的世界里长大，现在终于自由了。"

电影：中国电影明星进军好莱坞

几个月前，26 岁的章子怡在参加特柳赖德电影节时，发现自己身边坐着琼·艾伦、艾伦·巴金、劳拉·琳尼和安妮特·贝宁。索尼经典的总裁之一迈克·巴克说："子怡吃惊得要死。她认为，'我根本无法与这些大腕女明星相比。'但所有这些大腕明星在电影节上发言时都称她为未来之星。"索尼经典公司发行了章子怡最新的电影《十面埋伏》。虽然大多数美国人尚不知道她的名字，甚至记不起她来自哪个国家，但章子怡和中国电影人给美国电影增添了自己的艺术色彩，并使电影成为中国最有影响的文化输出。

如果没有中国电影人，就不会有李小龙和李连杰的电影；也不会有《变脸》、《冰风暴》和《霸王别姬》。而最重要的是，观众们就看不到一些最惊险的动作片，其中包括让美国人了解章子怡的电影《卧虎藏龙》。这部由李安导演的电影获得 4 项奥斯卡大奖，创下了外语片有史以来的最高总收入 1. 28 亿美元。在过去 9 个月中，中国电影，如《英雄》、《十面埋伏》和最近发行的《功夫》，都创下了很高的票房收入，并且正在美国的 2500 家放映厅上映。

这对力争摆脱香港低成本功夫片的整个中国电影业来说应该是一个很好的兆头。李安导演为《卧虎藏龙》请来的美国编剧詹姆斯·沙姆斯说："香港电影的发展仍然是健康的，但影响文化发展的动力又转到了上海。事实上，现在你谈'中国'文化时，已完全是一个多重文化的混合体，例如，在中国公司出资拍摄的韩国电影中有日本的演员。"巴克认为，对外开放对中国电影和美国观众来说只会带来好处。他说："它将会使中国电影更加多样化。经过相互影响，中国电影正在成为泛亚洲的电影业。这种情况实际上已经发生了。"

教育：美国学生掀起学汉语热潮

在得克萨斯州舒格兰的杜勒斯中学，汉语班花名册上的第一个名字是贾森·赵，最后一个名字是凯西·张。在两者之间出现了一个让人意想不到的姓名：伊丽莎白·霍夫曼。今年上 12 年级的霍夫曼从 8 年级就开始学习汉语。她曾前往南京学习了一个夏天，并打算在今年秋天上大学以后进一步提高自己的汉语水平。当那些通常选修西班牙语的同龄人问她为什么要学习汉语时，她常常反问道："你们为什么不学呢？"

随着中国迅速朝超级大国的方向发展，美国的学校负责人和政府官员也开始持有与霍夫曼相同的看法。今年早些时候，来自新泽西州的众议员拉什·霍尔特说："出于经济、文化和安全原因，我们应该更加熟练地掌握中国的语言和方言。"美国国务院已把汉语定为"至关重要"的语言。

学习汉语的学生人数正在增加。在芝加哥的公立学校，选修汉语课程的人数从 1999 年的 500 人升到了今年的近 3500 人，这些学生大多是白种人、非洲裔和拉美裔。到 2007 年，美国大专院校委员会将推出汉语和意大利语预修课程考试。届时，将有 2400 所中学开设汉语预修课程，相当于开设意大利语课程的学校数的 10 倍。

人们对汉语产生浓厚兴趣，主要是因为中国的竞争力日益增强。全国外语教学委员会教育事务主管马蒂·阿博特说："人们总是在努力分辨，哪种语言会对前途有所帮助。"1957 年苏联发射人造地球卫星之后和 20 世纪 80 年代末日本经济崛起之后，美国分别掀起了俄语热和日语热。当时，这两种语言的教学经费急剧增加，学习人数也骤然上升。

在美国的家庭中，汉语已超过法语、德语和意大利语成为继英语和西班牙语之后第三种最为普遍的语言。连小学生的家长也受到感染。朱莉·多布森说:"如果我能够让我的孩子对汉语产生兴趣,他们就会具有别人没有的优势。"她的两个孩子分别为 8 岁和 9 岁,已开始了系统的汉语学习。

(摘自新华网 2005 年 5 月 12 日)

走近中国，了解中国

[加拿大] 莫里斯·斯特朗*

许多西方媒体描述的中国与我们这些生活在这里的外国人的亲身感受大不相同。在这里，我们分享着这个令人惊奇而充满活力的国家的进步，被她的魅力深深吸引。40多年来，我多次访问中国，现在每年大部分时间都在这里度过。当我拿自己的所见所闻和那些负面的报道对比时，常常感到深深的遗憾。

中国领导人明确提出，要在科学发展观的指导下创建一个能满足全体人民物质和文化发展需要的和谐社会，为一个持续发展和更加公平的国际社会作出贡献。为实现这些目标，中国正走上一条拥有全新发展模式的、前所未有的道路，迎接着一场划时代的挑战。中国的发展不仅关系着中国，也关系着整个世界的发展与稳定，我们应该给予理解和支持。当然，中国在建设一个充满活力的现代社会的道路上，也不可避免地要面对历史遗留下来的众多问题。但不论用什么尺度来衡量，其进步都是明显和巨大的。中国脱贫的人数超过了任何其他国家。中国同时承诺，一定要让目前依然贫穷落后的人能够从其高速发展的经济中受益。

阻碍中国的发展、诋毁其政策和发展目标，只能带来适得其反的后

---

*莫里斯·斯特朗，1970—1972年担任联合国人类环境大会秘书长，曾8次担任联合国副秘书长。著有《只有一个地球》等作品，被称为"地球工作者"。

果。如果没有中国的合作，一些重大国际问题难以解决。我们应该让中国成为重大国际问题的合作者与参与者，与国际社会共同解决问题，而不要一味地对中国怀有偏见，甚至采取敌对的态度。比如气候变化问题，就与中国密切相关。中国目前正在积极参与应对气候变化的谈判，强调"共同但有区别的责任"。在这一问题上，导致气候变化的主要国家必须带头承担责任。试图将气候变化的责任推给中国、印度和其他快速实现工业化的发展中国家，既不公平，也行不通。同样，试图将粮食、石油和商品价格上涨的责任转嫁给中国等其他国家，也将得到适得其反的效果。而开展合作和共同参与是解决这些问题的唯一途径。包括八国首脑会议成员国在内的国际社会应当认识到，中国是一个积极主动、富有建设性的合作者，而部分国家试图左右中国和其他新兴发展中国家是不现实的。

同时，国际社会也需要认真关注、正确对待中国为国内安定所做的努力。对中国政府在处理涉藏问题、台湾问题上给予更大的理解和支持。

当今世界面临的一切问题，都需要各国人民用更紧密的合作去认真对待。我们必须要超越只谋求自身发展的狭隘的民族利益，建立起一个强化国际合作的体制，并充分发挥联合国等国际机构的作用。在这一方面，我相信中国已经做好了准备，并能够扮演建设者的角色。

至于那些基于自己意识形态来批评中国的人，应当扪心自问：为什么大多数中国人目前过上了比以往更加幸福的生活？为什么越来越多的海外华人正纷纷回到祖国？为何越来越多的外国人喜欢上了这里的生活，并愿意留下来？事实上，我就是众多愿意留在中国的人之一。这个伟大国家正在经历着史无前例的变革，我被她的欣欣向荣和充满活力深深吸引。这是我所了解的中国，也是我希望全世界都能知道的中国。北京奥运会即将吸引全世界的目光，全世界将会和我一道，有一个难得的机会进一步走近中国，了解中国。

（摘自《人民日报》2008 年 7 月 4 日）

中越经济改革的比较

[越南] 丁文恩[*]

到 2007 年，中国的经济改革已经经历了将近 30 年，越南的改革进程也有 21 年。在有足够长的改革历史让我们去回顾时，我们会明白两国的改革已经取得重大成就。中国与越南的国民生产总值的增长率分别将近 10% 和 9%；两国都成为对国外投资者最有吸引力的地区：两国的出口即使在西方国家也是有竞争力的。本文集中阐述两者的相同点与不同点以及两国经济改革中面临的挑战，包括两个部分：第一部分是回顾两国改革事业中各个阶段的方向、战略方针以及重大政策；第二部分是对两国改革的相同点和不同点以及两国今后将面临的挑战集中进行比较。

一、改革各阶段中重大方针、方向以及宏观稳定政策的内容

1. 中国 （1978—2007 年）

"改革开放——建设具有中国特色社会主义的市场经济"事业可以分

---

* 丁文恩，越南中央经济管理研究院院长。

为两个大的阶段：1978—1993 年和 1993 年至今。

（1）第一阶段（1978—1993 年）：1978 年 12 月，中国共产党第十一届三中全会决定在社会的各个经济政治领域进行改革和国家现代化事业建设。"市场价值"第一次得到共识。从根本上看，这一阶段的改革是以围绕增强市场活力和扩大资源分配为目标，并逐步加以实现。事实上，在中央集权经济基础上建立更加良好的市场监管者声望，正是改革者追求的制度变革的目标。市场经济概念和市场经济价值的标准逐步被引入，就像市场调节（供与求）、商品经济、取消国家对企业的行政管理（政府调节市场、市场调节企业）一样，国家的计划职能就是提出宏观方向、调节目标、经济任务和政策以此发展社会经济，并协调各阶层群众和各地区之间的经济利益；在此期间，市场在分配资源时就会发挥作用。为此，国家逐步按照计划减少各类产品的国家统一定价；减少法令计划；取消和限制对企业的经营权；扩大厂长的自主权；放松主要市场的买卖权力、取消外商特权……这种循序渐进的思路在价格政策改革中就很清楚地体现出来了。定价权逐步交给市场，首先是农产品，接着为日用品、耐用产品、服务行业和生产资料以及进出口产品。1984 年，双重价格体制作为过渡形式被采用，直到 1990 年才被取消。农村地区的改革则是从人民公社体制转变到农村家庭承包责任制。值得关注的是，正好从这一时期起，广东和福建两省首先成为"改革开放经济特区"的试点，以此吸引外资。

（2）第二阶段（1993 年至今）：1992 年，中国共产党十四届全国代表大会召开，至此中国也走进了经济改革的第二阶段。会上正式提出建立社会主义市场经济并在各领域加快经济改革。这一决定承认了前一阶段"计划经济为主，市场调节为辅"模式的限制，同时提出了建立一种现代市场体系的目标，而且这一体系也是国际承认的"最佳实践"的组成部分。在这期间仍保持中国共产党领导的政治体制。可以看出在改革进行了 15 年后，改革道路的指导思想体系一直是突出紧随发展需求，并通过实践来总结调整和完善。随着 1997 年中国共产党第十五届全国代表大会的召开，宣布到 2010 年建立相对完善的社会主义市场经济（又称"中国特色社会主义市场经济"）。社会主义市场经济学说逐步被建立并发展到一个十分成熟的阶段。

2001 年中国共产党第十六届全国代表大会出台战略决议：从 2000—2010 年，GDP 翻一番。到 2020 年，GDP 将相对 2000 年翻两番，中国人均收入将达到 3000 美元，并且中国将建设一个全面美好富裕的社会。

在刚过去的 2007 年 10 月，中国共产党召开了第十七届全国代表大会。这是具有重大意义的事情，以胡锦涛总书记为首的第四代中央领导集体进行了改选。继续实行改革开放的重大方针，又一次重提并加以强调。胡锦涛总书记发言说："改革开放是实现中华民族伟大复兴的唯一道路"。另一方面，大会决定修改党章，加入了胡锦涛总书记的"科学发展观"。科学发展观强调解决环境问题，加大社会支出来帮助农民和城市工人，与改革时期的其他人一样，他们的收入没有能够得到快速提高。很明显，这是今后几年中国经济改革发展战略中不容忽视的分界点。国家领导已经看到了社会环境和民生问题的严重性。经济高速增长如今不再是一味优先，代替它的是经济增长必须与中国社会所有阶层的群众的生活质量改善并行。

2. 越南（1986—2007 年）

"越南的改革和与国际接轨——建设社会主义市场经济"进程通过三个阶段发展：第一阶段 1986—1996 年；第二阶段 1997—2000 年；第三阶段 2001 年至今。

（1）第一阶段（1986—1996 年）：与中国前 8 年的环境较相似，由于长时间内集中计划经济的消极影响，再加上连年战争的破坏以及苏联撤销援助带来的危机。越南共产党已经对商品生产和市场经济的存在有着共识，同时主张发展多成分经济，其中包括私有经济和外资企业。一系列的改革措施得以施行，譬如价格自由化。取消了分配渠道中的壁垒，扩大出口，注重农产品和消费品的生产，并建立资金、房地产和人力市场，吸引外资。在农村，农业承包制度广泛采用，解放了这个重要领域的生产力。

（2）第二阶段（1997—2000 年）：改革继续进行但必须应对 1997 年亚洲金融危机所带来的负面影响。因此，两大措施在此时期施行：一是调整宏观经济结构，首要就是挽救银行系统（在 IMF 和国际金融公司的援助下）；二是鼓励投资、消费以及提高家庭收入（刺激消费）。此外，为了继续给私营企业增添新的活力，使其发挥内在潜力。1999 年，以国际上对于企业管理的统一惯例为指导的企业法颁布，并于 2000 年开始取得成效。

（3）第三阶段（2001 年至今）：改革已进行了 15 年，这对于越南的改革人士为改革开放进行总结和吸取经验，并将自身的理论体系提高到一个新的台阶来说，是一段相对充足的时间。如果 1998 年第八届党代会仅仅提及商品经济和市场体制，那么第九届党代会正式提出了"社会主义市场经济"概念。根据第九届党代会决议"越南的社会主义市场经济是一种既遵循市场规律，同时又是一种建立在由社会主义性质和原则的引导支配下的经济模式。它体现在了三个方面：所有权、管理组织和分配。是一种按照市场体制运作，并在国家管理下，以富民、强国、社会平等、民主和文明为目的多样化的商品经济。"

二、对中国和越南经济改革的评价

1. 相似点

第一，两国的市场经济模式改革略有不同，中国寻求有中国特色的社会主义市场经济，而越南则寻求社会主义方向的市场经济。然而，他们在目标、内容和方法方面具有很多相同点。

第二，两国的改革都倾向逐步发展的策略，首先要改变根深蒂固的计划经济背景；然后正式过渡到市场经济。改革的重点都放在了宏观经济和政治的稳定性上，并在创造良好的投资与商业活动环境方面扮演着至关重要的角色。

第三，中国和越南的改革都遵循以下主要的和关键的内容：（1）发展多元化经济，解放生产力以及创造市场要素和多种类别的市场；（2）改革国有企业，鼓励发展私有企业；（3）实施对外开放政策，融入国际社会；促进对外贸易和吸引外国直接投资，促进本国经济发展；（4）关注农业问题，解决温饱问题和消除贫困；（5）革新国家社会经济管理和调控的角色、职能和方法，简化行政管理。

2. 差异性

首先，中国的改革比越南早了将近十年。可以说，中国在经济改革方面领先于其他的社会主义国家。它的改革本可以为后来八十年代的苏联和东欧国家的改革提供借鉴并激励其进行改革。现在，中国的经验是越南革新进程中的榜样。

第二，由于地域、经济和历史的差异，中国比越南更少受到世界政治与经济变化的影响。甚至可以说，中国实际上是国际关系塑造中的一个重要因素，而越南却受这种国际关系的强烈影响。事实上，越南直到2000年才与美国的经济关系正常化。在此之后，越南的经济才迈出与世界经济一体化的第一步。另一方面，中国加入世贸组织五年后越南才紧随其后，事实也说明中国的改革总是走在越南的前面。

第三，中国对省级经济管理的划分与放权比越南做得更早和更加成功。中国很早就建立起了特区，并成为周边地区经济发展的轴心。这点越南也成功地实行了，但是越南的一些经济区 Dung Quat，Chu Lai，Phu Quoc 发展缓慢，也没有实现预期中的开放。这或许可以用两个国家中央集权和地域的差异来解释。中国高度的中央集权使中央政府更大程度地推进分权，同时，那些建立特区的省份的规模也大到足够自力更生，而且能够更好地处理开放区经济的问题，例如海外合作关系。

第四，中共十七大强调了环境和社会福利的问题。显然，经济改革的策略已经改变，从注重高增长转变为经济增长与发展的平衡。在越南，越共十大也开始更加关注知识经济、环境保护和社会保障。然而这些问题并没有像中国一样具体化和清晰化。这可能是因为中国的改革已经使增长率保持在10%很长一段时间了，从而需要减速并更多关注一些迫切的发展问题。而越南仍然需要高增长率。

3. 两国经济改革面临的挑战

（1）不协调的经济发展：地区和各类人群间的贫富差距在加大。

在中国，东部沿海省份和内陆地区及西部就形成了反差。而在越南，只注重城市的发展，许多农村地区仍处在极度落后的状况。有三点需要考虑的：

首先，社会主义市场经济是资源按市场原则分配与社会主义特色的经济利益的社会再分配相结合。然而事实并不那么简单，因为资源的分配和最终的经济利益不是分离的。例如，当我们对法人收入和一些产品征收高额税收时，就会立即出现营业登记和产品投资的急剧减少。很明显资源和经济利润是相互关联的。

其次，国有企业的股份化传统上被认为是对公共资产社会化的一个补救。然而事实证明这些股份从来没有被大多数人持有，而是落入了有钱人的口袋。

第三，都市化问题。农村现代化曾是一种不能实现的说法。从农村流向城市的人口所带来的问题是中国和越南都必须面对的。此外，农产品价格的下降也是两国解决温饱及消除贫困的一个明显的阻碍。经济增长的代价是自然资源、生态环境、生活质量和社会安全的退步。此刻，两国正在处理一系列问题，例如水和空气污染、食物安全、矿井和桥梁的崩塌、交通事故、个人罢工等等。能源安全：中国和越南都日益察觉到能源的急剧短缺。另一方面，我们越来越受制于世界能源价格的变化。双方的经济都更易受到外界危机的影响。油价的狂热就是一个典型的例子。腐败是最大的灾难之一。行政改革仍然要走很长一段路。

　　中国和越南加入 WTO 分别有 6 年和 1 年了。一体化进程的挑战是潜在的。打着质量标准牌子的非关税壁垒和反倾销对于两国的出口商都是挥之不去的威胁。

（摘自《亚太经济》2008 年第 1 期，周亭君译）

中国寻求在全球经济中的更积极作用

[阿根廷] 阿德里安娜·罗塔*

坐拥 2 万亿美元的外汇储备，加上在世界其他国家经济处于倒退期之际却有望独享 6.5% 的增长率，来到二十国集团领导人峰会的中国拥有强大的谈判实力，并明确表示要利用这一实力。

二十国领导人峰会是一个上升中的强国与一个陷入严重危机的大国之间的较量，它们要为进行必要的国际金融秩序改革衡量各方力量。

经济危机对美国的领袖能力提出了质疑，却给了中国跃升至舞台中心的机会。中国不仅是资本的提供者，也是一个过去几十年里从未出现过的可信赖的主人。

随着中国与阿根廷签署了货币互换协定，中国日趋加强的影响力再一次展现出来。这是中国第一次与地区外的国家签署货币互换协定，是对作为国际支付货币——美元霸权的挑战。该协定的签署恰逢二十国集团会议召开前几天也绝非偶然。

经济合作与发展组织研究院罗兰多·阿文达尼奥对《民族报》指出："我认为在对发展中国家提供资本方面，中国并没有战略利益，但是它的确想要打破美国在国际贸易中使用美元进行支付的霸权。"

---

*阿德里安娜·罗塔，阿根廷《民族报》记者。

中国前不久刚刚提出用新的国际储备货币代替美元的建议，但这个想法立即遭到了美国和欧盟的回绝，但却赢得了拉美国家和俄罗斯的支持。这一建议很有可能在伦敦峰会期间被正式提出。

中国并不想削弱美元的地位，因为那样做会让它手中 7000 亿美元的美国政府债券陷入危险境地，它更想做的是行使它作为全球第三大经济体和全球最大的国际储备资本提供者的权力。

在多边领域，中国寻求的是获得对国际货币基金组织的影响力。该组织长期以来都处在工业化发达国家的掌控之内。

国际货币基金组织想要扩充其资金规模至 5000 亿美元，以帮助受危机影响最重的发展中国家，美国和欧盟已经为该组织的增资作出了承诺。中国应该会提供一定份额，但它建议任何一笔额外的贡献都应该伴随着在该机构内部的表决权的提升。

中国想要看到新兴国家在国际金融体系重组过程中拥有更大的代表性。正如中国副总理王岐山最近在发表于《泰晤士报》的一篇署名文章中所言："二十国集团的目光不能仅限于自身的需求。"

除了推动国际货币基金组织的改革和建立新的国际货币，中国在伦敦峰会上的目标还有避免这次就经济问题的讨论演变成更大的贸易保护主义。

虽然中国是一个高度规范的国家，但它也担心峰会最终采取的立场在国际贸易恢复常态后会影响其自身经济。

此外，中国还主张，应该采取某些措施对资本从新兴国家向发达国家转移的现象加以限制。阿文达尼奥说："发展中国家不具备自我投资的金融市场，因此中国和左右其他发展中国家都在美国投资，这也是问题的一部分。"

虽然在某种程度上中国对美国的经常项目赤字负有一定责任，但它并没有在伦敦峰会上就此作出解释的责任。

相反，中国的态度是果断的，并决心在重大经济决策的谈判桌上表明自己的决心。世界的中心正在转向亚洲，中国参加这次峰会就是一次考验。

（摘自《参考资料》2009 年 4 月 7 日第 64 期）

中国发展是世界地缘政治主要大事

[哥伦比亚] 吉列尔莫·里卡多·
贝莱斯*

今年 10 月 1 日，强大的中华人民共和国将庆祝建国 60 周年，它是 21 世纪的世界经济强国，而更重要的是，它仍然是一个发展中国家。

随后，在 2010 年 2 月将迎来另一个重要的纪念日，那就是中国和哥伦比亚建交 30 周年，这两个事件都值得重视和分析。

我敢说，现代中国的发展是十几年来世界地缘政治中的主要大事，特别是近几个月来，欧洲和美国等世界主要经济体陷入最严重的衰退和危机之后。

1949 年 10 月 1 日，中华人民共和国的开国元首毛泽东宣布"中国人民站起来了"的时候，没有人能够想象到中国可以获得如此的发展和增长速度，以及"一国两制"和"中国特色社会主义"政策的强大力量。这样的政策使今天的北京成为华盛顿在全球平衡中的主要抗衡力量。

中国的外汇储备已经超过 2.1 万亿美元。20 多年来保持了 10% 以上的年均国内生产总值增长率。15 年来有 4 亿中国人摆脱了贫困，进出口贸易的迅猛发展使中国成为世界第三大经济体，2015 年以前有望升至第

---

* 吉列尔莫·里卡多·贝莱斯，现任哥伦比亚驻华大使。

二位。

几个月来，关于中国超过美国，成为世界上最大的汽车市场和一家中国企业买下悍马的消息引人关注。另一个重要信息是，中国的高速公路通车里程很快将超过美国，而不同之处还表现在，中国的高速公路都是新建成的，而美国的高速公路都已使用了 30 年以上。

中国龙拥有世界五分之一的人口，是世界上水泥、煤炭、铁和基础金属的最大消费国；另一方面，中国的电脑和电视产量也位居世界首位。2008 年中国卖出了 1.4 万亿美元的产品，巩固了其"世界工厂"的地位。

在政治方面，中国在各个大陆都设有外交机构，拥有大量通晓各国语言的人才，以及参与世界所有重大活动的明确意愿。中国常常邀请全世界各类政治人物来华参观，亲眼见证中国各地的发展。

当然，最大的挑战还是使财富和增长惠及 13 亿人民，特别是西部的贫困地区。为此，政府制定了以基础设施建设为主的大规模经济刺激计划，避免了世界危机波及遥远的中国。

在 2008 年夏天成功举办了奥运会之后，在北京和全国各地庆祝"十一"的活动将成为一些人所说的"中国政治生活的奥运会"。随后，在 2010 年，还将举办另一场国际盛事：上海世博会。

另一个重要的日子是 2010 年 2 月 7 日波哥大和北京建交 30 周年的纪念日，在中国发生重大变革和迅猛发展的同时，两国关系也大踏步前进，10 年来，双边贸易和文化关系的发展尤为突出。

在政治领域内，共有三位哥伦比亚总统对中国进行了国事访问，分别是桑佩尔、帕斯特拉纳和乌里韦，而最近访问哥伦比亚的中国领导人是国家副主席习近平。

在双边贸易关系中，中国呈现巨额顺差。去年中国对哥伦比亚的出口达到 45 亿美元，哥伦比亚对华出口只有 4.5 亿美元，而且主要是初级产品。这一巨大反差促使我们进一步思考，大力发展战略计划，提供一个能让中国企业家放心的法律框架，寻求在哥伦比亚的大规模投资和建设项目。因此，双方的高层互访就显得尤为重要。

　　中国在世界上的重要性已经得到证实。现在我们面临的重大挑战是，使哥伦比亚能够在中国找到一个符合 21 世纪世界地缘政治新秩序的要求的适当存在。

　　　　　　　　　　　　（摘自《参考消息》2009 年 7 月 22 日）

希望从北京天安门诞生

［南非］塔博·姆贝基[*]

11 月 4 日至 5 日，我率团出席了在中华人民共和国首都举行的空前盛会——中非合作论坛北京峰会。同中国建交的 48 个非洲国家均与会。其中 41 个国家由元首或政府首脑带队，尤为令人瞩目。

同其他不常去中国的人一样，我们对北京街头的繁华景象惊叹不已。这些景象展示着我们早已熟知的中国经济超过 10% 的多年持续增长。

北京峰会及双边会谈在人民大会堂举行。人民大会堂位于北京的市中心——著名的天安门广场。每天，我们穿越宽阔、繁华、两侧高楼林立的长安街来到这里。

来到天安门广场，其实就与中国这一非凡国度的久远历史面对面了。

广场一侧的天安门城楼十分醒目。这座始建于明朝 1471 年的传统建筑是进入紫禁城的前门。曾经，紫禁城既是中央政府所在地，又是皇宫居所，在数个世纪里唯有皇室成员和高官显贵方可进入。直到 1911 年封建统治最终被推翻，孙中山就任中华民国临时大总统。

今天，天安门广场的建筑多了。人民英雄纪念碑建于 1952 年，碑上镌刻着毛泽东题写的"人民英雄永垂不朽"。雄伟的人民大会堂建于 1959

＊塔博·姆贝基（1942—　　），1994 年出任南非第一副总统，1997 年、2002 年当选非国大主席。1999 年、2004 年就任南非总统。1999 年当选英联邦高级委员会主席。

年，与纪念 1949 年中国革命胜利 10 周年同年。毛主席纪念堂同时也是他的陵寝。还有中国国家博物馆，馆里的历史博物馆珍藏有 170 万年前的文物。

站在天安门广场，我们立刻能感受到，是站在一个古老而现已拥有 14 亿人口的强大民族中间，一个懂得"千里之行，始于足下"，习惯长远思维、熟知孔子的民族中间。

这种跨越古今的思维，也很清楚地从胡锦涛主席在中非合作论坛北京峰会开幕式上的讲话中体现出来。

胡主席说："中国与非洲虽然远隔重洋，但中非人民友谊源远流长、历久弥坚。在漫漫历史长河中，中非人民自强不息、坚忍不拔，创造了各具特色、绚烂多彩的古代文明。近代以来，中非人民不甘奴役、顽强抗争，谱写了追求自由解放、捍卫人类尊严的光辉篇章，创造了国家建设、民族振兴的辉煌历史。中国和非洲的发展进步，为推进人类文明进步事业作出了重大贡献。"

在稍后的欢迎宴会上，胡主席又说道："'相知无远近，万里尚为邻。'中国和非洲尽管相隔千山万水，但中非人民的交往如邻里般密切，我们的情感像兄弟般亲近。早在公元前二世纪，中非就开始了友好交往的历史。中国明代著名航海家郑和曾四次登上非洲东海岸，书写了古代中非人民交往的一段佳话。"

中国的巨大成就

当胡主席讲述中国制定的 2000 年至 2020 年发展目标时，我们并不十分惊讶，因为对这个古老的国度来说，20 年只是她悠悠历史中的一个片断。胡主席在欢迎宴会上说：

"改革开放 28 年来，中国取得了巨大成就。但中国人口多，底子薄，发展不均衡，人均国内生产总值还排在世界 100 位之后。人民的生活水平还不高。经济社会发展还面临诸多问题和挑战。中国仍然是发展中国家。"

"中国人民正致力全面建设小康社会，加快推进社会主义现代化。我们的总体目标是：到 2020 年，国内生产总值在 2000 年基础上翻两番，使经济更加发展，民主更加健全，科教更加进步，文化更加繁荣，社会更加和谐，人民生活更加宽裕。随着中国经济社会的发展，中国人民将一如既往地向非洲人民提供帮助和支持，努力实现中非共同发展。"

可能世界上有些人对此持不同看法。说得好听点，他们觉得一个人均国内生产总值还很低的发展中国家承诺"给予非洲帮助与支持以实现共同发展"是自相矛盾的。说得难听些，他们认为中国的承诺无非是欺骗性宣传。

我们对这些怀疑和指责的论调早已不陌生了。南非在提供国际援助时也曾面临相同问题。有人质疑，长期经历殖民统治和种族隔离而面临贫困的南非，能否利用有限的资源履行承诺，帮助其他非洲国家和海外非裔共同发展。

然而，不论这些怀疑论者如何想、怎么说，非洲大陆为了自己的根本利益，必须要认真考虑一些重大问题。

非洲现在面临的最核心、最紧迫的挑战，就是如何提高人民生活水平。正如胡锦涛主席所说，我们必须大力发展经济、民主、科技、教育和文化，建设一个更和谐的社会，为人民谋福利。

亚当·斯密和卡尔·马克思等早期政治经济学家曾经预言的世界市场一体化不断发展。我们要像胡主席说的那样，在"改革开放"中谋发展，在势不可当的全球化进程中实现自己的目标。为此，非洲需要认真界定与当今世界主要经济大国的关系。

在世界银行以名义汇率计算的各国国内生产总值排名中，2005 年中国经济总量跃居全球第四，排在第一、二、三、五和十二位的分别是美国、日本、德国、英国和印度。世界银行称当年国内生产总值美国近

12.5 万亿美元，中国 2.23 万亿美元，英国 2.2 万亿美元，印度 7855 亿美元。

美国中央情报局以购买力平价计算则将 2005 年中国国内生产总值排在全球第二位，仅次于美国、日本、印度、德国和英国分列第三、四、五、六位。中央情报局数据显示，2005 年国内生产总值美国为 12.3 万亿美元，中国 8.9 万亿美元，印度 3.7 万亿美元，英国 1.8 万亿美元。

按世界银行的排名，南非国内生产总值 2400 亿美元，排第 27 位，之前有排第 25、26 位的挪威和丹麦，之后有排第 28、29 位的希腊和爱尔兰。按中央情报局的排名，南非国内生产总值 5410 亿美元，排第 24 位，之前有排第 22、23 位的泰国和阿根廷，之后有排第 25、26 位的波兰和荷兰。

不论上述两种排名哪个更准，非洲必须承认中国是当今世界上最大的经济体之一，并且妥善回应这一现实。南非经济总量居非洲首位，但无论是用世界银行还是中央情报局的算法，跟中国相比仍然很小。现实要求非洲必须正确应对现存的世界经济格局，而不能一味把自己视为可怜无助的全球化受害者，向其他国家伸手索取人道主义援助。

非洲对中国之重要

如胡锦涛主席所言，14 年以后，也就是到 2020 年，中国经济将是 2000 年的 4 倍。这无疑将使中国经济在全球舞台上更加举足轻重。我们在北京开会期间，国际媒体报道说中国外汇率储备突破了 1 万亿美元大关。这是中国经济全球竞争力及重要分量的又一体现。在人类历史上，还没有哪一个国家拥有如此规模的外汇储备。

为达到 2020 年经济翻两番的目标，中国将需要大量资本、劳动力和原材料，包括能源资源和中间产品。而非洲是石油、天然气等的重要产地，因此，非洲对中国客观而言具有战略意义。

经济增长还意味着亿万中国人民生活的改善。他们需要而且有能力购买更多的肉、鱼、蔬菜和水果。非洲也是这些非矿物初级产品的重要供应地，非洲对中国的重要性更加凸显。

为赚取足够的外汇进口这些来自非洲及世界其他地区的产品，中国必须保持出口势头。这意味着非洲作为中国工业产品和服务业市场的重要性将进一步增加。

归纳如上所述，套用一个经济学家熟知的术语，"在其他条件等同的前提下"，虽然并非中国的过错，非洲和中国之间的经济关系可能成为历史上殖民经济体系的翻版，即非洲沦为殖民国家的原材料供应地和产品消费市场。

但极其重要的一点是，"其他条件等同"这一前提并不存在，中非关系与殖民时代大不相同。

不同之一是，中国领导人和中国人民都肯定中非间合作的重要性，认为中非合作是实现中非共同繁荣的开始，走好今天的第一步，跟多年之后走完千里之行同等重要。他们深知，中非合作伙伴关系唯有持久深入、互利互惠，才有意义。

中国国家博物馆馆藏文物和天安门城楼每日都在提醒着人们：必须用长远的眼光看待事物，急功近利恐将危及往后的持续受益。

不同之二是，中国领导人和中国人民懂得，胡主席所说的"实现中国与非洲的共同进步"符合中国的根本利益。只有非洲实现可持续发展，中国才能走向繁荣。正因为如此，胡主席引用了那句富于智慧的中国古语："相知无远近，万里尚为邻"。

胡主席所说的这种亲如兄弟、近如邻里的关系，就是在危难时刻能伸出援手互相帮助，哪怕这种帮助只是一小罐盐或一小瓶酱油。这种需要，只会产生于历史遭遇相似、寻求互利合作、坚持平等互赖的穷兄弟穷邻居当中。

不同之三是，尽管中国当今和将来的经济规模巨大，但正如胡主席所言，"近代以来，中国人民不甘奴役、顽强抗争，谱写了追求自由解放、捍卫人类尊严的光辉篇章。"

新生的非洲曾经全力支持中国在国际社会包括联合国安理会当中获得合法地位，非洲领导人在 1955 年万隆会议上与周恩来并肩作战即表明了这一点。同样，新中国也尽其所能，帮助非洲人民从殖民主义和种族隔离的枷锁中解放出来。

为继承这一传统，《北京峰会宣言》庄严宣告："深化传统友谊、扩大互利合作，是新世纪中非实现共同发展和繁荣的必由之路。"

《北京峰会宣言》还承诺：中国和非洲"从中非友好大局和双方长远利益出发，通过友好协商妥善处理合作中出现的新课题、新挑战。"

根据《北京峰会宣言》的精神，中非着眼于促进"友谊、和平、合作、发展"和推进中非新型战略伙伴关系，制定并通过了《中非合作论坛——北京行动计划（2007 至 2009 年）》，彰显中非合作的意愿。

胡主席说："中国珍视中非友谊，始终把加强同非洲国家的团结合作作为中国外交政策的重要组成部分。中国将一如既往地支持非洲实施非洲发展新伙伴计划，支持非洲国家为加强联合自强、谋求地区和平稳定、实现经济振兴、提高国际地位所做的积极努力。"

"中国和非洲都是人类文明的发祥地，都是充满希望的热土。共同的命运、共同的目标把我们紧紧团结在一起。中国永远是非洲的好朋友、好伙伴、好兄弟。让我们携手并肩、昂首阔步，为实现中非发展，为造福中非人民，为推动建设持久和平、共同繁荣的和谐世界而共同努力！"

承诺支持非洲发展新伙伴计划

在天安门广场上，胡主席代表正在为民族复兴而努力的 14 亿中国人民表示支持非洲发展新伙伴计划和非洲团结，为我们非洲人摆脱贫困顽疾和落后境遇的自身努力伸出了援助之手。

正因为他领导和代表着千千万万本身还在与贫穷落后作不懈斗争的人民，他理解穷人之间团结互助的兄弟情谊是人类的天性，在为本民族复兴而奋斗的道路上，中国人民决不会舍弃非洲朋友。

世界上有一些人对这些充满希望的讯息感到恐惧，他们惧怕全球化进程向有利于贫穷国家的方向发展。他们把中非伙伴关系的发展视为对其自身私利的威胁，就像当年博塔的盲目追随者们把无种族歧视、无性别歧视的民主南非视为对其自身私利的威胁一样。博塔先生在中非合作论坛峰会闭幕后 3 天去世，葬于南非乔治城，他所在的国民党从 1948 年开始在南非推行种族隔离制度。

博塔的追随者们自信，在南非实行国内种族隔离对他们和我们都有好处。那些忧惧中非关系发展的人跟他们一样。那些人自信——尽管甚至有违其自身长远利益——实行全球性"种族隔离"对他们和非洲、海外非裔及其他发展中国家都有好处。

南非废除种族隔离制度后的 12 年间，世人看到了一个事实：得到自由的黑人开辟了一片欣欣向荣的新天地，这些都是从前的白人压迫者们无法想象的。

同样，全世界特别是非洲和南方国家亿万穷苦人们繁荣发展起来后将展现出的新景象，也是富裕的北方国家中许多人无法想象的，尽管他们自身已从中国的发展和繁荣中大获其益。

可想而知，这些国内和国外"针砭时弊"的人们，对中非伙伴关系会竭尽颠倒黑白之能事，把显然的善意说成是险恶的用心，企图让我们这些极度需要"好朋友、好伙伴和好兄弟"的非洲人，惧怕中国人民向我们伸出的真诚、友谊、伙伴、兄弟之手——如他们 2006 年 11 月初在人民大会堂里所作的那样。

1994 年 5 月，来自世界各地的人们齐聚茨瓦内市联邦宫，庆祝纳尔逊·曼德拉就任新南非第一任总统，我们对国家的未来满怀憧憬。与此相通，2006 年 11 月，非洲和中国领导人相聚在北京，携手走向充满希望的未来。"千里之行，始于足下"，这是我们共同迈向希望的漫长旅程的第一步。

在中非合作论坛上发言时，我借用了南非申办 2010 年世界杯足球赛讲话中鼓舞人心的内容——我们必须积极发展非中战略伙伴关系，从而使我们一道"赢在非洲，与非洲共赢"；同样，让我们一道"赢在中国，与中国共赢"。

（摘自 2006 年 11 月 10 日南非网络杂志《今日非国大》，
原载《南非华人报》2007 年 2 月 5 日）

后 记

为纪念中华人民共和国成立60周年,应人民出版社之约,我们编选了这本《外国人眼中的新中国》。

新中国成立60年,是取得辉煌成就的60年,也是被外国持续研究和报道的60年。其研究之丰、报道之巨,史所罕见。这既是好事,却也给编选工作带来难度。历时半年,我们尽量从国内刊布的众多外国名人著述中,选取有权威性、科学性、时代性、代表性和可读性的篇什,并将出处一一标注于文尾,目的在于感谢有关作者、译者、编者、出版社和新闻媒体,且方便读者查询。

编选过程中,我们有幸得到人民日报国际部主任吕岩松,前主任马世琨、黄晴,对外交流合作部主任张亮,《环球时报》总编辑胡锡进等的有力指导,新闻研究中心魏子良、卢文斌等的大力支持,中国人民大学新闻学院顾楠、刘佳等的通力协作,向他们表示衷心感谢!人民出版社陈亚明、夏青等为本书倾注了大量心血,她们高度负责、认真细致、戮力同心,保证了本书顺畅出版。

由于我们水平、经验和时间所限,本书难免存在不足,恳请读者批评指正。

编者

2009 年 9 月